U0819578

财 政 部 规 划 教 材
四流融合新质财经系列丛书
丛书主编　谭秋云

业财融合采购管理

陆春芬　张　勇　许立兰　主　编
毛　姗　王志伟　徐斌华　唐春雯　副主编

中国财经出版传媒集团
中国财政经济出版社
·北京·

图书在版编目（CIP）数据

业财融合采购管理 / 陆春芬，张勇，许立兰主编．
北京：中国财政经济出版社，2024. 8.（2025.1重印）
--（财政部规划教材）（四流融合新质财经系列丛书 / 谭秋云主编）．
ISBN 978-7-5223-3378-6

Ⅰ.F253

中国国家版本馆CIP数据核字第2024XY7771号

责任编辑：张亚琼　　责任校对：张　凡
封面设计：刘鹏飞　　责任印制：张　健

业财融合采购管理
YECAI RONGHE CAIGOU GUANLI

中国财政经济出版社 出版

URL：http：//www.cfeph.cn
E-mail：cfeph @cfemg.cn

社址：北京市海淀区阜成路甲28号　邮政编码：100142
营销中心电话：010-88191522
天猫网店：中国财政经济出版社旗舰店
网址：https：//zgczjjcbs.tmall.com
北京密兴印刷有限公司印刷　各地新华书店经销
成品尺寸：203mm×260mm　16开　15.75印张　328 000字
2024年8月第1版　2025年1月北京第2次印刷
定价：49.80元
ISBN 978-7-5223-3378-6
（图书出现印装问题，本社负责调换，电话：010-88190548）
本社图书质量投诉电话：010-88190744

本书参编院校：（按首字笔画排序）

上海城建职业学院
山东商业职业技术学院
山西财贸职业技术学院
义乌工商职业技术学院
广东茂名农林科技职业学院
广东酒店管理职业技术学院
广西机电职业技术学院
广西财经学院
广西物流职业技术学院
石家庄邮电职业技术学院
宁波职业技术学院
台州科技职业学院
台州职业技术学院
合肥职业技术学院
江西应用技术职业学院
安徽工业经济职业技术学院
安徽工商职业学院
丽水职业技术学院
河北化工医药职业技术学院
陕西工业职业技术学院
威海海洋职业学院
浙江工业职业技术学院
浙江工贸职业技术学院
浙江同济科技职业学院
浙江建设职业技术学院
黑龙江职业学院
湖北职业技术学院
湖南工学院
湖南大众传媒职业技术学院
湖南电气职业技术学院
湖南机电职业技术学院
湖南财经工业职业技术学院
湖南商务职业技术学院
温州职业技术学院
衡水职业技术学院

丛书参编企业：（按首字笔画排序）

广州贤能控股有限公司
天健会计师事务所
五矿有色金属控股有限公司
中联重科股份有限公司
华天实业控股集团有限公司
兴湘商业保理有限公司
泰格林纸集团股份有限公司
特变电工衡阳变压器有限公司
湖南中德安普大数据网络科技有限公司
湖南东云供应链管理有限公司
湖南安信联合会计师事务所（普通合伙）
湖南金州律师事务所
湖南建工集团有限公司
湖南省神州映晟产教融合控股集团有限公司
湖南省煤业集团有限公司
湖南钢铁集团有限公司
湖南高新创业投资集团有限公司
湖南海利化工股份有限公司
湖南唯国资产评估事务所（普通合伙）
湖南路桥建设集团有限责任公司

序言一

湖南物华天宝、人杰地灵，是中国近现代教育的重要发祥地之一，不断续写着“惟楚有材，于斯为盛”的教育辉煌。近年来，湖南高举“楚怡”职教精神旗帜，坚持把职业教育主动融入经济社会发展大局，坚持教育与产业同频共振，初步构建起具有湖湘特色的现代职教体系，为湖南乃至中国加快构建新发展格局，推动高质量发展提供了强有力的技术技能人才支持。目前，湖南全省共有职业院校581所，在校生156万人，11所高职院校入选国家“双高计划”，入选学校数居全国第5位；国家级教学成果奖、示范专业点、教学竞赛成绩等核心指标均居全国前列，两次获国务院职业教育真抓实干督查激励通报，是部省共建的职教改革发展高地之一，是部省协同推进省域现代职业教育体系建设改革试点省份之一，职业教育整体发展水平已进入全国“第一方阵”，为全国积极探索产教融合、科教融汇的新路径积累经验并作出示范。

全国业财税数智化服务行业产教融合共同体（以下简称“共同体”）成立以来，全面落实习近平总书记“要根据科技发展新趋势，优化高等学校学科设置、人才培养模式，为发展新质生产力、推动高质量发展培养急需人才”的重要指示批示精神，联合共同体内行业组织、学校、科研机构、上下游企业，立足教育链、人才链、产业链数智化转型需要，吸收产业一线最新成果，探索破解财经类专业长期存在的“所学非用，所用非学”“知行不一”“理实脱节”等问题，全面推动专业建设、课程资源、教师队伍、教材教法、实践教学、示范基地、产教研一体等全要素、全方位的改革。特别是共同体牵头，联合省内外200余所职业院校和行业企业，以共建共享“湖南中德安普新质财经学院”为载体，积极应对财经行业新技术、新业态、新标准、新工艺的变化，在人才培养模式改革上进行有益的探索，首创并构建了全新的业务流、数据流、财税流、知识流“四流融合”新质财经人才培养模式，重塑了高质量新质财经技能人才培养目标，重构了业财数据应用与管理标准体系和课程体系，搭建了“四流融合”数字化教学平台，开发了一批业财数据应用与管理创新教材，培养了一批具备业财数据应用与管理技能的双师型教师团队，有力提升了适应湖南“三高四新”战略、“4×4”现代产业体系发展需要的有业务场景视角、有大数据素养、有财税专业知识、有技术应用能力的新财经技能人才培养质量。参与改革的教师、学生对改革效果十分满意，一致认为这次改革不仅是教学手段的改革，更是人才培养目标、教学内容、教学方法和学习方法的改革，开阔了视野，提高了人才培养质量，拓宽了创新创业与就业渠道。这一改革是真正的课堂革命，实现了场景式、数字化教学，适应了智能时代新要求，是一场颠覆性改革和引领式创新，走在了全国高职院校的前列。

在2024年5月召开的“四流融合”新质财经系列教材研讨会上，全国140多所本科、高职院校，20多家企业，300多位专家学者共研共商“四流融合”新质财经人才培养模式改革大计，这将成为“四流融合”新质财经人才培养模式改革的重要里程碑。共同体要发挥首创精神、引领示范作用，联合全省、全国更多职业院校、行业企业参与，聚焦“四流融合”金专业、岗课融通金课程、业财融合金教材、双师双能金教师、产学研创金基地的建设，充分发挥教材、师资的基础性作用，吸引更多学校参与此项改革。

湖南省教育厅将举全省之力全面支持，争取2024年省内70多所开设有财经类专业的高职院校均全面开展此项改革，并积极向全国推广。同时，要及时、认真总结提炼改革经验，推广改革成果，在国家级精品在线开放课程、国家规划教材、国家优秀教材奖、国家教学成果奖等方面取得新突破，引领其他专业创新改革。湖南省教育厅将一如既往关心、支持共同体的建设和发展，希望共同体、全国四流融合新质财经人才培养体系联盟以此为契机，抢抓发展机遇，勇于改革创新，努力把共同体、联盟办得更好，将其打造成“一体两翼”校企合作、产教融合新典范，“五金”建设新标杆，为湖南职业教育高质量发展提供新经验，为全国现代职业教育体系建设提供新范式、新样板。

王仁祥　湖南省教育厅副厅长

2024年7月

序言二

人类社会是人的社会，人始终是第一位的，人是人类社会的出发点和归属；人类社会提高生产力是以人为基础的。新质生产力涉及人和劳动资料、劳动对象，是人运用劳动资料对劳动对象发生作用，人是其中主体的、能动的、积极的、创新的因素。正因如此，一切社会都需要将人的能力发挥到最大。在当今我国社会新质生产力提高的过程中，必然离不开人才培养这一基本前提。如何提高人才培养的质量，一直是人类探索的问题。在新时代、新技术的背景下，通过人才培养模式变革提高人才培养质量，既更为迫切，也迎来了新的机会。

教育或者学习的目的到底是什么，一般认为就是让受教育者获得更多的知识，所以学校是知识的殿堂，老师是知识的传授者，学生是知识的学习者。考试要考知识，到社会工作后要用知识，似乎知识成了教和学的目的。但知识是从哪里来的？知识反映的是什么？人来到这个世界从根本上就是要认知世界，世界以客体的形式存在，包括客体的自然界、客体的人类社会、客体的他人以及客体的自我，都需要认知。只有认知了这个世界，人才能利用这个世界，才能更好地与这个世界融为一体。人类要认知世界这一客体，首先必须要将其反映到大脑之中，没有这一反映，就无法构筑起人与客体世界的联系，也就没有了认知的起点。客体世界反映到人的大脑之中就形成了场景，所谓场景就是人对客体世界的主观反映，通过这一场景，人不仅与客体世界形成了认知联系，更为重要的是通过对这一场景的属性进行归纳和抽象，并用创造的文字进行表达，形成了人类的知识体系。可见，知识生成的过程是人对客体世界进行反映，以此为基础形成场景，再对场景的属性进行抽象和表达的过程。显然，场景是知识之母，而客体世界又是场景之母。由此出发，教和学的目的就是要通过知识的学习，找到和发现知识赖以存在的场景，并进一步将场景和现实的客体世界进行比对，这样既可以判断现有知识的准确性，也可以进行知识的创新。学生通过知识学习是要了解知识背后的场景，老师的讲授是要把自己感知的场景用人类创造的文字语言传导给学生，让学生也能感知并沉浸在同样的场景之中，这就是场景化学习和场景化教学。一旦对客体世界有了真实的、全面的、系统的、完整的场景感，人们就可以将这种场景转化为知识，知识的学习就不再重要，场景的感知将成为知识创造的基础。

至今，财会的教和学主要是以核算场景为基础形成的，核算场景是以标准化、规范化、统一化的会计准则为基础形成的。企业业务活动的结果为开启会计核算之旅的起点。财会的本质是要对企业的业务活动进行全面、系统、完整、连续和实时的反映，从而形成财会信息体系或者财务报告体系。但实际上，以核算场景为基础而形成的财会信息体系只是反映一定时期财务状况和经营成果的价值结果信息，并没有提供形成这一价值结果的业务原因信息，从而导致业财信息的脱钩，业财融合就成为一个尚未解决的重大问题。业财融合起源于企业的底层逻辑，即一切业务都要创造价值，而业务价值的创造要通过人来实现，因此可归结为企业的一切员工要通过开展业务实现企业价值最大化。这本是天经地义的事情，但为什么会成为一个尚未解决的重大问题？原因在于企业必须要将管账、管钱的部门与从事业务的部门分离，以形成内部牵制，其结果是财会部门主要提供一定时期财务状况和经营成果的价值结果信息，业务部门伴随其业务活动的进行只提供部分业务信息，这样就造成了企业价值结果信息与业务原因信息的分离。这种分离一方面使财会难以对业务进行反映，难以提供业务信息；另一方面使企业无法分析和判断哪些业务创造了价值、怎样创造了价值和创造了多少价值，也难以考核和评价每个员工对企业价值贡献的程度，使财会信息的决策有用性大大降低。并且，以此为基础进行的财经教育使人才的培养囿于标准化、规范化的会计准则所构造的原理和方法体系，结果是培养的财经人才往往只懂财会而不懂业务，所学的理论也落后于现实的实践，人才培养出现重大“瓶颈”问题。如何从现在主要着重于核算场景转向业务场景，实现核算场景与业务场景的有效融合，既是企业业财融合的内在要求，也是新质财经人才培养体系根本变革的内在需要。

新质财经人才培养的教和学的基础是教材，知识体系的构造是通过教材形成的。人才培养方案的核心是课程，课程又是以教材为基础的。这些无不说明了教材在人才培养和课程质量提高中的作用。进行财经教育的改革就有必要从教材和教法着手，新质财经人才培养的教材和教法的变革根本上在于怎样实现业财融合。从教材的内容上，如何将会计核算及其核算的对象企业的业务活动转化为教材的内容成为改革的基本方向。通过这一改革，学生不仅能够感知核算场景，更为重要的是能够感知企业的业务场景，也就是能够深入了解企业业务活动的全过程、全要素、全方面，并以此为基础对企业的业务活动进行价值分析和判断。从教学的方式上，如何通过财会知识体系的学习再现核算场景尤其是业务场景，成为教法变革的基本要求，满足这一要求才能真正实现新质财经人才培养内容的业财融合，也才能真正实现教学知识与场景的融合，即实现场景化教学。大数据、人工智能、云计算、物联网、区块链等新技术的使用，不仅能够生动逼真地将企业的业务活动展现在教与学之中，使学生全面了解财会信息或者会计核算赖以存在的业务基础，以及业务活动自身，而且能够将财会知识体系与核算场景、业务场景之间的内在关系予以展示，可以使学生亲身体验知识与场景之间的内在联系，以及场景转化为知识体系的过程。

正是基于以上的思想，我们进行了这次教材及教法的变革，这种变革虽然已经进行了十年，并且已在人才培养和企业培训中产生了积极良好的反响，但仍然需要我们坚持不懈地探索、修正和完善。有许多的教育工作者和实践工作者参与其中，他们已经付出了大量的心血，也仍将继续奉献，期盼有更多致力于教育模式变革的人参与其中。我们相信，通过集体的智慧和群策群力的努力，教育变革的春天就在眼前。

谢志华　教育部高等学校工商管理类专业教学指导委员会副主任委员

谭秋云　湖南中德安普大数据网络科技有限公司董事长

2024年7月

编者按

随着数智化时代的到来，财经教育正面临着前所未有的挑战与机遇，打造一个支持、服务现代产业高质量发展的新质财经教育教学体系，是企业界和教育界共同的社会责任和历史使命。

遵循数据驱动、流程再造、风险管控、价值创造等理念，依托业财税数智化“四流融合”（业务流、数据流、财税流、知识流）应用系统，编写的“四流融合新质财经系列丛书”，包括《业财融合会计基础》《业财融合采购管理》《业财融合生产管理》《业财融合销售管理》《业财融合筹资管理》《业财融合投资管理》《业财融合分配管理》《业财税综合分析》《Python在业财融合中的应用》《业财税融合大数据综合应用》，并分别出版高职专科和本科两种类别，这是在新质生产力背景下新质财经教育理论研究与实践探索相结合的成果。

一、编写指导思想

党的二十大报告明确提出：“要办好人民满意的教育，全面贯彻党的教育方针，落实立德树人根本任务，培养德智体美劳全面发展的社会主义建设者和接班人，加快建设高质量教育体系。”2021年财政部《会计改革与发展“十四五”规划纲要》提出：“构建适应经济发展、产业结构调整、新技术革命和国家治理能力现代化等新形势的会计学科专业体系。”国务院国有资产监督管理委员会《关于中央企业加快建设世界一流财务管理体系的指导意见》提出：“推动财务管理从信息化向数字化、智能化转型，实现以核算场景为基础向业务场景为核心转换，成为企业数字化转型的先行者、引领者、推动者，为加快产业数字化、数字产业化注智赋能。”“四流融合新质财经系列丛书”适应了会计职能从传统的算账、记账、核账、报账向价值管理、资本运营、战略决策辅助等职能持续转型升级的客观需求；适应了财务管理从信息化向数字化、智能化转型，实现以核算场景为基础向业务场景为核心转换的迫切需要；适应了财务服务对象由单个企业或集团的利益相关者，延伸到整个产业链、供应链、生态链，促进数据、信息、技术、标准、金融等全方位协同融合的现实需要，是对党的二十大精神的贯彻落实，也是新时代财经商贸类专业产教融合、岗课赛证融通、高质量转型发展的必然要求。

二、编写背景与目的

首先，数智化时代涌现的人工智能、大数据等许多颠覆性技术创新改变了生产、管理和服务方式，带来了更高效、更智能的工作模式和商业模式，需要企业转变和拓展职能，加强数据治理和应用，优化内部管理和资源配置，推动商业模式创新，实施企业战略发展和价值创造。这些新业态、新模式需要一大批既懂业务又懂财务和管理，具备数据思维、业财思维，具备风险控制、价值创造能力的高素质复合型业财数据管理人才。

其次，要发展新质生产力。价值最大化已成为企业管理核心目标，企业管理已深入成本管控、风险控制、战略规划、资源配置、绩效评价等各个环节，更加注重数据价值挖掘和智能技术应用。基于财经领域新现象、新业态、新技术和新管理方式，财经专业需要从根本上转型升级，重构、重组、重设一种新的教育理念和体系来应对这一变革，从师资、课程、教材、教学内容、教学方式、实践基地等方面进行探索创新，促进财经职业教育与产业发展紧密对接，推动企业从传统的成本导向型向价值导向型转变，赋能企业可持续高质量发展。

三、编写内容与结构

依据数据融合和价值创造核心理念，编者团队编写了高职专科和本科两个系列，遵循“以业务为基础，以场景为载体，以流程为主线，以节点为管控，以决策为中心，以数据为要素，以价值为导向，以财税为支持，以知识为工具，以能力为目标”的理念，围绕企业经营活动中的筹资、采购、生产、销售、分配、投资等业务流程内容，采用“场景导入—认知识别—分析研判—风险控制—任务实施”的架构体系，全流程、全场景、全数据、全节点呈现产业资源、产教资源，并将其转化为教材资源。

四、丛书特色与亮点

本丛书有别于传统财经商贸类教材，特色明显。

（一）思政内化

本丛书价值引领与知识传授并重，将爱国、诚信、法治、公正等社会主义核心价值观，以及节俭、责任、廉洁、奉献等正义的世界观融入每个教学项目、教学场景，培养德技兼修、德才兼备的新质财经人才。

（二）业财融合

本丛书通过产业资源全场景导入，进行跨专业、跨课程融合，将不同专业领域、不同课程必备的核心知识和技能进行系统化重组重构，实行数据驱动、实战导向，将财务知识与业务知识深度融合，理论与实践相结合，实现了岗课合一、岗课融通，满足一人多岗、一岗多能综合能力培养要求，形成一套真实、完整、连续、全面的业财融合知识体系。

（三）数据驱动

本丛书贯通数据治理思维，通过业务场景、业务节点，深度融合数据分析技术与财经专业知识，打通从业务到财务的价值链条，有利于培养学生数据挖掘、预测分析、风险评估及可视化等技能，以及从海量数据中发现业财规律、创新业财模式、指导业财决策、优化业财策略、促进业财创新的能力。本丛书依托产教融合数字化教学平台，形成了以数据为核心，线上线下融合，全覆盖、全穿透财经业务的特色教材体系。

（四）场景教学

本丛书采用任务驱动的全场景教学模式，业务场景贯穿每一个节点，始终以场景为载体，以场景认知识别，以场景分析研判，以场景管控风险，以场景创造价值，以场景提炼总结。学生在“做中学”“学中做”，学做一体，知行合一。

（五）节点控制

本丛书通过对财经商贸类专业的专业基础课程和核心课程知识点与技能点的碎片化、场景化，对接岗位要求，以业务为基础进行流程重构，把经济活动中的“业务项目、业务任务、业务流程、业务场景、业务标准、业务价值”与“教学项目、教学任务、教学流程、教学场景、教学标准、教学效果”进行产教逻辑衔接，精准梳理业务的每个流程、每个节点，将业务节点变为教学难点、重点、要点，围绕节点进行认知识别、分析研判、风险控制，达到课岗对接、教产合一、教随产走。

（六）价值导向

本丛书从价值创造的视角出发，通过业务基础、流程主线、场景载体、数据要素、节点管控等教学设计，深入剖析每个业务节点在价值创造过程中的作用与机制，帮助学生理解管理在核算到财务端、财务到业务端、业务到业务端价值创造过程中的关键作用，培养学生形成价值导向的管理思维，提升财经管理工作的价值创造能力，同时助推核算会计向价值会计转型发展。

本丛书由全国业财税数智化服务行业产教融合共同体、湖南中德安普大数据网络科技有限公司及中国财政经济出版社联合策划，来自全国的60位专家担任教材主编。感谢湖南省教育厅、湖南省人民政府国有资产监督管理委员会、湖南省教育科学研究院、中国会计学会、中国商业会计学会等单位的大力支持；感谢全国300多所学校、500多位参编教师及泰格林纸集团股份有限公司等20多家企业、40多位实战专家，感谢他们的辛苦付出及卓越创新；同时还要向本丛书引用的文献等资料的原作者和单位表达感谢。

在此向关心、支持新质财经教育事业的所有同仁一并致谢。

丛书编委会

2024年7月

前言

《业财融合采购管理》是高职财经类专业的必修核心课程，本教材以培养适应数字时代需要的高素质高技能财经人才为出发点，突破原有会计教材按会计要素和决策类型编写的束缚，运用大数据工具，探讨业财融合采购在会计领域的重要性和复杂性，紧密结合全国职业院校业财税融合大数据应用技能竞赛规程和“业财税成本管控”“业财税融合大数据投融资分析”职业技能等级证考核标准编写而成。

本教材从采购计划与预算出发，配套业财税融合数字化平台，构建全流程、全方位的场景，设计了采购计划与预算、采购执行与控制、采购入库与结算、采购业务核算、供应商考核与采购绩效评价等五个学习环节。使用真实的业务场景让读者身临其境地学习，从采购决策到会计处理，再到资产管理和成本控制，教材将深入研究业财融合采购的每个流程，并提供实用的技术知识和专业指导，帮助读者理解并应对相关挑战。业财融合采购管理不仅涉及技术层面的挑战，更要充分考虑会计和财务方面的影响。本教材将引导读者探索如何有效管理业财融合采购项目的财务风险，如何正确评估业财融合资产的价值，以及如何将业财融合采购纳入财务报告和预算规划。

本教材具有五大特点：

1. 推动课程思政教育的深度融合

本书致力于推动课程思政教育与专业教学的深度融合。每个项目均设定了明确的素质目标，旨在将职业素养和职业精神具体化，使学生能够在学习专业知识的同时，培养良好的职业道德和社会责任感。通过这一融合方式，实现专业技能教学与思政教育的和谐共生，在润物细无声中融入理想信念的精神食粮。

2. 贯彻“四流融合、理实一体”教学理念

本书贯彻“四流融合、理实一体”的教学理念，紧密围绕企业真实生产经营环境构建教学内容，将“业务活动与工作任务”贯穿于教学的始终。通过模拟真实的业务场景活动，锻炼学生的专业技能，引导他们深刻理解企业运营管理的精髓。除常规意义上的教学环节外，还融入了数字化平台任务学习、小组讨论交流等多种互动与实践环节。这些设计旨在全方位提升学生的观察力、团队协作能力、批判性思维能力以及解决实际问题的能力，让学生在实践中学习、在学习中实践，真正实现知识向能力的转化。

3. 推行“讲、学、练”一体化的教学模式

本书经过深思熟虑的策划与编排，精心整合了核心理论知识体系，科学合理地安排了知识点与技能点的分布。本书坚持“讲、学、练”一体化的教学模式，高度重视学生的岗前培训，坚持以学生为主体，鼓励学生积极探索、主动思考；教师则扮演着引导者和指导者的角色，在课堂上讲解理论知识，为学生提供必要的支持、反馈与启发，通过一系列精心设计的实践环节，帮助学生提前适应职场要求，形成“知识—技能—能力”的正向循环，促进学生在自主学习与合作交流中不断成长。

4. 创新以实践为导向的综合评价体系

本书显著区别于传统的仅以期末考试成绩作为衡量标准的评价体系，转而聚焦于学生整个学习实践过程中的表现评估。每个任务学习结束后，都设定了任务发布，这些任务发布不仅检验了专业知识的掌握情况，还能反映学生职业素养、良好工作习惯的养成以及团队协作精神的情况。如此设计，旨在全方位地促进学生专业技能与综合素质的全面提升。

5. 培育可持续发展的综合职业人才

本书精心构建了企业真实的业务场景活动与知识、技能点的紧密关联网络，强调在专业知识的传授中深度融合职业素养教育。通过这一教学形式，致力于培育学生成为具备诚信为本、吃苦耐劳、善于沟通、精于核算、擅长管理以及广受欢迎等综合素质的职业人才。同时，积极引导学生树立环保、节能与安全的意识观念，为其未来职业生涯的可持续发展奠定坚实的基础。

本教材由全国业财税数智化服务行业产教融合共同体中各成员院校与领先企业携手合作完成，凝聚了来自不同领域的智慧与汗水。在丛书主编谭秋云的引领下，丛书编委会与审定编委会精心策划，确保了教材内容的权威性与准确性。同时，本书编写组作为核心力量，汇聚了50余位深耕高职教学一线的教师与企业资深管理人员，他们的深度参与与辛勤付出，为教材注入了鲜活的教学实践与行业实践经验。

本书的编写过程得到了湖南省教育厅、湖南省国资委以及中国商业会计学会等权威机构的大力支持与关怀。这些机构的认可与帮助，为教材的顺利编纂提供了坚实的保障。在此，对丛书主编谭秋云及众多行业专家学者的精心指导与无私奉献表示最诚挚的谢意。

此书专为高职财经学子设计，亦适合企业管理者的继续教育，及业财数据管理爱好者的自学。鉴于编写过程中的局限性，书中难免存在不足之处，热切期待您审阅并提出宝贵意见，以便进一步修订与改进。

编者

2024年7月

目录

采购场景概述

一、行业及企业基础资料

我国造纸行业是一个与国民经济和社会发展紧密相关的基础原材料生产行业。2022年，我国纸及纸板消费量达12,403万吨，占全球消费量的1/4，纸浆消费量约为11,295万吨，我国纸及纸板的生产与消费水平均处于全球前列。

珠江纸业股份有限公司（简称“公司”）始建于2000年，地处广东省东莞市，紧邻京广铁路大动脉，与京珠高速公路和107国道相连，靠近珠江水系，水陆交通十分便利，不仅物流成本较低，还能快速响应市场需求，周边丰富的水资源也为造纸生产提供了稳定的原料供应。公司位于经济活跃的华南地区，与上下游企业建立了紧密的合作关系，形成产业链协同效应。

公司主要从事文化类印刷用纸的生产、销售，主导产品有胶版纸、颜B纸、轻型纸、颜A纸、轻涂纸、办公用纸、淋膜原纸、热敏原纸、牛皮包装纸9个品种，产品广泛应用于高档书刊、报纸、杂志的印刷，在国内享有较高声誉。

公司以五年规划为导向，以全面预算为抓手，实施从计划、执行、过程控制，到绩效考核的全面和全方位管控。公司在供应链管理方面成效显著。

公司成立了以董事会为核心的组织结构，组织中的各个机构各自承担特定的职责，共同推动公司的发展。公司组织结构如图0–1所示。

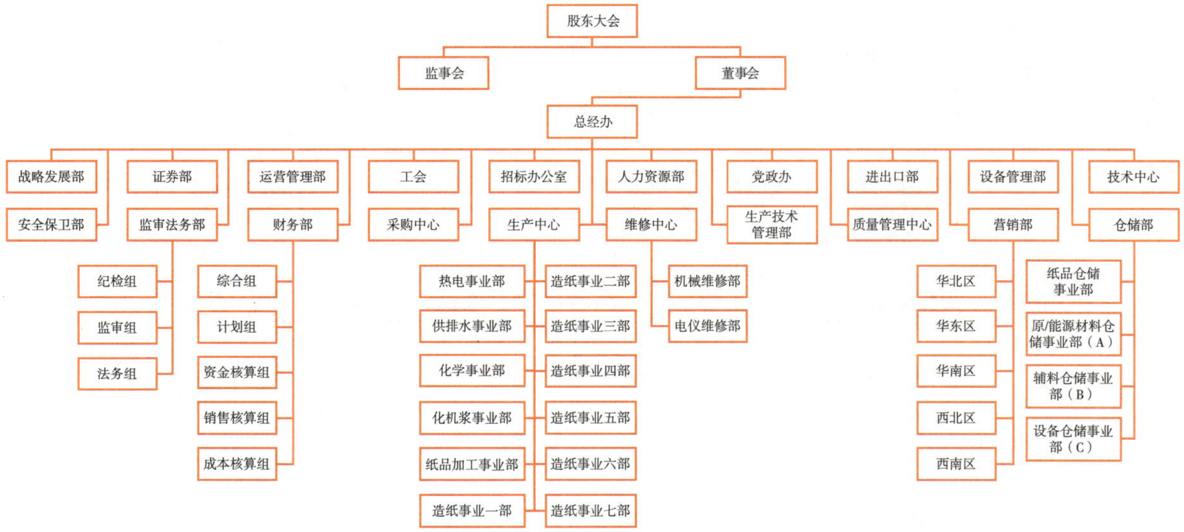

图0–1 公司组织结构

二、采购业务概况

公司生产的原料需求主要包括木片、浆板、备品备件、煤炭和化工原料等。为满足这些需求，公司采取多种采购方式，包括询比采购、招标采购、竞争谈判采购及战略采购等，以确保原材料的稳定供应和成本效益。

为了保障采购过程的质量和效率，公司建立合格供应商库，严把供应商入库质量关，并通过考核实现优胜劣汰的动态管理。除法定招标和自主公开招标外，所有供应商都在公司的供应商库中选择，选择时以“同等价格择其优，同等质量择其廉，同质同价择其近”为原则。

三、采购业务流程

公司采用“四流融合”采购模式，即将业务流、数据流、财税流和知识流融合进行采购，采购流程如图0–2所示。其中，业务流包括采购计划、采购执行、采购合同、发货通知、验收入库、发票管理、货款结算、分析与考核等环节。数据流包括计划数量与价格、采购执行数量与价格、合同数量与价格、批次订货数量、入库数量、发票数量与价格、付款金额和计划完成率等内容。财税流包括发货通知单、验收入库单、增值税专票/普票、银行付款回单、账簿和记账凭证等管理。知识流包括业务财务会计、业务财务管理、业务成本管控、业务税务管理、业务经济法、业财税融合系列教材等内容。

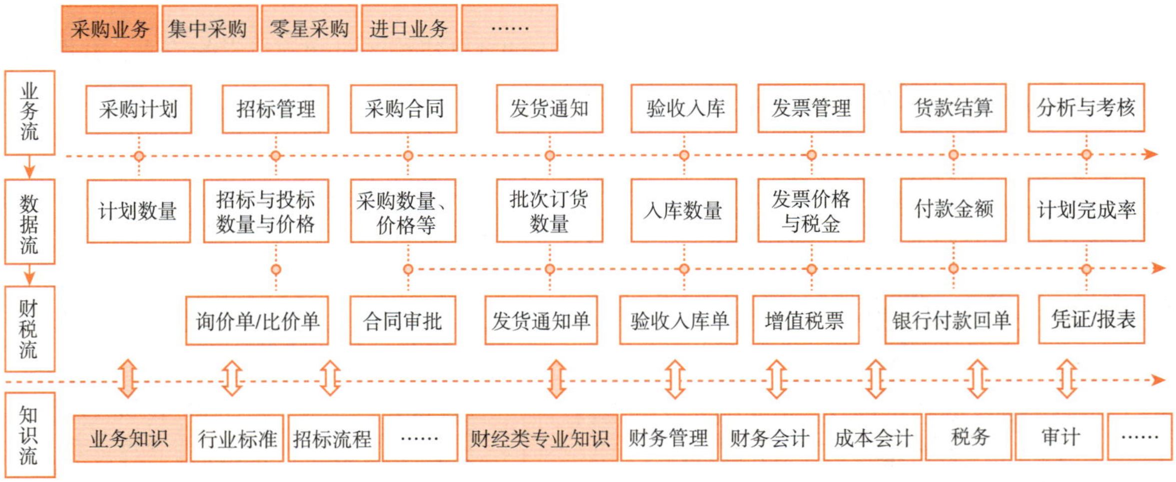

图0–2 采购流程图

项目 1　采购计划与预算

学习目标

知识目标

1. 理解销售量预测表和生产量预测表的编制方法，能够在实践中灵活运用销售量预测表和生产量预测表；
2. 掌握材料消耗预测的计算，能准确进行材料消耗的预测；
3. 掌握安全库存量预测的计算，为科学制定并优化材料采购计划奠定坚实基础；
4. 掌握年度采购计划的编制方法，能根据企业具体情况制定年度采购计划；
5. 掌握年度采购预算的编制方法，能根据企业具体情况编制年度采购预算。

技能目标

1. 能够进行采购需求分析并用于采购计划；
2. 能够预测材料消耗量及安全库存量并用于编制材料采购计划和采购预算；
3. 能够根据材料采购预算编制现金支付预算表；
4. 能够识别采购计划与预算工作中的潜在风险并运用适当方法加以控制。

素质目标

1. 具备实践能力，积累实践经验，提高综合素质；
2. 具备诚实守信、爱岗敬业的职业素养；
3. 具备社会责任意识和节约成本意识。

采购是生产经营活动中的重要一环，其作用是保证企业生产、经营、管理服务所需的直接物料、间接物料、服务，及时、合理、有效地供给。随着社会和经济的发展，采购并不局限于简单的购买，还可以通过经营租赁、交换、外包等途径获取商品的使用权。

在企业的生产运营过程中，采购计划和采购预算是采购活动的重要内容。采购计划是根据企业的运营需要，对所需物资、设备或服务的数量、质量、规格、交付时间等进行计划和安排的过程。采购预算则是对采购计划所需的资金进行预估和安排，以保证采购计划顺利实施的工作。采购计划是采购预算的基础和依据，采购预算则是对采购计划的进一步细化和费用安排。

通过制定采购计划，可以明确采购需求和时间安排，提高采购的效率和准确性。通过采购预算的编制和执行，可以对采购成本进行控制和管理，避免采购过程中的浪费和冗余。制定采购计划和采购预算，可以提前规划和安排供应商，保证供应的稳定性和及时性。

需求是计划的起点和基础，要制定采购计划，首先要对采购需求进行预测。

任务1 预测年度采购需求

【教学重点】材料、办公耗材及设备年度采购需求的预测。

【教学难点】材料采购需求的预测方法。

子任务1 预测年度材料采购需求

【教学重点】年度材料采购需求的预测方法。

【教学难点】年度材料采购的需求分析。

任务导入

2022年12月，公司对2023年生产所需的各类原材料进行采购需求预测。由于公司实施的是“以销定产”和“以产定采”的管理制度，要对采购需求进行预测，就需要明确生产部门的生产需求，而生产部门的生产需求又来自销售部门的销量预测。

以销定产，又称“按需定产”，是指企业的生产计划根据销售计划来制定，即先确定产品的销售量，然后根据销售量来安排生产。这种制度的核心思想是根据市场需求来确定生产量，以确保生产的产品能够顺利销售，避免库存积压和浪费。

以产定采是指企业的采购计划根据生产计划来制定，即先确定产品的生产量，然后根据生产量来安排原材料和零部件的采购。这种制度的核心思想是确保生产所需的原材料和零部件能够及时、足量地供应，以保证生产的顺利进行。

任务实施

一、获取年度销售量预测表

【场景1-1】2022年12月，公司销售部门根据战略目标，结合市场的需求、竞争情况等，对2023年各类产成品销售量进行预测。2023年销售量预测表部分如表1-1所示。

表 1-1 2023 年销售量预测表 单位：吨

项目	印刷用纸							包装用纸			办公用纸	合计
	颜B纸	轻型纸	颜A纸	轻涂纸	胶版纸	热敏原纸	大类小计	牛皮包装纸	淋膜原纸	大类小计		
1月	8,073.99	2,939.98	4,739	8,399.94	21,493.97	868	46,514.88	8,401.02	1,725.96	10,126.98	2,609.96	59,251.82
2月	6,848.99	2,485.02	3,475.99	6,759.98	18,523.96	717	38,810.94	7,156.01	1,451.02	8,607.03	2,091	49,508.97
3月	9,071	3,031	5,171.97	9,080.01	23,587	925	50,865.98	9,146.01	1,839.01	10,985.02	2,913.97	64,764.97
一季度	23,993.98	8,456	13,386.96	24,239.93	63,604.93	2,510	136,191.8	24,703.04	5,015.99	29,719.03	7,614.93	173,525.76
……	……	……	……	……	……	……	……	……	……	……	……	……
合计	137,689.72	44,894.43	76,684.62	135,445.97	362,921.89	13,467.93	771,104.56	140,332.39	27,172.98	167,505.37	41,988.83	980,598.76

注：完整的2023年销售量预测表扫码获取。

认知识别 年度销售预测是一个综合性的过程，旨在根据历史销售数据、市场趋势、竞争对手情况、经济因素、营销策略等多个维度的情况，预测未来销售情况。

分析研判 年度销售量预测表中的数据来自销售部门的销售预测分析①。

二、获取年度生产量预测表

【场景1-2】2023年1月，公司生产中心根据销售中心提供的销售量预测表编制2023年度生产量预测表（部分见表1-2），并报送给采购中心。

表 1-2 2023 年生产量预测表

部门：生产中心 日期：2023年1月4日 单位：吨 编号：YS-SC-2023

项目	印刷用纸					全年
	颜B纸-1#	颜B纸-4#、5#	胶版纸	……	……	
预计销售量	137,689.72		362,921.89	……	……	980,598.76
加：预计期末产成品存货	7,743.22		21,556.42	……	……	61,784.14
合计	145,432.94		384,478.31	……	……	1,042,382.90
减：预计期初产成品存货	8,667.20		23,570.41	……	……	64,203.14
预计生产量	53,965.74	82,800.00	360,907.90	……	……	978,179.76

注：完整的2023年生产量预测表扫码获取。

认知识别 年度生产预测是指对全年的产品生产量进行预测。销售预测是企业进行生产预测的重要依据之一，正确地利用销售预测制定生产计划可为企业节省生产成本、提高生产效率。

① “四流融合新质财经系列丛书”中的《业财融合销售管理》将具体介绍销售量预测的方法。

分析研判

1.2023 年产品预计生产量的确定

以生产胶版纸为例，2023年的预计生产量=预计销售量+预计期末产成品存货–预计期初产成品存货=362,921.89+21,556.42–23,570.41=360,907.90吨。同理计算其他纸品的预计生产量，汇总可得出2023年所有产品预计生产量合计数为978,179.76吨。

2. 颜 B 纸预计生产量的确定

颜B纸2023年生产量总和的计算同其他产品的计算，总计136,765.74吨。目前公司有三条生产线生产颜B纸，考虑到生产线的产能不同，一条旧机台生产线生产颜B纸53,965.74吨，另两条生产线的产量为82,800吨。

风险控制 预计生产量的确定会决定各种生产材料的消耗量情况，从而影响材料采购数量。预计生产量过多会导致产品库存积压，增加仓储成本；而预计生产量不足又会导致产品短缺，无法满足市场需求。

三、编制材料消耗预测表

【场景1–3】2023年1月，公司采购中心根据生产中心报送的年度生产量预测表，结合生产工艺单耗对2023年全年材料消耗量进行预测。生产工艺单耗表部分如表1–3所示，2023年年度材料消耗预测表部分如表1–4所示。

表 1–3 生产工艺单耗表

序号	产品类别	产品名称	产品单位	产品编号	物料类别	物料名称	物料编号	规格	单位	单位产品消耗指标	领料部门
1	印刷用纸	胶版纸	吨		原料	化机浆	ZC0001		吨	0.3410414	造纸事业七部
2	印刷用纸	胶版纸	吨		原料	阔叶浆	YL0004	800 × 800	吨	0.2273884	造纸事业七部
……	……	……	……	……	……	……	……	……	……	……	……
30	原料	化机浆	吨	ZC0001	辅料	液碱	FL0001	32% 浓度	吨	0.04122696	化机浆事业部
……	……	……	……	……	……	……	……	……	……	……	……

注：完整的生产工艺单耗表扫码获取。

表 1–4 2023 年年度材料消耗预测表

部门：采购中心 日期：2023年1月4日

成本项目	单位	胶版纸	颜B纸	颜A纸	轻型纸	轻涂纸	热敏原纸	办公用纸	淋膜原纸	牛皮包装纸	预计消耗材料小计
液碱	吨	5,074.4	1,981.93	1,152.41	715.3	2,044.42	190.84	613.11	1,160.52	6,049.71	18,982.64
……	……	……	……	……	……	……	……	……	……	……	……
合计		23,532,979.52	8,930,210.69	5,043,903.55	2,933,198.7	8,834,233.64	915,076.7	89,274,077.1	1,868,662.18	9,845,229.39	151,177,571.47

注：完整的2023年年度材料消耗预测表扫码获取。

认知识别 全年材料预计消耗数量的计算

某材料的全年材料预计消耗数量用产品产量乘以材料单位耗用量计算，公式为：全年材料预计消耗数量=产品生产量 × 单耗。

分析研判 以计算液碱的消耗量为例，2023年胶版纸的产量为360,907.90吨（见表1–2）。根据生产工艺单耗数据，每吨胶版纸需要耗用0.3410414吨化机浆，每吨化机浆需要耗用液碱0.04122696吨。因此，2023年液碱预计消耗数量=胶版纸生产量 × 胶版纸生产工艺单耗中化机浆单耗 × 化机浆中液碱单耗=360,907.90 × 0.3410414 × 0.04122696=5,074.5吨。同理可计算生产其他纸品预计消耗的液碱数量，汇总可得出2023年预计消耗液碱为18,982.64吨。

四、编制安全库存量预测表

【场景1–4】为了有效管理库存，减少由供应链中断或需求突增导致的生产停滞，公司采购中心对2023年年末安全库存量进行预测（部分见表1–5）。

表 1–5　2023 年年末安全库存量预测表

部门：采购中心　日期：2023年1月4日

材料名称	单位	每日平均消耗量	最大耗用量	最长交货时间（天）	平均交货时间（天）	保险储备量	安全库存量
液碱	吨	52.73	59.32	12	8	145	566.84
……	……	……	……	……	……	……	……

注：完整的2023年年末安全库存量预测表扫码获取。

认知识别 安全库存量

安全库存量是企业为预防库存耗尽而额外保留的库存量，其目的是应对供应链中的不确定性，如需求波动和供应延迟，以确保企业在补货周期内能够持续运营，不受这些不确定性因素的影响。

安全库存量的计算公式：安全库存量 =平均消耗量 × 平均交货时间 +保险储备量。

分析研判

1.2023 年年末安全库存量的预测

公司采购中心对2023年年末安全库存量的预测，需依据2023年预计材料的消耗量计算平均消耗量，平均消耗量=年度材料消耗量/天数（一年按360天计算）。

2.2023 年年末安全库存量的计算

以液碱的安全库存量计算为例，由表1–4可知，2023年液碱预计消耗数量为18,982.64吨，可计算出每日平均消耗量=18,982.64 ÷ 360=52.73吨。由表1–5可知，液碱的平均交货时间为8天，保险储备量为145吨，可计算出2023年年末液碱的安全库存量=52.73 × 8+145=566.84吨。

风险控制 在计算安全库存量时，需要综合考虑多种因素，以确保能够有效地应对需求和供应的不确定性，同时保持合理的库存成本。

知识拓展 保险储备量

保险储备量是为了防止耗用量突然增加或交货延期等意外情况而进行的储备。

保险储备量的计算公式：保险储备量=（1/2）×（预计每天的最大耗用量 × 预计最长交货时间－平均每天的正常耗用量 × 平均交货时间）。由表1–5可知，液碱每日平均消耗量为52.73吨，每日最大消耗量为59.32吨，最长交货时间12天，平均交货时间8天，可计算出液碱的保险储备量=（1/2）×（12×59.32–52.73×8）=145吨。

保险储备量的计算需要根据具体的业务需求和供应链环境进行调整和优化。不同的企业和行业需求和挑战不同，因此需制定合适的保险储备策略来确保供应链的稳定性和可靠性。

五、编制年度材料采购需求表

【场景1–5】公司采购中心结合2023年度预计材料消耗数量和2023年年末安全库存量的预测结果，根据2023年年初材料库存数量，对2023年材料采购量进行预测，编制材料采购需求表，采购需求表部分如表1–6所示。

表 1–6 2023 年材料采购需求表

部门：采购中心 日期：2023年1月4日

成本项目	单位	2023年年初材料库存数量	2023年预计材料消耗量	2023年年末材料库存数量	2023年预计材料采购数量
液碱	吨	621.5	18,982.64	566.84	18,927.98
……	……	……	……	……	……

注：完整的2023年材料采购需求表扫码获取。

认知识别 计划材料采购数量的计算

材料采购数量=生产消耗数量+期末库存数量－期初库存数量，其中，期末库存数量取自安全库存量。

分析研判 2023年计划材料采购量计算

以液碱为例，其2023年的采购数量=18,982.64+566.84–621.50=18,927.98吨。

风险控制 在确定材料年度采购需求时，必须充分考虑生产计划的需求，确保两者的紧密对接和协同运作，避免出现因材料短缺而中断生产的情况。

任务小结

需求是计划的起点和基础。要编制材料采购计划，企业需根据自身情况做好采购需求预测。对于采用“以销定产”和“以产定采”管理制度的企业来说，做好年度销售量预测和年度生产量预测至关重要。

任务发布

根据本任务学习内容，填制“2023年度材料消耗预测表”。

子任务2 预测办公耗材及设备采购需求

【教学重点】年度办公耗材及设备需求的预测方法。

【教学难点】年度办公耗材及设备需求分析。

任务导入

为明确2023年度办公耗材及设备采购需求，公司党政办公室下发办公耗材及设备需求统计上报工作的通知，通过统计分析各部门的办公用品及耗材需求，核定采购数量，最终进行采购申请。

任务实施

一、办公耗材采购需求分析

【场景1-6】2022年12月26日，党政办公室员工刘春雨根据截至12月26日的本年累计办公耗材消耗量进行采购需求分析，核定2023年的办公耗材采购量，制定办公耗材需求分析表（部分见表1-7），并提交党政办领导审核。

表1-7 办公耗材需求分析表

编号：HCXQFX202212260001

序号	名称	2022年基期领用数量	单位	本年管理费用预算同比增长	2023年预计使用用量（取整数）	现有库存量	备库量（上年度使用量/4=季度平均）	取整备库量	应补充库存	核定采购量
1	长毛夹	453	个	-5%	430	31	113.25	113	512	500
2	签字笔芯	4,317	支	-5%	4,101	33	1,079.25	1,079	5,147	5,000
……	……	……	……	……	……	……	……	……	……	……
46	复印机粉盒	59	个	-5%	56	43	14.75	15	28	25
47	硒鼓	46	个	-5%	44	2	11.5	12	54	50

经理：李笑依　　分管主管：李冰　　分析人：刘春雨

注：完整的办公耗材需求分析表扫码获取。

认知识别 办公耗材采购需求分析方法——经验判断法

经验判断法是一种将定性分析和定量分析相结合的需求分析方法，它基于企业各层次有关人员的经验，通过工作人员对市场形势发展的直觉来判断并确定预计采购数量。

分析研判 公司党政办公室员工刘春雨基于经验判断，根据2022年基期领用数量以及本年管理费用预算同比变化预计情况，结合预计使用量、现有库存量和取整备存量等数据，确定2023年应补充库存量，核定办公耗材的预计采购数量。

以采购长毛夹为例，2023年预计使用量为430个，现有库存量为31个，取整备存量为113个，则应补充库存量为430+113−31=512个，最终通过经验判断法核定长毛夹的采购量为500个。

风险控制 采用经验判断法进行采购需求分析时，要结合历史相关数据进行验证和调整，这有助于减少主观判断的偏差，提高预算的准确性。

二、办公设备采购需求分析

【场景1–7】生产中心、采购中心、仓储部、运营管理部等需求部门根据需要提交办公设备需求统计表至党政办，由党政办对各部门办公设备采购需求进行汇总并分析，核定最终预计采购数量，制定办公设备采购需求分析表（见表1–8），并提交部门领导审核。

表 1–8 办公设备需求分析表

编号：SBXQFX20221220001

序号	名称	单位	需求数量	库存数量	预计备库量	核定应采购数量	备注
1	笔记本	台	20	0	0	20	无
2	打印机	台	28	13	5	20	无
3	条码机	台	20	5	5	20	无
4	电脑	台	15	5	5	15	无
5	显示器	台	15	15	15	15	无
6	交换机	台	15	5	5	15	无
7	路由器	台	15	20	15	10	无
8	鼠标	台	100	80	30	50	无
9	内存	台	20	40	30	10	无
10	无线网卡	台	50	20	20	50	无
11	电源	台	20	30	20	10	无
12	硬盘	台	20	30	20	10	无

分析人：刘春雨

日期	部门	岗位	人员	意见
2022年12月20日	党政办	副经理	李冰	同意
2022年12月20日	党政办	经理	李笑依	同意

认知识别 办公设备采购需求分析方法——需求者调查法

需求者调查法是指采购人在进行采购活动前，通过市场调研、咨询、问卷调查等方式，系统地收集和分析目标需求者的需求情况，以明确采购需求、制定采购计划并优化采购决策的过程。

分析研判 2023年办公设备采购需求分析

通过需求者调查法明确各需求部门的采购需求，对各需求部门上报的办公设备需求数量进行汇总，结合需求数量、库存数量以及预计备存量等数据，核定办公设备的预计采购数量。

以打印机为例，需求数量为28台，库存数量为13台，备存数量为5台，核定应采购数量=28+5-13=20台。

风险控制 在采购办公设备、办公用品及耗材前不仅要详细了解各需求部门的设备使用情况，包括日常用量、季节性变化、项目需求等，也要考虑现有库存，避免过度采购导致库存积压。

知识拓展 采购需求分析方法

采购需求分析是根据企业以往同期的采购历史、生产计划、销售计划等，预测企业下一阶段的需求品种和需求量。采购需求分析是制订采购计划的基础和前提，旨在确保企业能够准确地识别并满足其采购需求。采购需求分析方法除了经验判断法和需求者调查法还包括以下五种方法。

（1）采购申请单统计分析法。采购申请单统计分析法是指企业内部各部门定期或不定期地提交采购申请单，明确所需物资的种类、数量、规格等，并汇总这些申请单，通过统计分析来确定总的采购需求的一种方法。这种方法有助于集中管理采购需求，避免重复采购。

（2）物料需求计划法。物料需求计划法是指基于产品的生产计划，推算出所需原材料和零部件的数量和时间的一种方法。物料需求计划法可系统考虑现有库存、在途物资以及生产提前期等因素，确保物资在需要时能够及时供应。这种方法适用于生产型企业，有助于优化库存和降低库存。

（3）物资消耗定额法。物资消耗定额法是指根据企业的生产技术条件、产品结构和历史数据，制定每种物资在单位产品中的消耗定额。结合产品的生产计划，计算出所需物资的总量的一种方法。这种方法适用于生产稳定、物资消耗规律明确的企业。

（4）需求预测法。需求预测法是指利用历史销售数据、市场趋势和专家意见等信息，对未来的需求进行预测，通过建立预测模型，计算出未来一段时间内的采购需求的方法。这种方法适用于市场需求波动较大、需要快速响应市场变化的企业。

（5）ABC分析法。ABC分析法是指将企业的物资按照重要性或价值大小进行分类，分为A、B、C三类。A类物资价值高或重要性大，需要重点关注和精细管理；B类和C类物资价值较低或重要性较小，可以采用较为宽松的管理方式。根据各类物资的特点，制定相应的采购策略和管理措施。

三、办公耗材及设备采购申请

【场景1-8】2022年12月26日党政办刘春雨将汇总后的数据发送至采购中心，由采购中心提交采购申请单（部分见表1–9），申请采购所需的办公耗材及设备。

表1–9 采购申请单

申请日期：2022年12月26日 编号：WLSQD20221226019

采购部门	采购中心					采购项目类别	固定资产/低值耗材		
采购物资明细									
序号	名称	规格	品牌或厂家	单位	请购数量	预计不含税单价（元）	预计不含税金额（元）	需要日期	质量要求
1	笔记本	……	惠普	台	20	4,247.79	84,955.75	2023年3月1日	行业标准
2	打印机	……	佳能	台	20	1,415.93	28,318.58	2023年3月1日	行业标准
……	……	……	……	……	……	……	……	……	……
预计不含税金额合计（元）	762,721.25								
价税合计（元）	861,875.01								
采购类型	集中采购								
预计其他费用（元）	0								
合计（元）	861,875.01								

采购员：易石欧

日期	部门	岗位	人员	意见	备注
2022年12月26日	采购中心	经理	卢云茜	同意	
2022年12月26日	仓储部	经理	李红兵	同意	
2022年12月26日	总经办	副总经理	赵云飞	同意	

注：完整的采购申请单扫码获取。

认知识别 采购申请单

采购申请单是企业内部使用的一种正式文件，用于向采购部门或相关负责人提出采购要求。它详细记录了需要采购的物料或服务的名称、规格、数量、用途、预算等关键信息，并经过申请部门或个人填写、提交审批且审批通过后才能进一步采购。采购申请单是企业内部采购流程的起点，也是采购部门制定采购计划和执行采购任务的重要依据。

分析研判 办公耗材及设备的采购一般直接基于其需求分析表进行汇总，其中采购数量来源于办公耗材需求分析表及办公设备需求分析表中的核定采购数。

风险控制 办公耗材及设备采购申请单应基于各部门的实际需求进行统计，确保采购的物品符合企业的实际需求，避免出现采购过多或过少的情况。

任务小结

分析办公耗材与设备需求始于部门需求收集，合理评估需求后确定采购量并申请；同时，持续监控库存，根据实际消耗适时补充。

任务发布

根据本任务学习内容，填制“办公耗材及设备采购申请统计表”。

任务2 制定年度采购计划

【教学重点】年度采购计划的制定步骤。

【教学难点】制定年度采购计划的风险控制。

任务导入

【场景1-9】2023年1月，采购中心根据公司采购需求制定2023年年度采购计划。为了分月展示全年的材料采购计划，采购部门获取了生产中心编制的2023年月度生产量预测表（部分见表1-10）。

表1-10　　2023年月度生产量预测表

部门：生产中心　　日期：2023年1月4日　　单位：吨　　编号：YS-SC-202301

项目	印刷用纸				……	全年
	颜B纸-1#	颜B纸-4#、5#	胶版纸	……	……	
预计生产量	53,965.74	82,800.00	360,907.90	……	……	978,179.76
1月	4,600.40	6,900.60	31,164.54	……	……	81,672.60
2月	4,155.20	6,232.80	28,415.00	……	……	73,768.80
……	……	……	……	……	……	……
合计	53,965.74	82,800.00	360,907.90	……	……	978,179.76

注：完整的2023年月度生产量预测表扫码获取。

认知识别 月度生产量预测是年度生产量预测在每个月份的具体分解和细化，它是年度生产量预测的重要组成部分，是实现年度生产目标的关键环节。

分析研判

1. 月度生产量预测表中生产量合计数的填列

月度生产量预测表中生产量合计数直接来源于2023年生产量预测表（见表1–2）。

2. 制定月度生产量预测表要考虑的具体因素

制定月度生产量预测表除了要考虑市场需求，还应考虑企业的生产能力和库存水平等。

风险控制 在预测月度生产量时，企业应建立信息共享机制，确保各部门之间及时传递关键信息和数据，提高决策效率和准确性。

任务实施

一、编制2023年1月至12月的材料采购计划

【场景1–10】2023年1月，采购中心根据2023年月度生产量预测表（见表1–10）和生产工艺单耗表（见表1–3）编制1月至12月的采购计划。其中，1月的采购计划部分如表1–11所示。

表1–11 2023年1月材料采购计划表

部门：采购中心 预测月度：2023年1月 日期：2023年1月4日

采购项目名称	单位	本月初材料库存数量	本月胶版纸预计材料消耗量	本月颜B纸预计材料消耗量	……	本月牛皮包装纸预计材料消耗量	本月预计材料消耗量小计	本月末材料库存数量	本月预计采购量
液碱	吨	621.50	438.18	166.67	……	523.58	1,581.77	566.84	1,527.11
甲醇	吨	79.08	55.75	21.21	……	66.62	201.26	72.14	194.32
……	……	……	……	……	……	……	……	……	……

注：完整的2023年月度材料采购计划表（1~12月）扫码获取。

认知识别 企业提前制定全年的月度材料采购计划表，旨在清晰地了解每个月需要采购的物料类别以及具体的采购数量，从而确保采购活动的针对性和有效性。

分析研判

1. 预计材料消耗量的计算

以生产胶版纸消耗液碱的数量计算为例，2023年1月胶版纸的预计产量为31,164.54吨（见表1–10）。根据生产工艺单耗数据（见表1–3），每吨胶版纸需要耗用0.3410414吨化机浆，每吨化机浆需要耗用液碱0.04122696吨。因此，2023年1月液碱预计消耗数量＝胶版纸生产量×胶版纸生产工艺单耗中化机浆单耗×化机浆中液碱单耗=31,164.54×0.3410414×0.04122696=438.18吨。同理可计算生产其他纸品预计消耗的液碱数量，汇总液碱消耗量的合计数为1,581.77吨。

2. 预计材料采购量的计算

预计材料采购数量=生产消耗数量+期末库存数量−期初库存数量，其中，期末库存数量取自年末安全库存（见表1–5）。以液碱的采购量计算为例，2023年1月预计采购量=1,581.77+566.84−621.5=1,527.11吨。

风险控制 材料采购量预测的准确性离不开准确的生产量预算和期初期末库存的预测，企业需要根据实际情况调整材料的实际采购数量。

二、编制2023年年度材料采购计划

【场景1–11】 2023年1月，采购中心汇总2023年1月至12月的材料采购计划表（见表1–11），编制2023年年度材料采购计划，年度采购计划部分如表1–12所示。

表1–12 2023年年度材料采购计划表

部门：采购中心 日期：2023年1月4日

采购项目名称	单位	1月	2月	3月	第一季度	……	第四季度	全年
液碱	吨	1,527.11	1,428.60	1,581.90	4,537.61	……	5,050.60	18,927.98
甲醇	吨	194.32	181.76	201.28	577.36	……	642.59	2,408.28
……	……	……	……	……	……	……	……	……

注：完整的2023年年度采购计划表扫码获取。

认知识别 年度材料采购计划表是企业根据年度经营计划和生产需求，对全年所需采购的材料进行预测、规划和安排的表格。它通常包含采购材料的种类、规格、采购时间和采购数量。

分析研判 年度材料采购计划表的编制

年度材料采购计划表中的数据取自2023年月度材料采购计划（见表1–11），月度材料采购计划分月展示了每种外购材料计划采购的数量，并按照季度和年度进行了汇总。

风险控制 年度采购计划表有助于企业实现集中采购和批量采购，从而在与供应商的谈判中获得更有利的价格和条款。因此，通过提前规划和预测，企业可以更加灵活地应对市场价格波动，降低采购成本。

三、编制2023年年度材料采购计划执行表

【场景1–12】 2023年1月，采购中心根据2023年年度采购计划表（见表1–12）和公司《物资采购管理制度》（部分见图1–1）编制2023年材料采购执行计划表，执行表部分如表1–13所示。具体选择采用何种采购方式，公司依据历史数据和经验判断。例如，针叶浆和阔叶浆主要采用进口，但由于其单价持续上升，考虑2023年预计会有15%的针叶浆和阔叶浆在国内采用委托加工的方式进行采购。

物资采购管理制度

第一条　物资采购总则

进一步规范公司物资采购程序，加强内部控制，明确经济责任，确保生产经营的持续稳定，依据相关法律法规特制定本制度。公司日常生产经营所需的原料及主要材料、辅助材料、备品备件、包装物、织物等均属于本制度规范范围。

第二条　物资采购范围及计划的申报

1.公司日常生产经营所需的原料、能源、辅料、织物、备品备件、包装物等均属于本制度规范范围。

2.各类物资的需求申请流程明确如下：

（1）备品备件类物资

每月25日前将计划单提交采购中心执行采购。

安全库存量由设备管理部确定，由设备管理部于每月20日前填报物料申请单→设备管理部经理签字→仓储部保管员签字→仓储部主管汇总。此计划单的全程跟踪由设备管理部负责。

（2）原料、辅料、织物

每月25日前将计划单提交采购中心。

原料、辅料、织物的安全库存量由生产技术事业部确定，由采购中心采购执行。各造纸事业部（或使用部门）统一于每月20日前填报物料申请单→各部门经理→仓储部保管员签字→生产技术事业部汇总。此计划单的全程跟踪由使用部门负责。

注：完整的物资采购管理制度扫码获取。

图 1–1　公司物资采购管理制度

表 1–13　　2023 年材料采购执行计划表

部门：采购中心　　　　日期：2023年1月4日

采购项目	单位	集中采购				零星采购	进口	委托加工	间接采购	2023年计划采购量
		公开招标	邀请招标	竞争性谈判	框架协议采购					
液碱	吨	9,463.99			9,463.99					18,927.98
……	……	……	……	……	……	……	……	……	……	……
针叶浆	吨						82,156.70	14,498.24		96,654.94
阔叶浆	吨						164,371.54	29,006.74		193,378.28
煤炭	吨		207,955.60		207,955.59					415,911.19
……	……	……	……	……	……	……	……	……	……	……

注：完整的2023年材料采购执行计划表扫码获取。

认知识别

（1）采购管理制度是以文字的形式对采购组织工作与采购具体活动的行为准则、业务规范等做出的具体规定。

（2）年度材料采购计划执行表是按照不同的采购方式对年度采购计划表的分解，它展示了不同的原材料计划采用何种采购方式进行采购执行。

分析研判

1. 物资采购管理制度

公司的物资采购管理制度共有四条内容，主要对物资采购范围及计划的申报，物资采购定价、定标、招标流程进行了规范。

2. 针叶浆采购方式的选择

针叶浆2023年的预计采购量为96,654.94吨，所以委托加工生产数=96,654.94×15%=14,498.24吨，除委托加工生产的数量之外，其余的采用进口。

风险控制 物资采购流程中需要申请人、部门经理、仓储保管员、仓储部经理的审核签字，在采购流程中必须遵循职责相分离的原则。

任务小结

企业编制年度材料采购计划时，要从采购需求出发，根据月度采购需求编制全年12个月的材料采购计划，然后汇总形成年度采购计划。除此之外，还可以按照采购方式将年度采购计划进行分解，为采购的具体执行做好规划。

任务发布

结合年度采购计划的学习内容，填制“2023年年度材料采购计划表”。

任务3 编制年度采购预算

【教学重点】采购预算的作用，编制采购预算的步骤。

【教学难点】采购预算的编制。

任务导入

编制年度材料采购预算有助于企业提前预估材料成本，从而在生产计划和销售计划中充分考虑成本因素。通过实施合理的采购策略和成本控制措施，企业可以有效降低材料成本，提高盈利能力。同时，材料采购预算还可以帮助企业识别潜在的成本节约机会，进一步优化成本结构。

任务实施

一、编制材料采购预算

【场景1–13】2023年1月，采购中心根据采购计划对2023年材料采购预计数量及预计采购金额进行预算，编制材料采购预算表。2023年材料采购预算表部分如表1–14所示。

表 1–14 2023 年材料采购预算表

部门：采购中心 日期：2023年1月4日

采购项目名称	规格型号	单位	采购数量	预计采购单价（元）	预计采购不含税金额（元）
液碱	32%浓度	吨	18,927.98	2,052.24	38,844,757.68
……	……	……	……	……	……
合计					3,664,517,777.13

注：完整的2023年材料采购预算表扫码获取。

认知识别

1. 采购预算

采购预算是一种用货币和物料数量表示的采购计划。采购预算能够将企业的战略目标通过有关数据系统地反映出来，是经营决策具体化、数量化的体现。

2. 采购预算的作用

（1）保障企业战略计划和作业计划的执行，确保企业各部门目标一致。

（2）协调企业各部门之间的合作。

（3）在企业各部门之间合理地安排有限的资源。

（4）对企业物流成本进行控制、监督。

3. 采购预算的编制原则

（1）实事求是。采购预算的编制一般以企业和部门的战略目标为前提，先确定销售预算，再确定生产计划，最后确定采购计划。

（2）积极稳妥、留有余地。积极稳妥是指不盲目增大或减小某些采购预算指标的权重，既要保证采购预算指标具有一定的先进性，又要保证采购预算指标的可衡量性，充分发挥采购预算的指导和控制作用。

（3）比质比价。编制采购预算时，要广泛收集采购物料的质量、价格等方面的信息，掌握主要物料信息的变化情况，并根据市场信息比质比价后，确定采购物料的成本。

4. 采购预算的编制流程（见图 1-2）

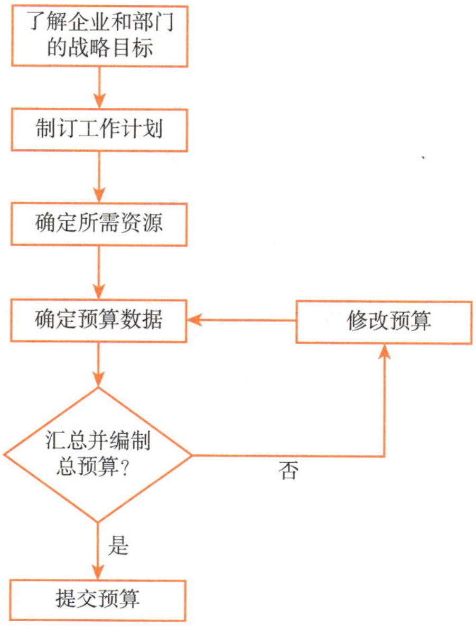

图 1-2　采购预算的编制流程图

分析研判 1　采购预算表通常包含以下几个主要部分：

（1）采购项目。采购项目需明确列出计划购买的物品或服务，细分到具体型号、规格或品牌。

（2）单位。单位是指指定采购项目的计量单位，如“个”“箱”“台”等。

（3）单价。单价是指每个采购项目的单价，如市场参考价或预算价格。

（4）数量。数量是指预计购买的采购项目的数量。

（5）总价。总价是指通过单价和数量的乘积计算得出的采购项目的总成本。

（6）备注。备注是指对采购项目提供额外信息或说明，如特殊需求、供应商信息等。

（7）总计。总计是指所有采购项目的总价汇总，用于评估整个采购预算的总体成本。

分析研判 2　预计采购金额的计算公式：预计采购金额 = 预计采购单价 × 采购数量。根据以上公式，液碱预计采购金额 =2,052.24 × 18,927.98=38,844,757.68 元。

风险控制　在编制采购预算时，需要考虑市场供求情况和价格波动风险等因素，避免预算超支，从而导致采购部门在价格上涨时无法继续采购，出现生产或运营中断的情况。

采购预算期要与企业的采购计划期保持一致，不能过长或过短。采购预算期如果过长，会导致人力、物力和财力的浪费；如果过短，无法保证采购计划的顺利进行。

采购预算的编制方法多种多样，这些方法的编制原理和特点各不相同，因此在编制过程中，应根据企业的外部环境和基本特点进行选择。

知识拓展　典型的采购预算是以年度为单位编制的，然而为了方便安排生产和销售，采购预算又被分解为更短的时间间隔，如半年、一个季度、一个月，甚至一个星期。

二、编制现金支付预算

【场景1-14】为了规划和控制资金流动，提高资金使用效率，预防采购资金短缺，公司采购中心结合2023年度材料采购预算表，编制2023年度采购现金支付预算（此处为材料采购现金支付预算，办公耗材等在费用中已做预算），如表1-15所示。

表1-15　　2023年采购现金支付预算

日期：2023年1月4日

项目	金额/比例
期初应付账款（元）	206,728,331.17
期初应付账款本期支付率（%）	100
期初应付账款本期支付额（元）	206,728,331.17
本期含税采购额（元）	4,140,905,088.16
期初预付账款（元）	298,153,785.69
本期含税采购额当期支付率（%）	90
本期采购销售额票据方式支付比例（%）	40
本期采购销售额银行存款支付比例（%）	60
本期含税采购额银行存款当期支付额（元）	2,075,085,703.33
期末预付账款（元）	207,045,254.41
期末预付账款用现金支付（元）	207,045,254.41
期初应付票据（元）	330,879,010.45
期初应付票据本期支付率（%）	100
期初应付票据本期支付额（元）	330,879,010.45
本期应付票据当期支付率（%）	80
本期应付票据当期支付额（元）	1,106,712,375.11
资金支付金额（元）	3,926,450,674.47
期末应付账款（元）	384,275,130.25
期末应付票据（元）	276,678,093.78

认知识别　现金支付预算

现金支付预算反映企业在预算期内的全部现金流出。现金支付预算中的“现金”通常包括库存现金、银行存款等货币资金。

分析研判 2023年采购现金支出

为了便于编制现金支付预算，通常要预计材料采购期间的现金支出。每个期间的现金支出包括偿还上期应付账款和应付票据，以及本期应支付的采购货款。

1. 期初应付账款对应的现金支出

2023年期初应付账款为206,728,331.17元，期初应付账款本期支付率为100%。本期需支付现金=206,728,331.17×100%=206,728,331.17元。

2. 本期含税采购额对应的现金支出

由表1–10可知，2023年预计不含税采购额为3,664,517,777.13元，采购材料的增值税税率为13%。本期含税采购额=3,664,517,777.13×（1＋13%）=4,140,905,088.16元。

本期含税采购额当期支付率90%，其中票据方式支付比例40%，银行存款支付比例60%，期初预付账款298,153,785.69元。本期含税采购额银行存款当期支付额=（4,140,905,088.16–298,153,785.69）×90%×60%=2,075,085,703.33元。

3. 期末预付账款对应的现金支出

预计期末预付账款占本期含税采购额的5%，均采用现金支付。期末预付账款现金支出=4,140,905,088.16×5%=207,045,254.41元。

4. 应付票据对应的现金支出

（1）期初应付票据。

由表1–15可得，期初应付票据330,879,010.45元，期初应付票据本期支付率100%。期初应付票据本期支付额=330,879,010.45×100%=330,879,010.45元。

（2）本期应付票据。

本期含税采购额当期支付率90%，其中票据方式支付比例40%，本期应付票据当期支付率80%。本期应付票据当期支付额=（4,140,905,088.16–298,153,785.69）×90%×40%×80%=1,106,712,375.11元。

5. 本期总资金支付金额

总资金支付金额=206,728,331.17+2,075,085,703.33+207,045,254.41+330,879,010.45+1,106,712,375.11
=3,926,450,674.47（元）

6. 计算期末应付账款、应付票据

期末应付账款=（4,140,905,088.16–298,153,785.69）×（1–90%）=384,275,130.25（元）

期末应付票据=（4,140,905,088.16–298,153,785.69）×90%×40%×（1–80%）=276,678,093.78（元）

风险控制 确保用于现金支付预算的数据来源准确可靠，避免基于错误或误导性信息进行预算。

材料消耗预测、安全库存量、采购预算以及采购现金支付预算的填报数据，都应依次报采购部门副经理、采购部门经理、分管采购的副总经理审批。

任务小结

材料采购预算的编制离不开材料采购计划的制定，企业制定好采购预算后，还要编制现金支付预算。

任务发布

请根据所学的年度采购预算的内容，填制“现金支付预算表”。

任务 4　制定月度采购计划

【教学重点】物料申请单和采购申请单的填制。

【教学难点】月度材料采购数量及采购金额的计算。

任务导入

【场景 1–15】公司每月 25 日前需制定下个月的材料采购计划。要制定采购计划，首先要了解七个造纸事业部、化机浆事业部、化学事业部等的物料需求。2022 年 12 月 20 日，七个造纸事业部以及其他事业部分别提交了物料需求计划。其中，造纸事业七部辅助人员韩遇提交胶版纸 1 月的物料需求计划表，物料需求计划表部分如表 1–16 所示。

表 1–16　物料需求计划表

部门：造纸事业七部　　日期：2022 年 12 月 20 日　　编号：WKXQ–20221200016

<table>
<tr><td colspan="4" rowspan="2">项目</td><td>计划投产量</td><td>30,770</td></tr>
<tr><td>产品名称</td><td>胶版纸</td></tr>
<tr><td>类别</td><td>物料名称</td><td>规格型号</td><td>单位</td><td>实际单耗</td><td>总耗</td></tr>
<tr><td>原料</td><td>化机浆</td><td>0</td><td>吨</td><td>0.3431</td><td>10,557.19</td></tr>
<tr><td>原料</td><td>阔叶浆</td><td>800 × 800</td><td>吨</td><td>0.228761</td><td>7,038.98</td></tr>
<tr><td>原料</td><td>针叶浆</td><td>800 × 800</td><td>吨</td><td>0.114339</td><td>3,518.21</td></tr>
<tr><td>辅料</td><td>清水</td><td>0</td><td>吨</td><td>15.411664</td><td>474,216.90</td></tr>
<tr><td>辅料</td><td>轻钙</td><td>0</td><td>吨</td><td>0.199716</td><td>6,145.26</td></tr>
<tr><td>辅料</td><td>混合碳酸钙</td><td>1250 目</td><td>吨</td><td>0.082284</td><td>2,531.88</td></tr>
</table>

续表

项目				计划投产量	30,770
				产品名称	胶版纸
类别	物料名称	规格型号	单位	实际单耗	总耗
辅料	增白剂	JHZ–726	吨	0.00115	35.39
辅料	复合胶	50kg/塑料桶	吨	0.007588	233.48
……	……	……	……	……	……

注：完整的物料需求计划表及其余各个事业部的物料需求计划表扫码获取。

认知识别 物料需求计划表

物料需求计划表是一种用于确定企业在一定时期内（如周、月或季度）所需物料数量及其时间安排的计划工具。物料需求计划表基于生产计划来制定，旨在确保在正确的时间以正确的数量提供所需的物料，以满足生产需求并最小化库存成本。

分析研判 由1月生产胶版纸的物料需求计划表可知，1月的胶版纸预计投产量为30,770吨。生产计划人员在进行物料需求预测时，根据排产计划中该产品的计划投产数量，结合实际单耗，计算物料需求量。例如，混合碳酸钙的总需求量=30,770×0.082284=2,531.88吨。

风险控制 物料需求可能因生产计划的不准确而混乱，导致物料短缺或过量。因此，科学合理的生产计划是制定物料需求计划的基础。

任务实施

一、填制物料申请单

【场景1–16】2022年12月20日，造纸事业七部冯西市结合物料档案中材料质量相关要求，根据造纸事业七部韩遇提交的物料需求计划表对1月生产胶版纸所需外购的物料进行申请，物料申请单部分如表1–17所示。

表1–17 物料申请单

申请部门：造纸事业七部 申请日期：2022年12月20日 编号：WLSQD20221220001

序号	名称	规格	品牌或厂家	单位	数量	需要日期	质量要求	所属类别
1	阔叶浆	800×800	鹦鹉或绿树	吨	7,038.98	2023年1月20日	国家标准	原料
2	针叶浆	800×800	绿箭	吨	3,518.21	2023年1月20日	国家标准	原料
3	混合碳酸钙	1250目	—	吨	2,531.88	2023年1月2日	行业标准	辅料
4	复合胶	50千克/塑料桶	—	吨	233.48	2023年1月2日	国家标准	辅料
5	淀粉	50千克/袋装	—	吨	125.48	2023年1月2日	行业标准	辅料
……	……	……	……	……	……	……	……	……

注：完整的物料申请单及其余各个事业部的物料申请单扫码获取。

认知识别 物料申请单

物料申请单是一种用于记录物料需求并申请采购的单据。它主要用于企业内部，由需要物料的部门或个人填写，并经审批流程后提交采购部门或相关负责人。物料申请单的主要功能是明确物料需求，包括物料的种类、规格、数量等详细信息，以便采购部门能够准确地采购所需物料。

分析研判 填制物料申请单

物料申请单中的物料名称和数量直接来源于物料需求计划表。由于物料申请单是用于申请采购的单据，因此只需填制物料需求计划表中需要外购的物料，自制的物料不需要填写，如化机浆属于企业自制，物料申请单中无需填制。

风险控制 企业应制定明确的物料申请、审批、执行流程。缺乏明确的申请、审批、执行流程，或流程执行不严格，可能导致物料申请随意，增加采购成本。

二、汇总物料申请

【场景1–17】 公司生产技术事业部汇总各造纸事业部1月的物料申请表单，物料申请汇总表部分如表1–18所示。将汇总后的表提交采购中心进行采购，以保证生产的进行。

表 1–18 物料申请汇总表

编号：WLSQHZD20221220001

序号	名称	规格	品牌或厂家	单位	数量	需要日期	质量要求	所属类别
1	石灰	石灰粉	—	吨	7,450.38	2023年1月2日	行业标准	辅料
……	……	……	……	……	……	……	……	……
23	重钙	325–800	—	吨	5,666.10	2023年1月2日	行业标准	辅料
24	成型网	SSB3C384024	华兴	m^2	2,681.05	2023年1月2日	行业标准	织物
……	……	……	……	……	……	……	……	……
54	混合碳酸钙	1250目	—	吨	5,646.83	2023年1月2日	行业标准	辅料
……	……	……	……	……	……	……	……	……

注：完整的物料申请汇总表扫码获取。

认知识别 物料申请汇总表

物料申请汇总表是将多个物料申请单中的信息进行整合和汇总的表格。它通常包含申请部门、申请人、申请日期、物料名称、规格型号、数量、用途说明等关键信息，以便于管理人员对物料需求进行全面的了解和分析。

物料申请汇总表不仅能够帮助企业提高物料申请和采购的效率，还能够为企业的成本控制和决策提供有力支持。

分析研判 填制物料申请汇总表

公司生产技术事业部根据各造纸事业部提交上来的物料申请进行物料汇总，统计物料的名称、规格、数量、单位等信息，填制物料申请汇总表提交给采购中心。

风险控制 确保数据的准确性和完整性

确保所有物料数据的准确性，包括物料的名称、规格、数量、单位等；核对申请表中每一项数据的来源，确保其真实可靠；确保所有物料数据的完整性，使所有必要的物料信息都已包含在申请表中，没有遗漏。对于特殊物料或需要特殊说明的物料，应在备注栏中详细说明。

三、填制采购申请单

【场景1-18】 2022年12月23日，根据物料申请汇总表和供应商供货信息，采购中心卢宛玲申请采购生产各纸品所用的辅料混合碳酸钙，并填制采购申请单。企业以最新的历史采购单价作为1月的预计不含税单价，混合碳酸钙计划单价为619.88元。1月初企业混合碳酸钙库存量为2,258.73吨，预计1月底安全库存量为1,958.22吨。采购申请单部分如表1-19所示。

表1-19 采购申请单

申请日期：2022年12月23日　　　　编号：CGSQD20221223013

采购部门	采购中心					采购项目类别	辅料		
采购物资明细									
序号	名称	规格	品牌或厂家	单位	请购数量	预计不含税单价（元）	预计不含税金额（元）	需要日期	质量要求
1	混合碳酸钙	1250目	—	吨	5,346.32	619.88	3,314,076.84	2023年1月2日	行业标准
……	……	……	……	……	……	……	……	……	……
预计不含税金额合计（元）	4,649,778.4								
价税合计（元）	5,254,249.59								
采购类型	集中采购								
预计其他费用（元）	0								
合计（元）	5,254,249.59								

采购员：卢宛玲

日期	部门	岗位	人员	意见	备注
2022年12月23日	采购中心	经理	卢云茜	同意	
2022年12月23日	总经办	副总经理	赵云飞	同意	

注：完整的采购申请单扫码获取。

分析研判 填制采购申请单

1月的物料申请汇总表（见表1–18）中混合碳酸钙预计消耗数量为5,646.83吨，运用公式得出：1月混合碳酸钙的采购数量=安全库存量+预计材料消耗量–期初库存=1,958.22+5,646.83–2,258.73=5,346.32吨；混合碳酸钙采购金额=计划单价×采购金额=619.88×5,346.32=3,314,076.84元。

风险控制 企业要有明确的采购申请制度及流程，各部门之间或企业与供应商之间的信息沟通不畅，可能导致采购申请单中的信息错误或遗漏，影响采购的准确性。

四、制定月度采购计划

【场景1–19】公司采购中心根据各个事业部提交的采购申请单，编制2023年1月的采购计划，月度采购计划部分如表1–20所示。

表1–20 2023年1月采购计划

类别	材料名称	规格型号	质量要求	计划单价（元）	本月采购计划数量	本月计划不含税采购金额（元）	本月计划含税采购金额（元）
辅料	液碱	32%浓度	行业标准	2,052.24	1,471.08	3,019,009.22	3,411,480.42
辅料	甲醇	25L/桶装	国家标准	1,975.98	187.21	369,923.22	418,013.24
辅料	硫酸	60%浓度	国家标准	579.29	1,230.04	712,549.87	805,181.35
……	……	……	……	……	……	……	……
辅料	混合碳酸钙	1250目	行业标准	619.88	5,346.32	3,314,076.84	3,744,906.83
……	……	……	……	……	……	……	……
合计						318,422,448.44	359,817,366.73

注：完整月度（1月）采购计划扫码获取。

认知识别 月度采购计划是一个详细的、针对未来一个月内采购活动的规划。相对于年度采购计划更加灵活，能够根据实际需求和市场变化进行快速调整。

分析研判 月度采购计划表的编制

月度采购计划通常要体现下个月采购物料名称、采购数量、采购规格、预计采购单价和采购总金额。具体数据的填列来自采购申请单的汇总。

风险控制 企业应根据自身情况和市场需求的变化，灵活调整月度采购计划，以确保采购活动的顺利进行和资金的有效利用。

任务小结

制定月度采购计划，要依次通过填制物料需求计划表、物料申请单、物料申请汇总表以及采购申请单。月度采购计划一般根据生产部门的月度排产计划确定，而排产计划又基于销售部门的月度销售计划（意向订单）确定。

任务发布

请根据月度采购计划所学内容，填制“引纸绳的采购申请单”。

项目总结

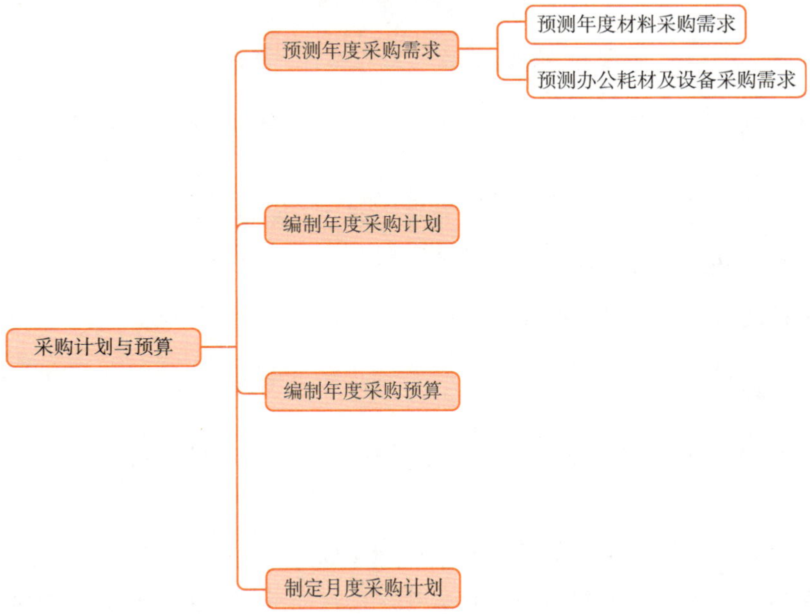

项目 2　采购执行与控制

学习目标

知识目标

1. 了解供应商准入流程，能够基于企业实际运营需求，高效执行并完成供应商准入的相关操作；
2. 了解采购合同的概念和分类，能够根据实际情况拟定采购合同；
3. 区别各种采购方式并能运用不同的采购方式进行采购；
4. 理解采购过程中涉及的各项法律法规。

技能目标

1. 熟练运用 Python 进行数据抓取，用于精确评估并加速供应商准入流程及采购的具体执行；
2. 通过供应商准入流程掌握供应商的选择并进行决策应用；
3. 能够在不同情况下迅速判别合适的采购方式，并根据需要适时调整采购方式；
4. 能够识别采购执行与控制工作中的潜在风险并运用适当方法加以控制。

素质目标

1. 具备爱岗敬业精神，树立正确的价值观；
2. 具备公平竞争意识，提升自身竞争力；
3. 具备风控意识和价值创造思维。

采购执行是指在采购计划完成后，根据采购计划的要求，执行采购活动的过程。它包括供应商选择、采购协商、合同签订、采购实施、验收付款等一系列相关活动。在采购执行中，企业应进行系统化和规范化的采购控制，旨在确保采购活动达到预期的目标，同时降低采购成本、提高采购效率。不同的采购类型和采购方式，采购流程不同，企业执行的风险控制也有所不同。

采购执行的第一步是选择合适的供应商，供应商准入审批是确保企业选择到合适、可靠且符合要求的供应商的关键步骤。完善的供应商准入审批流程能够帮助企业降低采购风险，提高供应链的稳定性和效率。

一、采购的类型

按照不同的方法，采购可分为多种类型。

1. 按采购的规模分类

（1）集中采购。集中采购是指企业将采购物品或服务的需求集中到一起，从而形成较大规模的采购需求，以增强采购的议价能力，降低采购成本、提高采购效率的一种采购方式。

（2）零星采购。零星采购指的是一些金额小、数量少的采购行为。根据各企事业单位不同的管理层级、管理权限与管理范围，数额略有不同。

2. 按采购对象分类

（1）直接采购。直接采购是指企业或组织直接从供应商处购买用于生产及销售的物料或服务的行为。

（2）间接采购。间接采购也称委托采购，是指通过中间商实施采购行为的方式。

3. 按采购范围分类

（1）国内采购。国内采购是指企业向国内供应商采购所需物料或服务。

（2）国外采购。国外采购是指企业向国外供应商采购所需物料或服务，如进口采购。

二、采购的方式

采购的方式主要包括招标采购和非招标采购。其中，招标采购包括公开招标和邀请招标；非招标采购包括竞争性谈判、单一来源采购、框架协议采购等。

任务 1　供应商准入

【教学重点】供应商准入的业务流程。

【教学难点】供应商准入的风险控制。

任务导入

为了稳定货源，增加竞争性，2023年1月11日，公司决定扩充煤炭供应商库，对新的煤炭供应商进行评审以及准入审批。准入审批的具体执行办法参照公司《供应商管理制度》，供应商管理制度部分如图2-1所示。

供应商管理制度

第一章　总则

第一条　目的

选择合格的供应商并对其进行持续监督，以确保其能公司提供合格的产品与服务。

第二条　适用范围

本程序适用于给公司提供产品和服务的所有供应商。

第三条　权责

1、采购中心、质量管理中心、生产技术管理部负责对供应商进行评价。

2、采购中心、质量管理中心负责对供应商进行考核。

3、供应商准入审批由采购部门经理–总经办副总审核

注：完整的供应商管理制度扫码获取。

图2–1　供应商管理制度

认知识别　供应商准入是指企业在与潜在供应商建立正式合作关系之前，通过一系列标准和程序对供应商的资质、能力、信誉等进行全面评估，以确保所选择的供应商能够满足企业的采购需求和符合业务标准。

供应商准入流程如图2–2所示。

图2–2　供应商准入流程

任务实施

一、供应商信息收集

【场景2–1】公司采购中心为了快速找到更具优势的供应商资源，提升供应链的竞争力，安排采购员对市场上煤炭供应商进行信息收集。供应商信息收集表如表2–1所示。

表2–1　供应商信息收集表

供应商名称	企业类型	地址	公司电话	联系人	联系人电话	供应物资	规格	质量	服务	交货期（天）	信息来源	初步筛选
黑龙江江铭煤炭股份有限公司	一般纳税人	黑龙江省鸡西市鸡冠区东风路110号	0467–523×××	李小东	1567524××××	煤炭	烟煤	行业标准	24小时内响应	8	行业刊物	合格
山西省路山煤化有限责任公司	一般纳税人	山西省大同市云冈区校南街182号	0352–234×××	张文	1551751××××	煤炭	烟煤	行业标准	24小时内响应	6	供应商官方网站	合格
甘肃飞鸿煤炭有限公司	一般纳税人	甘肃永登县柳树乡黑城村	0931–752×××	江宏	1367125××××	煤炭	烟煤	行业标准	24小时内响应	7	产品展销会	合格
山西新岸矿业有限责任公司	一般纳税人	山西省太原市迎泽区青年路52号	0351–502×××	王西	1887253××××	煤炭	褐煤	行业标准	24小时内响应	8	产品展销会	不合格

认知识别　供应商信息收集途径

1. 行业展会与会议

参加相关行业的展会和会议是发现新供应商、了解行业最新动态和技术趋势的有效途径。这些场合通常聚集了大量供应商，在此可直接与他们交流并收集信息。

2. 在线平台与数据库

利用互联网上的B2B平台（如阿里巴巴、环球资源等）、行业目录、政府或行业协会的数据库，可以快速搜索到大量潜在供应商的信息。专门的供应商管理软件或ERP系统也具有供应商信息管理的功能，有助于集中管理和筛选供应商的信息。

3. 社交媒体与专业论坛

在微博、微信等社交媒体平台，以及行业内的专业论坛和博客上，可以关注行业动态，与供应商或同行交流，从而获取供应商信息或推荐。

4. 现有供应商推荐

现有的供应商可能与其他供应商有业务往来或合作关系，他们可以根据自身经验推荐可靠的供应商。

5. 直接联系与访问

通过电话、邮件或亲自访问的方式，直接联系潜在供应商，了解其生产能力、质量控制、价格策略等关键信息。

6. 政府与行业报告

查阅政府发布的行业报告、白皮书以及行业协会的研究报告，了解行业发展趋势、供应商排名等信息。

7. 专业采购咨询服务

聘请专业的采购咨询公司或顾问，利用其专业知识和经验，帮助企业收集、筛选和分析供应商信息。

分析研判　公司收集供应商信息后，要结合自身的需求进行初步筛选，剔除不满足要求的供应商。山西新岸矿业有限责任公司由于只能提供褐煤，不符合公司采购产品要求，可直接剔除。

风险控制　在选择供应商之前，应该评估供应商的经济状况、技术能力、信用评级、经验等因素，以确定供应商是否符合采购要求。

二、供应商入库邀请

【场景2–2】经过公司采购部门的筛选，对初步筛选通过的三家供应商发出入库邀请函。其中，发送给山西省路山煤化有限责任公司入库邀请函部分如图2–3所示。

供应商入库邀请函

山西省路山煤化有限责任公司：

煤炭为我公司主要能源，需求量和价值量较大，为保证生产，我公司决定增加新的供应商入库。依据我公司有关管理制度规定，现决定开展供应商资质、产品质量等供应商入库评审工作。具体要求如下：

一、入库评审范围

具有中华人民共和国境内依法登记注册的独立法人资格或其他非法人组织，具有独立承担民事责任的能力；具有良好的商业信誉和健全的财务会计制度；具有履行合同所必需的设备和专业技术能力；拥有煤炭生产或经营销售资格等合规合法企业。

二、供方资格要求证明文件

……

三、评审须知

……

四、联系方式

……

珠江纸业股份有限公司

2023年1月13日

注：完整的供应商入库邀请函扫码获取。

图 2-3　供应商入库邀请函

认知识别　供应商入库邀请函是招标机构向供应商发出邀请，邀请供应商纳入招标机构的供应商库中，以便在后续的招标活动中，招标机构可以从供应商库中选择合适的供应商进行合作。这一过程的目的在于方便招标代理活动的进行，提高招标效率。

分析研判　供应商入库邀请函的发送对象应该是符合企业采购要求，并且经过初步筛选的供应商。

风险控制　邀请函中的内容必须真实有效，不得隐瞒重要信息，如商业条款、价格、期限等。这有助于维护企业的信誉，并避免因虚假信息导致的法律纠纷。

邀请函应明确说明入库的目的、要求、时间、地点等关键信息，确保供应商能够准确理解并作出相应准备。

三、供应商准入审批

【场景2-3】截至2023年1月16日24时，公司只收到一家供应商，即山西省路山煤化有限责任公司提交的入库申请资料。2023年1月18日，公司对山西省路山煤化有限责任公司进行评审以及准入审批（部分见表2-2）。该公司主要供应煤炭产品，2020—2022年销售总量分别为2,052万吨、2,233万吨、2,418万吨，该审批表由卢云茜审核、赵云飞批准。

表 2-2　**供应商准入审批**

<table>
<tr><td>供应商名称</td><td colspan="2">山西省路山煤化有限责任公司</td><td>编号</td><td colspan="2">gyszgys2023012001</td></tr>
<tr><td>产品名称</td><td colspan="2">煤炭</td><td>法人代表</td><td colspan="2">李心</td></tr>
<tr><td>地址</td><td colspan="2">山西省大同市云冈区校南街182号</td><td>邮政编码</td><td colspan="2">037000</td></tr>
<tr><td>联系人</td><td colspan="2">张文</td><td>联系电话</td><td colspan="2">1551751××××</td></tr>
<tr><td>传真</td><td colspan="2">0352–234××××</td><td>成立日期</td><td colspan="2">2000年6月2日</td></tr>
<tr><td rowspan="17">审核内容</td><td colspan="5">请提供营业执照和资质证书的复印件（加盖公章）</td></tr>
<tr><td colspan="5">请提供产品质量证明文件（如检测报告等）（加盖公章）</td></tr>
<tr><td colspan="5">请提供质量标准/规范的复印件或说明其标准的名称</td></tr>
<tr><td colspan="4">样品：☐无☑有；样本：☐无☐有</td><td rowspan="8">如为经销商请提供生产厂家的相关资料</td></tr>
<tr><td colspan="4">生产许可证：☐无　☑有，请提供复印件（加盖公章）</td></tr>
<tr><td colspan="4">是否有准用证要求：☑无 ☐有，请提供证明文件（加盖公章）</td></tr>
<tr><td colspan="4">是否有备案要求：☑无 ☐有，请提供证明文件（加盖公章）</td></tr>
<tr><td colspan="4">质量/环境/职业安全卫生管理体系认证证书以及产品认证证书：☐无 ☑有，请提供复印件（加盖公章）</td></tr>
<tr><td colspan="4">新技术、新产品的生产许可证：☑无 ☐有，请提供复印件（加盖公章）</td></tr>
<tr><td colspan="4">环保要求/标准：☐无 ☑有，请提供相关文件（加盖公章）</td></tr>
<tr><td colspan="4">职业安全健康要求/标准：☐无 ☑有，请提供相关文件（加盖公章）</td></tr>
<tr><td colspan="5">简述售后服务内容：如我公司有幸中标，将在协议期间为买方提供的解决质量服务的响应时间为24小时；在需方验收或使用过程中如发现我方所提供的煤炭存在质量问题，我方在收到需方相关通知后，于24小时内委派相关人员赶赴现场处理；如确属不合格拒收煤炭，该过程发生的一切费用由我方承担。</td></tr>
<tr><td rowspan="2">近三年的年销售总量（万吨）</td><td>2022年销售总量</td><td>2,418</td><td>2021年销售总量</td><td>2,233</td></tr>
<tr><td>2020年销售总量</td><td colspan="3">2,052</td></tr>
<tr><td colspan="5">是否能够提供银行保函，如果可以，请说明提供担保的银行以及最大担保金额：
能提供银行保函，中国工商银行大同云冈区支行，最大担保金额5,000万元</td></tr>
<tr><td colspan="2">供应商法人代表或授权人</td><td colspan="3">李心</td></tr>
<tr><td colspan="2">日期</td><td colspan="3">2023年1月20日</td></tr>
<tr><td rowspan="4">审核</td><td colspan="5">以下内容由本公司填写</td></tr>
<tr><td colspan="5">供应商资质、供货能力、质量保证能力、满足环境和职业健康安全要求的能力：</td></tr>
<tr><td>是否合格</td><td colspan="4">合格</td></tr>
<tr><td>签名</td><td>卢云茜</td><td>日期</td><td colspan="2">2023年1月20日</td></tr>
<tr><td rowspan="2">批准</td><td colspan="2">是否准入合格供应商库</td><td colspan="3">是</td></tr>
<tr><td>签名</td><td>赵云飞</td><td>日期</td><td colspan="2">2023年1月20日</td></tr>
</table>

注：完整的供应商准入审批扫码获取。

认知识别 供应商准入审批的意义

（1）供应商准入审批是确保供应链稳定和可靠的基础。通过严格的审批流程，可以筛选出质量高、价格合理、信誉良好和服务能力可靠的供应商，为企业的长期发展提供有力保障。

（2）审批过程有助于降低采购风险。通过评估供应商的经营状况、财务状况、生产能力、技术实力等方面，可以及时发现潜在的风险因素，并采取相应措施进行防范。

分析研判 企业供应商准入条件的设置

（1）基本情况：基本情况包括供应商的营业执照、注册资本、经营范围和地点，以及本身是不是生产厂家等。

（2）资质类证书和研发情况：质量体系认证、行业强制认证、知识产权、承担国家研发计划课题等。

（3）人员组成情况：员工人数、技术人员、职工职称、管理人员、基层员工情况等。

（4）生产情况：厂房、设备、加工制造能力等。

（5）财务状况：固定资产、流动资金、应收应付账款、库存情况等。

（6）综合概况：根据上述调查的情况，企业应对供应商进行多方面综合评估与考量，重点审核供应商提供资料的真实性以及资质类证书的有效期限，是否涉诉或三年内是否受到过行政处罚，经营期限内有无重大安全事故、质量事故等情况。

风险控制1 对供应商提供的各项附件，如营业执照和资质证书的复印件、质检报告、生产许可证、质量/环境/职业安全卫生管理体系认证证书以及产品认证证书、环保要求/标准、职业安全健康要求等，需仔细辩明真伪和有效性。特别是审计报告和财务报告，其数据要翔实且同应辨明真伪和有效性。

风险控制2 要明确供应商审核的责任主体，由采购部门发起审核的，其中的技术指标和经济指标还需要其他相关部门联合审核，最后再由采购部门分管负责人批准生效。

风险控制3 企业应对供应商进行多方面的评估与考量，重点审核供应商提供资料的真实性以及资质类证书的有效期限。

风险控制4 企业不仅要将供应商准入审核标准进行规则化、条款化的制定与宣导，更需要将规划内置于系统工具中，通过系统的标准化数据输出与量化的综合打分、拒绝“准入条件命中”等简单判断，统一不同部门、不同个体间的供应商准入审核标准。

风险控制5 供应商准入尽职调查中，需要特别注意供应商是否为空壳公司，是否有一人多企、关联企业集中注册、同个地址注册多个公司等特征。空壳公司存在较大的无法履约的风险。同时，空壳公司背后往往有围标串标、利益输送等现象，需要进行严格的审核筛查。

四、新建供应商档案

【场景2-4】公司对新入选的供应商分别建立基础资料档案和供应商经营信息档案（见图2-4）。

供应商档案

供应商类别	能源供应商	名称	山西省路山煤化有限责任公司
统一社会信用代码	911400007010M5263K	企业类型	一般纳税人
地址	山西省大同市云冈区校南街182号	开户行	中国工商银行大同云冈区支行
银行账号	190152424533612××××	公司电话	0352-234××××
法定代表人	李心	联系人	张文
联系人电话	1551751××××	传真	0352-234××××
电子邮箱		供应商评级	A
主要供应物资	煤炭		

图 2-4 供应商档案

认知识别 供应商档案是企业针对所有供应商的一份详细记录，是企业管理采购和物流业务以及维护供应商关系的重要工具。

风险控制 企业应对供应商档案进行定期更新，确保档案内容的准确性和时效性。

任务小结

企业在进行供应商准入流程时，首先需明确采购的具体需求，通过市场调研收集供应商信息并进行初步筛选；在评估供应商提交的相关资料时，要严格对照供应商管理制度，最后将评估结果提交相关部门复审。

任务发布

结合供应商准入的学习内容，请同学们完成“供应商准入审批表”的填写。

任务 2 采购类型

【教学重点】不同采购类型的业务流程。

【教学难点】不同采购类型的风险控制。

子任务 1 集中采购

【教学重点】集中采购的业务流程。

【教学难点】集中采购的风险控制。

任务导入

2023年1月20日，公司计划采购煤炭以备2月的生产需要。由于此次采购数量多，为了降低进货成本，公司拟进行集中采购。

任务实施

【场景2-5】 2023年1月20日，根据供应商供货信息，采购中心卢宛玲申请采购煤炭，以最新的历史单价848元作为预计不含税单价，预计税率为13%，已知2月的消耗量为37,123.52吨，安全库存为11,932.57吨，期初库存为11,952.95吨，则请购数量=安全库存量+消耗量−期初库存。采购申请单如表2-3所示。

表2-3 采购申请单

申请日期：2023年1月20日　　编号：CGSQD20230120015

采购部门	采购中心					采购项目类别	能源		
采购物资明细									
序号	名称	规格	品牌或厂家	单位	请购数量	预计不含税单价（元）	预计不含税金额（元）	需要日期	质量要求
1	煤炭	烟煤	—	吨	37,103.14	848	31,463,462.72	2023年2月1日	行业标准
预计不含税金额合计（元）	31,463,462.72								
价税合计（元）	35,553,712.87								
采购类型	集中采购								
预计其他费用（元）	0								
合计（元）	35,553,712.87								

采购员：卢宛玲

日期	部门	岗位	人员	意见	备注
2023年1月20日	采购中心	经理	卢云茜	同意	
2023年1月20日	总经办	副总经理	赵云飞	同意	

认知识别

1. 集中采购的优点

（1）获得采购规模效益。集中采购能够形成较大的采购规模，从而降低进货成本和物流成本，节省运费，并获得供应商的折扣，有利于企业在市场竞争中争取主动权。

（2）稳定供应商关系。集中采购有助于企业与供应商之间建立长期稳定的合作关系，得到供应商在技术开发、货款结算、售后服务等诸多方面的支持。

（3）遏制腐败。集中采购采取公开招标或其他集体决策的方式，能增加采购的透明度，有利于遏制腐败现象。

（4）提高工作效率。集中采购能够减少管理上的重复劳动，提高采购效率和工作效率。

（5）促进专业技能发展。集中采购有利于采购决策中专业化分工和专业技能的发展，提高采购人员的专业素质和业务能力。

2. 集中采购的缺点

（1）灵活性降低。集中采购通常要求将多个部门或单位的采购需求集中起来进行统一采购，这可能导致采购流程变得相对僵化，缺乏灵活性。当某个部门或单位有紧急或特殊的采购需求时，可能难以迅速得到满足。

（2）管理成本增加。虽然集中采购可以降低采购成本，但同时也可能增加管理成本。因为需要设立专门的采购机构或部门来负责集中采购工作，这些机构或部门需要配备专业的人员和设备，并进行相应的管理和培训，从而增加了企业的管理成本。

（3）内部沟通问题。集中采购可能导致采购部门与内部各部门、分支机构等之间的沟通不畅。由于采购决策权集中在采购部门，其他部门人员可能感到对采购过程的控制力减弱，进而产生不满或抵触情绪。

（4）依赖性增加。集中采购可能会使企业过度依赖少数几家供应商。这种依赖性可能导致企业在与供应商谈判时处于不利地位，同时也增加了供应链中断的风险。如果主要供应商出现问题（如破产、违约等），企业可能需要花费大量时间和成本寻找替代供应商。

3. 集中采购的适用条件

集中采购适用于大宗或批量物品、价值高或总价高的物品、关键零部件、原材料或其他战略资源等的采购。这些物品通常具有采购量大、价值高、对企业生产经营影响大的特点。

分析研判

1. 请购数量的确定

请购数量＝安全库存量＋消耗量－期初库存=11,932.57+37,123.52–11,952.95=37,103.14（吨）

2. 采购类型的判断

此次采购金额价税合计为35,553,712.87元，根据公司物资采购管理制度（见图1–1），采购金额50万元以上的属于集中采购，因此此次采购类型为集中采购。

风险控制 企业进行集中采购时，可能存在以下风险：

（1）供应链风险：集中采购依赖少数几家供应商，若其中一家出现问题，如停产、质量问题或供货延迟，将直接影响企业的生产和运营。

（2）质量风险：由于采购量大且集中，企业很难逐一检查和控制物资的质量，存在采购到质量不合格物资的风险。

因此，企业应与多家供应商建立合作关系，避免对单个供应商过度依赖。建立严格的供应商评估和管理体系，选择品质优良的产品和服务。

任务小结

集中采购作为一种采购类型，有其优点和缺点，企业应依据政府采购法及内部制度，判断是否属于集中采购。采用集中采购时，企业应根据实际情况采用招标、竞争性谈判等采购方式进行具体的采购执行。

子任务 2 零星采购

【教学重点】零星采购的业务流程。

【教学难点】零星采购的风险控制。

任务导入

公司2023年2月因生产需要，拟采用零星采购的方式采购一批引纸绳。

【场景2-6】2023年2月，公司采购中心提交的引纸绳采购申请单中，引纸绳的价税合计是76,806.12元。采购申请单如表2-4所示。

表 2-4 采购申请单

申请日期：2023年2月22日　　编号：CGSQD20230222014

采购部门	采购中心					采购项目类别	辅料		
采购物资明细									
序号	名称	规格	品牌或厂家	单位	请购数量	预计不含税单价（元）	预计不含税金额（元）	需要日期	质量要求
1	引纸绳	12mm	—	米	12,800.38	5.31	67,970.02	2023年3月1日	国家标准
预计不含税金额合计（元）	67,970.02								
价税合计（元）	76,806.12								
采购类型	零星采购								
预计其他费用（元）	0								
合计（元）	76,806.12								

采购员：卢宛玲

续表

日期	部门	岗位	人员	意见	备注
2023年2月22日	采购中心	经理	卢云茜	同意	
2023年2月22日	总经办	副总经理	赵云飞	同意	

认知识别 零星采购的概念

零星采购是指那些金额较小、相对零散的采购行为。零星采购的特点在于其灵活性和快捷性，通常适用于有特殊需求或是紧急需求的商品。与集中采购相比，零星采购的数额较小，可以根据实际需求进行灵活调整。其流程如图2–5所示。

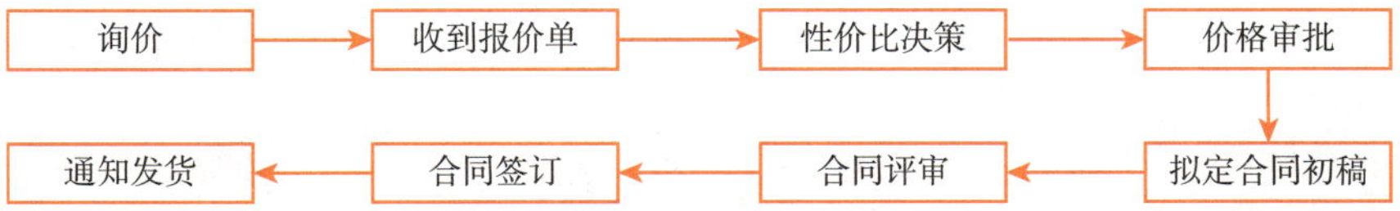

图 2–5　零星采购流程图

分析研判1 采购方式的选择

引纸绳是公司生产中的一种辅料，此次采购金额为76,806.12元，因其符合采购金额小，相对零散的特征，根据公司的物资采购管理制度（见图1–1），此次引纸绳采购属于零星采购。

分析研判2 用Python获取网页数据

将引纸绳作为关键词在化工仪器网上抓取厂商及价格数据，先获取requests 网页数据，并将其转化为json数据，显示全国生产引纸绳的厂家信息有638条（此为截至2023年2月的数据），经过筛选得出有效数据，其中规格在12mm的引纸绳价格区间在4.7~5.5元/米，以上方式有助于我们快速识别和联系潜在供应商，了解引纸绳目前的一般价格水平，以便下一步制定询价策略。

风险控制 企业实行零星采购时需要采取一定措施降低采购风险，包括把握采购规模、严格执行采购程序、落实采购制度、加强监督管理等。

任务实施

一、询价

采购员根据采购申请单向三家供应商发送引纸绳的询价函，询问相关单价情况，要求在相应日期前进行报价。

【场景2–7】在公司现有的建档供应商中，有三家引纸绳的供应商的信用等级均为A级，即东莞市辉煌绳网带有限公司，广东丰云绳网带有限公司，广东兴盛网带有限公司。公司采购员卢宛玲向以上三家供应商发出三份询价函，其中向东莞市辉煌绳网带有限公司发出的询价函如图2–6所示。

询价函

东莞市辉煌绳网带有限公司：

我公司拟采购如下产品，现向贵公司询价，请给出相应最低报价，报价应含具有抵税功能增值税专用发票，到货时间。产品具体名称、品牌、型号等要求如下表。如有供货意向，请填好价格、规格、型号等内容，并加盖贵公司公章于2023年2月23日14时前传真到0769–8882××××，或将盖好章的文件扫描后发至邮箱：yueyangzhiye@163.com，要求电子版文字内容清晰，有疑问可联系，有疑问可联系卢宛玲1367782××××。

购买方 珠江纸业股份有限公司

日期 2023年2月22日

致：贵公司询价采购明细

序号	货品名称	规格型号	数量	单位	品牌或厂家	质量	是否含运费	到货时间（天）	不含税单价（元）	税费（元）	价税合计（元）	结算方式
1	引纸绳	12mm	12,800.38	米	—	国家标准						

注：其余两份询价函扫码获取。

图 2–6 询价函

认知识别 询价函的概念

询价函是一种书面形式的询价方式，通常是由买方主动向卖方询问相关产品或服务的价格和规格等信息。

分析研判 发出询价函的对象

零星采购由于涉及的金额较小，通常由采购部门来执行。采购中心直接向三家引纸绳的建档供应商发出询价函。

风险控制 询价函的发放对象如果不当，可能导致不合适的供应商参与报价，这不仅可能浪费公司的时间和精力，还可能因供应商的质量、信誉等问题给公司带来潜在风险。因此，企业在确定询价对象时要进行仔细甄选。

二、收到报价单

供应商收到询价函后，向公司发送引纸绳的报价单。

【场景2–8】公司共收到三家公司的报价单，其中，东莞市辉煌绳网带有限公司提交的报价单如图2–7所示。

认知识别 报价单是供应商向潜在买家提供的一份详细说明商品或服务价格的文档。它通常作为对买方询价的正式回应，列明了供应商所提供产品或服务的规格、数量、单价、总价以及交易的其他相关条款和条件。

分析研判

1. 审核报价单

公司收到以上三家企业的报价单后，重点审核质量规格是否符合询价要求，是否按要求提供可抵扣税款的发票等。

报价单

需方：珠江纸业股份有限公司

联系人：卢宛玲

电话：1367782××××

传真：0769-8882××××

供方：东莞市辉煌绳网带有限公司

联系人：刘绍洋

电话：1588334××××

传真：0769-8230××××

序号	货品名称	规格型号	品牌或厂家	质量	是否含运费	到货时间（天）	结算方式	单位	数量	不含税单价（元）	总税费（元）	价税合计（元）
1	引纸绳	12mm	—	国家标准	是	3	票到（或货到）月结30天	米	12,800.38	5.31	8,836.1	76,806.12
合计（元）	76,806.12											

注：其余两份报价单扫码获取。

图 2-7　报价单

2. 报价单的填制

东莞市辉煌绳网带有限公司为增值税一般纳税人，一般纳税人销售货物、提供加工修理修配劳务以及进口货物适用13%的增值税税率，报价单里的数量栏应根据对方询价函中的数量填写，数量为12,800.38，不含税单价为5.31元，不含税金额=不含税单价×数量=5.31×12,800.38=67,970.02元，总税费=不含税金额×税率=67,970.02×13%=8,836.10元，价税合计=不含税金额+总税费=67,970.02+8,836.10=76,806.12元。

三、性价比决策

公司对三家供应商报价进行对比，并与采购申请时预计的单价比较，挑选性价比最高（质量、价格）且能及时供货的供应商。

【场景2-9】公司对三份报价单进行对比，并制作出性价比单（见表2-5）。

表 2-5 性价比单

部门：采购中心 日期：2023年2月24日

采购物品名称	规格型号	预算/历史单价（不含税）（元）	质量要求	供应商名称	联系人	联系电话	报价（不含税单价）（元）	税率	是否含运费	结算方式	到货时间（天）	质量	供应商选择	定价（元）
引纸绳	12mm	5.31	国家标准	东莞市辉煌绳网带有限公司	刘绍洋	1588334××××	5.31	0.13	是	票到（或货到）月结30天	3	国家标准	否	
引纸绳	12mm	5.31	国家标准	广东丰云绳网带有限公司	李翔	1367526××××	5	0.13	是	票到（或货到）月结30天	4	国家标准	是	5
引纸绳	12mm	5.31	国家标准	广东兴盛绳网带有限公司	何小粒	1367526××××	5	0.13	否	票到（或货到）月结30天	4	行业标准	否	

制表人：卢宛玲

部门	岗位	审批人	意见	备注
采购中心	经理	卢云茜	同意	

认知识别 性价比单的概念

性价比单是采购方在询价方式下对多家供应商进行比质比价的书面文档。

分析研判

1. 用 Excel 制作性价比单

在Excel工作表中选择单元格后会出现一个黑色边框的选区，该选区右下角有一个“填充柄”，当鼠标移至此填充柄上变成“+”形状时，便可按住鼠标左键不放并拖动到目标单元格后释放鼠标。通过这种方法，我们可以快速制作出性价比单的第1、第2、第3、第4列。

制作性价比单的“质量”列、“供应商选择”列时，我们可以使用Excel的数据验证功能。选择“数据”选项卡，在“数据工具”功能组中单击“数据验证”按钮旁的小三角下拉按钮，在弹出来的下拉菜单中单击“数据验证”命令，在弹出来的“数据验证”对话框中单击“设置”标签，在此标签下单击“允许”框右侧的下拉按钮，在展开的下拉列表中单击“序列”项，在“来源”文本框中输入“国家标准，行业标准，地方标准”（中间的逗号必须在英文状态下输入）。

2. 确定供应商

由于行业标准高于国家标准，在三家公司的产品均符合产品质量要求的前提下，东莞市辉煌绳网带有限公司的报价为5.31元/米，广东丰云绳网带有限公司的报价为5元/米，广东兴盛绳网带有限公司的报价为5元/米，按照《物资采购管理制度》中的“同质比价”原则，首先淘汰价格高的一方，即东莞市辉煌绳网带有限公司。剩下的两家公司虽然报价相等，质量也都符合要求，但是广东兴盛绳网带有限公司的报价不包含运费，因此，经综合考虑，应选择广东丰云绳网带有限公司为本次采购的供应商。

风险控制　性价比单的确定应遵循性能满足、价格合理和综合比较的原则，质量和价格虽然是主要因素，但在实际工作中，还应结合结算方式，供货时间等因素，从企业资金支付安全、缺货管理等角度进行综合考虑。

四、价格审批

采购中心结合性价比单对引纸绳材料的价格按《物资采购管理制度》中定价流程发起审批，审定价格，确定供应商。

【场景2-10】公司采购中心根据公司《物资采购管理制度》中对物资采购定价的要求"2万元至50万元（含50万元），由采购中心采购员进行询价、报价、三家比质比价"，最终确定供应商为广东丰云绳网带有限公司，采购单价为5元，采购数量为12,800.38米，增值税税率为13%，采购不含税总金额为64,001.9元。采购中心采购员填写价格审批单（见表2-6），采购中心经理，监审法务部，财务部定价审核，对询价过程进行监督。

表 2-6　价格审批单

申请部门：采购中心　　日期：2023年2月24日

序号	名称	规格型号	品牌或厂家	单位	数量	单价（元）	不含税金额	供应商名称	联系人	联系方式
1	引纸绳	12mm	—	米	12,800.38	5	64,001.9	广东丰云绳网带有限公司	李翔	1367526××××
合计（元）	64,001.9									

制表人：卢宛玲

日期	部门	岗位	人员	意见	备注
2023年2月24日	采购中心	经理	卢云茜	同意	
2023年2月24日	监审法务部	副经理	刘巧莉	同意	
2023年2月24日	财务部	材料会计	王云飞	同意	

认知识别　价格审批是公司根据采购制度，对供应商提交的成交价格进行审批。价格审批单是书面记录审批过程的正式文档。

风险控制　价格审批需要授权审批控制

一般来说，大型企业或组织在价格审批方面会实行分级管理，确保决策的效率和准确性。企业内部控制制度中的《物资采购管理制度》中，针对不同价格区间的价格审批，给予了不同的权限。具体权限的设定通常取决于企业的组织结构，管理政策以及相关法律法规。

五、拟定合同初稿

经过询价、比价后，确定供应商，并与其拟定采购合同初稿。

【场景2-11】公司采购中心根据价格审批单拟定与供应商广东丰云绳网带有限公司的采购合同初稿（部分见图2-8）。

认知识别1 采购合同是指一方将货物的所有权转移给另一方，同时收取价款的合同。它属于买卖合同的一种。

完整的采购合同通常由约首部分和要素内容构成，还可能包括其他辅助性条款。约首部分为合同提供了基本的框架和背景信息，合同的要素则是构成合同核心内容的具体条款。

采购合同

购买方（甲方）：珠江纸业股份有限公司　　　　合同编号：HT20230226012

签订地点：东莞市

销售方（乙方）：广东丰云绳网带有限公司　　　　签订时间：2023年2月26日

经双方友好协商，就甲方向乙方采购引纸绳事项达成如下协议。

序号	商品名称	规格型号	品牌	单位	不含税单价（元）	数量	不含税金额（元）
1	引纸绳	12mm	—	米	5	12,800.38	64,001.9
不含税金额合计（元）							64,001.9
价税合计人民币（元）		柒万贰仟叁佰贰拾贰元壹角伍分		（¥ 72,322.15 ）			

一、产品质量：货物符合质量、安全要求。

二、交货地点、方式：……

三、运输方式及到达站港和费用负担：……

四、交货时间：……

五、发票情况：13%增值税专用发票

六、包装标准、包装物的供应与回收：……

七、结算方式：票到（或货到）月结30天

八、折扣优惠：购买方在信用期内10天付款，可享受2%的现金折扣

九、付款方式：电汇

十、违约责任：……

十一、解决合同纷的方式：双方协商解决，协商不成向合同签订地人民法院起诉。

……

甲方：珠江纸业股份有限公司　　　　乙方：广东丰云绳网带有限公司

单位地址：广东省东莞广麻大道258号　　　　单位地址：广州市天河区车站100号

法定代表人：王旗　　　　法定代表人：王旻

委托代理人：卢宛玲
电话：1367782××××
传真：0769-8882××××
开户银行：中国工商银行东莞市长安支行
账号：190132241245563××××
税号：91441900MA3CCA××××

委托代理人：李翔
电话：1367526××××
传真：020-8537××××
开户银行：中国建设银行车站路支行
账号：6226750623882426××××
税号：91440100MA4L75××××

注：完整的采购合同扫码获取。

图 2-8　采购合同

认知识别 2　采购合同的约首部分

采购合同的约首部分通常包括合同名称、合同号码、签约日期和地点，以及当事人双方的法定名称和地址。这些信息对于合同的正确理解和执行至关重要。以下是约首部分的具体内容：

（1）合同名称。合同名称应该清晰地反映合同的性质和涉及的技术或货物，以便一目了然地知道合同的主要内容。

（2）合同号码。合同号码是一个独特的标识符，用于区分不同的合同，通常包含参与方的国别或公司代号、签订年份和序列编号。

（3）签约日期。签约日期即双方达成合同的日期，需要注意的是，签约日期不总是等同于合同的生效日期。

（4）签约地点。写明签约地点有助于确定合同的管辖法律，在某些情况下可能会影响合同的执行。

（5）当事人双方的法定名称和地址。明确当事人双方的法定名称和地址确保了合同当事人的身份明确无误，并且可以根据需要联系到对方。

认知识别 3　采购合同的要素

采购合同的要素内容主要包括当事人信息、标的物，数量和质量，价款和报酬，履行细节，违约责任以及争议解决办法。以下是要素的具体内容：

（1）当事人信息。合同中必须清楚地标明当事人的全名、法人代表（如果适用），以及双方的联系地址、电话、电报、电传等信息，以确认合同当事人的身份和联系方式。

（2）标的物。采购合同应明确指出合同所涉及的具体商品或服务的名称、型号、规格等详细信息，确保双方对交易的具体对象有共同理解。

（3）数量和质量。合同须规定所购买产品的数量，并对产品的质量要求进行详细说明，包括质量标准、验收方法及不合格品的处理方式。

（4）价款和报酬。合同须约定产品的价格，包括单价、总价、是否含税、税率多少、发票类型等，并明确支付的方式和时间。

（5）履行细节。合同须明确交付方式、交货地点、交货期限等细节，确保双方了解各自的义务和权利。

（6）违约责任。在合同中约定如何处理违约情况，包括违约的定义、责任承担、赔偿方式等。

（7）争议解决办法。合同须设定解决争议的方法，例如通过协商、调解、仲裁或法院诉讼等方式处理可能出现的合同纠纷。

认知识别4 拟定合同初稿是为了明确双方交易的意向、条款和细节，以便于进一步沟通和修改。它提供了一个基础的框架，在合同初稿的基础上，双方可以进一步谈判和协商，以达成最终的合同协议。

分析研判 在拟定合同初稿阶段，可以根据企业目前实际情况，增加部分协商性条款，如结算方式、运输方式等。

风险控制1 拟写合同时应采用标准合同文本，并订立书面合同。

风险控制2 合同条款应表述明确，避免产生歧义；应符合法律法规的要求，避免产生法律纠纷；应明确支付条款和终止条件，避免产生争议。

风险控制3 重大经济合同应聘请法律顾问和第三方技术人员审核合同条款。

风险控制4 合同初稿应涵盖下列条款，以避免后续纠纷：

（1）产品质量与保修。合同应详尽描述质量标准与安全要求，以预防未来可能出现的质量争议。保修期定为在正常使用与维护条件下的一年，同时明确界定保修涵盖的范围。

（2）交货时间与违约处理。合同需精确规定交货期限，并设定合理的违约金条款。此外，还需明确乙方原因造成的额外损失的责任归属。违约金应足够弥补甲方因违约而遭受的损失。

（3）发票规定。乙方需按时提供13%的增值税专用发票，并明确违约后的处理措施，以规避潜在的税务风险。

（4）结算与付款事宜。合同中应清晰列明付款方式及时间节点，以保障乙方的收款权益和票据合规性。

（5）合同变更与解除条款。应明确约定合同变更或解除的条件及流程，以便适应实际情况的变化。

（6）纠纷解决机制。双方应首先通过友好协商解决分歧，若协商无果，则按合同约定的诉讼程序处理，以降低争议解决成本。

六、合同评审

采购中心草拟合同后提交上级领导进行合同评审确认，相关一级部门负责人按执行部门、需求部门、财务总监、监审法务部、总经理顺序从价格、交期、服务、质量、安全性、性价比等方面明确采购条款并进行评审。

【场景2–12】 2023年2月26日，由卢宛玲发起，对与供应商广东丰云绳网带有限公司的采购合同初稿HT20230226012进行合同评审（见表2–7）。

表 2–7 合同评审表

经办人：卢宛玲 日期：2023年2月26日

合同名称	采购合同	合同编号	HT20230226012	
合同相对方	广东丰云绳网带有限公司	合同标的金额（元）	72,322.15	
结算方式	票到（或货到）月结30天	付款方式	电汇	
部门	审批内容	岗位	人员	意见
采购中心	1.质量稳定，行业口碑情况 2.以往供货是否合格 3.标的/规格/数量/品牌是否准确 4.价格是否正确 5.交期是否满足公司要求 6.服务是否有保障 7.是否有询比价	经理	卢云茜	同意
生产技术管理部	1.使用的技术参数是否正确 2.技术条款是否完整 3.涉及的标准是否正确 4.质量是否有保障 5.产品安全性是否适宜 6.性价比是否合理	经理	魏英	同意
总经办	1.价格是否正确 2.付款方式是否合理 3.是否为预算内项目 4.违约条款是否合理 5.发票是否合理 6.运输费用、税率是否明确合理	财务总监	钟准敏	同意
监审法务部	1.违约责任及解决合同争议的方法是否明确 2.合同落款、署名是否明确合理 3.供方有无供货能力 4.供方有无独立承担经济责任能力	经理	戴莉珺	同意
董事会	综合评审	董事、总经理兼党委副书记	王旗	同意

认知识别 1 合同评审表是对合同文本进行详细评审的工具，主要用于确保合同的合法性、有效性和风险控制，以保护参与合同各方的权益。

认知识别 2 评审要点或评审内容是指用于评估、分析和判断合同内容、条款、风险及合规性等方面的关键要素和标准。这些要点旨在确保采购合同的合法性、合理性、完整性和可执行性，从而保护双方的利益并促进交易的顺利进行。

认知识别 3 合同评审的步骤

1. 形式审查

（1）检查合同文件是否完整，包括开头（合同名称、双方当事人和鉴于条款）、正文（条款内容）和签署部分（双方签字盖章和签署时间）。

（2）核对合同文件中的信息是否一致，如当事人名称、地址、法定代表人等是否准确无误。

（3）审查是否附有对方营业执照、其他证书、法定代表人身份证明证书、委托书等相关材料，并确保相关文件之间内容无矛盾之处。

2. 实质审查

（1）审查合同的履行、违约条款是否完备、合法，以及合同内容条款对委托人一方是否有利。

（2）对合同条款进行逐一审查，特别注意合同的主体、标的和数量条款，这三者为合同的必备条款，无此三者则合同不能成立。

（3）审查合同文字是否规范，避免使用模糊、不明确的表述，防止文字歧义导致的争议。

（4）审查合同是否违反法律强制性规定、合同是否有效，确保合同的合法性。

（5）进行涉他权利审查，避免合同标的涉及他人知识产权或其他利益，导致侵权。

3. 沟通、参照与判断

（1）在完成形式审查和实质审查后，与合同对方进行沟通，解决审查过程中发现的问题和疑虑。

（2）参照相关法律法规、行业惯例和类似合同案例，对合同进行进一步的分析和判断。

（3）判断合同是否合法、合理、可行，是否满足公司的利益和需求。

分析研判1 对合同主体进行审查时应注意以下三点：对合同当事人的主体资格进行审查，确保其具备相应的民事权利能力和民事行为能力；对于法人单位，需审查其是否依法成立、有无必要的财产或经费、是否有自己的名称、组织结构和场所，以及是否能独立承担民事责任；对于非法人单位，需审查其是否按规定登记并取得营业执照。

分析研判2 在进行合同评审时，评审流程应该自下而上，不得进行越级评审。

风险控制1 在合同评审环节，应重点关注事前控制，各部门负责人需按照合同评审表中的审核要点，逐条比对。在进行合同评审时，不仅要关注供应商的资质、信誉、产品质量等因素，还要关注供应商是否符合国家的环保要求，是否履行了社会责任。

风险控制2 各部门要各司其职严格进行合同审查。审查人员对审查结果负责，归口部门对全面审查结果负责。对于重大的采购合同，应要求公司法务参与，审查合同条款，避免法律风险。

风险控制3 合同评审表不仅关注当前的风险点，还会基于行业发展趋势和市场变化进行前瞻性风险分析。检查合同条款是否符合相关行业标准，以确保合同的合规性。可对比组织内部制度，确保合同内容与之相符，避免因内部制度冲突带来的风险。

七、合同签订

经评审确认后，双方签订正式采购合同，加盖公章。

【场景2-13】 2023年2月26日采购中心卢宛玲代表公司与广东丰云绳网带有限公司签订正式合同，在通过评审的采购合同上加盖公章。完整的正式采购合同请扫码获取。

认知识别　签订合同是指双方当事人订立条约或合同并签字。《中华人民共和国民法典》第四百六十九条规定，当事人订立合同，可以采用书面形式、口头形式或者其他形式。书面形式包含合同书、信件、电报、电传、传真等可以有形地表现所载内容的形式；或以电子数据交换、电子邮件等能够有形地表现所载内容的方式，并可以随时调取查用的数据电文，视为书面形式。

认知识别　合同违约金是指在合同中约定，当一方当事人不履行或不完全履行合同义务时，应向另一方支付的一定金额。

分析研判　根据《民法典》第五百八十五条的规定，当事人可以约定一方违约时应当根据违约情况向对方支付一定数额的违约金，也可以约定因违约产生的损失赔偿额的计算方法。本次采购合同的双方约定按照逾期交货部分的0.5%支付违约金。

风险控制1　在与对方签订合同时，应尽可能与对方签署一式多份的书面合同，保证多份合同内容完全一致并妥善保管，防止合同被篡改。

明确采购合同的签署权限，避免因权限不明或越权等行为造成的合同风险。

风险控制2　企业应实施严格的合同用章管理制度，确保合同用章的妥善保管与安全使用。

八、通知发货

签订正式采购合同后，向供应商发出发货通知单，要求相关物资在规定时限内运送到位。

【场景2-14】2023年3月2日，采购中心卢宛玲根据已签订合同向供应商发送引纸绳的发货通知单，要求供应商在规定时间内安排发货，要求按合同规定收到发货通知单（见表2-8）后4天内到货，即计划到货时间为2023年3月6日，运输费用由供应商承担，采购中心蒋芸审核通过。

表 2-8　　　　发货通知单

采购类型：零星采购	合同编号：HT20230226012	日期：2023年3月2日
供应商：广东丰云绳网带有限公司	部门：采购中心	交货地址：珠江纸业股份有限公司仓库
结算方式：票到（或货到）月结30天	付款方式：电汇	编号：FHTZ20230302001
运费：费用由供应商承担	运输方式：火车运输	税率：13%
备注：		

序号	存货名称	规格型号	单位	数量	单价（不含税）（元）	金额（不含税）（元）	品牌	质量要求	计划到货日期
1	引纸绳	12mm	米	12,800.38	5	64,001.9	—	国家标准	2023年3月6日
合计（元）	64,001.9								

日期	部门	岗位	人员	意见	备注
2023年3月2日	采购中心	副经理	蒋芸	同意	

认知识别 发货通知单的含义

发货通知单是一种重要的商务文件，它可以是采购方要求供应商发货的依据，也可以由供应商发出，通知买方货物已经发出或即将发出。这份文件对于买方来说非常重要，它能帮助买方做好接收货物的准备，安排必要的物流和仓储，以及确保支付和接收流程的顺利进行。

风险控制1 企业为防止缺货风险，应维持适量的安全库存量，对存货库存量进行动态管理，提前识别潜在的缺货风险，及时要求供应商发货，降低缺货风险。

风险控制2 发货通知单须严格按照合同条款及合同履行流程执行，所有合同参与方及执行方对合同的内容都负有同步知晓的义务和责任。

知识拓展 分散采购和零星采购通常都涉及小批量、低价值的物品或服务，两者的不同在于，分散采购更侧重于将采购权下放给各个下属单位，让其根据自身需求进行采购，适用于需求多样灵活的情况。而零星采购则更多地指那些临时性、非常规的采购需求，通常数量少、价值低。

任务小结

为有效控制零星采购风险，企业应建立明确的采购管理制度体系，涵盖采购限额设定、严格的审批流程以及清晰的质量控制标准。采用三方比价或询价方式，确保价格合理。严格执行合同管理制度，明确交付时间和质量要求。定期评估供应商，建立健全应急备选供应商名单，以应对供应中断风险。通过这些措施，可有效降低零星采购中的价格、质量和供应风险。

任务发布

结合零星采购的学习内容，请同学们完成“采购申请单”的填写。

子任务3 间接采购

【教学重点】间接采购的业务流程。

【教学难点】间接采购的风险控制。

任务导入

【场景2–15】公司的辅料液氯以往一直由供应商广东东元环境科技有限公司提供并负责运输。近期公司收到广东东元环境科技有限公司无法继续承担液氯交付运输的通知。公司不具备危化品的运输资格，为了保证液氯采购中的运输安全，公司决定选用具有危化品运输资质的代理商进行液氯的间接采购。

采购中心提出辅料液氯的采购申请（见表2–9）。

表 2–9　　**采购申请单**

申请日期：2023年2月22日　　　　编号：CGSQD20230222020

采购部门	采购中心				采购项目类别	辅料			
序号	采购物资明细								
	名称	规格	品牌或厂家	单位	请购数量	预计不含税单价（元）	预计不含税金额（元）	需要日期	质量要求
1	液氯	≥99.6%	—	吨	9.96	1,452.93	14,471.18	2023年3月1日	国家标准
预计不含税金额合计（元）	14,471.18								
价税合计（元）	16,352.43								
采购类型	间接采购								
预计其他费用（元）	0								
合计（元）	16,352.43								

采购员：卢宛玲

认知识别 间接采购是指通过中间商实施采购行为的方式，也称委托采购或中介采购，主要包括委托流通企业采购和调拨采购。这种采购方式适合于核心业务规模大、盈利水平高的企业。当直接采购的费用和时间大于间接采购的费用和时间时，企业可以选择采用间接采购方式。其流程如图2–9所示。

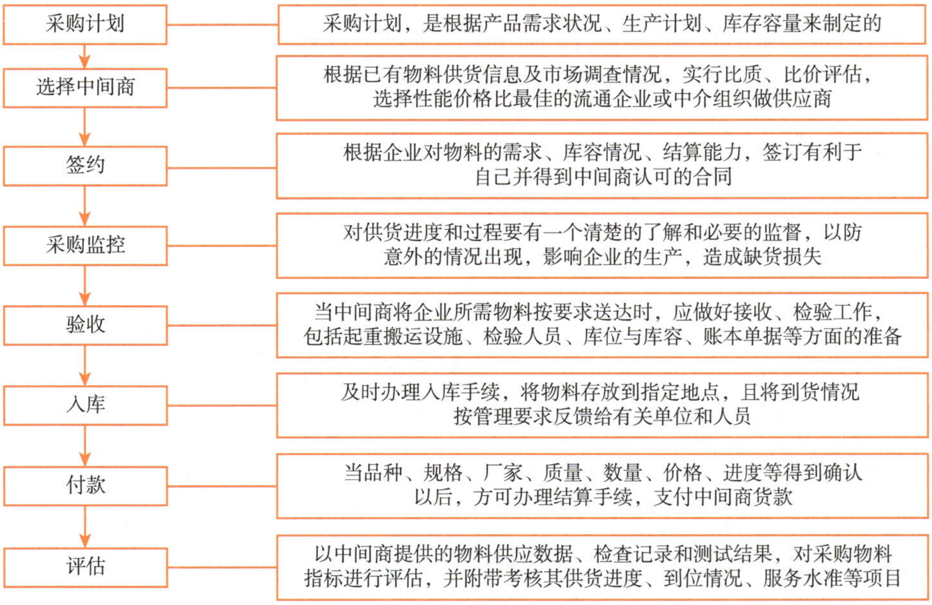

图 2–9　间接采购流程图

分析研判 由于公司不具备危化品的运输资格，只能更换液氯供应商。间接采购的供应商可以满足液氯的运输要求，同时，由于规模效应，间接采购的成本往往更低。

风险控制 企业采用间接采购时应注意以下三点：

（1）间接采购的环节多，出现问题不易弥补，产生物料供应不配套的概率大。采购链条的增加，可能导致企业所需与采购信息存在差异，最终采购的生产物料与企业所需的物料差异较大。

（2）间接采购时出现的问题较难解决，如果某一次采购出现问题导致需要退货或返修时都将影响后续的配套供应。由于企业无法与生产商直接沟通，产品质量问题以及售后问题的解决链条延长，导致企业当前的问题无法及时解决，甚至有可能影响企业的生产与销售。

（3）间接采购不易掌控材料的品质和供期。企业采购需求受中间商以及供应商的影响，品质和供期很难控制。

知识拓展 直接采购与间接采购的区别

直接采购与间接采购的区别主要体现在以下四个方面：

（1）采购方式不同。直接采购是企业直接从生产厂家或供应商处采购，间接采购则是通过中间商或代理商渠道进行采购。

（2）采购成本。直接采购通常可以降低采购成本，因为企业可以直接与生产厂家或供应商进行谈判，享受更多的优惠价格和折扣。间接采购则可能需要支付更高的中间费用或代理商费用。

（3）采购风险。直接采购可以降低采购风险，因为企业可以直接与生产厂家或供应商进行沟通和协商，确保商品或服务的质量和交货期等条款得到满足。而间接采购则可能会面临更多的风险，如中间商或代理商的信用风险、产品质量风险等。

（4）采购灵活度。直接采购通常具有更高的灵活性，因为企业可以直接与生产厂家、供应商进行沟通和协商，可根据自身需求定制商品或服务，并享受更快的交货速度和更灵活的付款方式。间接采购则可能需要遵循中间商或代理商的规定和条件，缺乏一定的灵活性。

任务实施

一、询价

【场景2-16】在公司现有的建档供应商中，有三家液氯的代理商，分别为广东星富危化品货代有限公司、广东清隆危化品货代有限公司和广东清奈代理商贸有限公司。公司采购员卢宛玲根据采购申请单向三家液氯代理商分别发送三份询价函，其中向广东星富危化品货代有限公司发送的询价函如图2-10所示。

认知识别 要约邀请是指希望他人向自己发出要约的表示，如拍卖公告、招标公告、商业广告和宣传等。要约邀请的内容不确定，不具有法律约束力，要约邀请人可以在任何时候撤回邀请，一般不承担法律责任。询价函就是典型的要约邀请。

分析研判 发出询价函的对象

采购中心直接向供应商库里的三家液氯代理商发出询价函。

询价函

广东星富危化品货代有限公司：

我公司拟采购如下产品，现向贵公司询价，请给出相应最低报价，报价应含具有抵税功能增值税专用发票，到货时间。产品具体名称、品牌、型号等要求如下表。如有供货意向，请填好价格、规格、型号等内容，并加盖贵公司公章于2023年2月24日前传真到0769–8882××××，或将盖好章的文件扫描后发至邮箱：yueyangzhiye@163.com，要求电子版文字内容清晰，有疑问可联系，有疑问可联系卢宛玲。

购买方：珠江纸业股份有限公司

日期：2023年2月23日

致：贵公司询价采购明细

序号	货品名称	规格型号	数量	单位	品牌或厂家	质量标准	是否含运费	到货时间（天）	不含税单价（元）	货物税费（元）	货物价税合计（元）	不含税代理费单价（元）	代理费税费（元）	代理费价税合计（元）	结算方式
1	液氯	≥99.6%	9.96	吨	—	国家标准/行业标准									

注：其余两份询价函扫码获取。

图 2–10　询价函

风险控制　企业在发送询价函前应确保询价文件的准确性和完整性。仔细审核询价文件的内容和格式，确保信息准确、完整、无遗漏。特别注意价格条款、交货期、付款方式等关键条款的表述和约定。

二、收到代理商报价单

代理商收到询价函后，向公司发送对辅料液氯的报价单。

【场景2–17】公司共收到广东星富危化品货代有限公司、广东清隆危化品货代有限公司、广东清奈代理商贸有限公司三家公司的报价单，广东星富危化品货代有限公司的报价单如图2–11所示。

需方：珠江纸业股份有限公司　　供方：广东星富危化品货代有限公司

联系人：卢宛玲　　联系人：卫军炭

电话：1367782××××　　电话：1352364××××

传真：0769–8882××××　　传真：020–568××××

序号	货品名称	规格型号	品牌或厂家	质量	是否含运费	到货时间（天）	结算方式	单位	数量	不含税单价（元）	税费（元）	价税合计（元）	不含税代理费单价（元）	代理费税费（元）	代理费价税合计（元）
1	液氯	≥99.6%	—	国家标准	是	1	票到（或货到）月结30天	吨	9.96	1,310	1,696.19	14,743.79	150	89.64	1,583.64
合计（元）	16,327.43														

注：其余两份报价单扫码获取。

图 2–11　报价单

认知识别 要约是一方当事人以缔结合同为目的，向对方当事人提出合同条件，希望对方当事人接受的意思表示。要约内容（标的物、数量、价格等）确定后具有法律约束力不得随意撤回或撤销，要约的承诺一旦送达，合同即告成立。报价单是典型的要约。

分析研判 报价单的填制

广东星富危化品货代有限公司为一家中间商企业，因此报价单中包含两部分内容：货物的价格和代理费。其中，购买货物的费用适用13%的增值税税率，报价单里数量栏根据对方询价函里的数量填写，即9.96，不含税单价为1,310元/吨，不含税金额=不含税单价×数量=1,310×9.96=13,047.6元，总税费=不含税金额×税率=13,047.6×13%=1,696.19元，价税合计=不含税金额+总税费=13,047.6+1,696.19=14,743.79元。代理费适用6%的增值税税率，不含税代理费单价为150元，不含税金额=不含税单价×数量=150×9.96=1,494元，总税费=不含税金额×税率=1,494×6%=89.64元，价税合计=不含税金额+总税费=1,494+89.64=1,583.64元。

三、代理商价格评估

公司对三家代理商报价进行对比，选择性能价格比最高的为中选供应商。

【场景2-18】公司采购中心卢宛玲根据报价单信息对各代理商的货物报价、代理费、开票情况等进行评估打分，打分如表2-10所示。

表 2-10 采购代理商价格评估

日期：2023年2月25日 编号：JGPG-CG20230225

代理商名称	报价（不含税单价）（元）	是否开具增值税专用发票	是否含运费	代理费（不含税单价）（元）	代理费是否开具增值税专用发票	合计不含税单价（元）	评估得分
广东星富危化品货代有限公司	1,310	是	是	150	是	1,460	4
广东清隆危化品货代有限公司	1,340	是	否	120	是	1,460	4
广东清奈代理商贸有限公司	1,300	是	是	180	是	1,480	4
评分规则：各评估内容实行最优者得分，即单项内容最优的代理商得1分，若评估内容出现多家采购代理商相同，相同的最高层级代理商各得1分，最后以得分最高的代理商为中选代理商。							

制单：卢宛玲

认知识别 代理商价格评估是采购方对多家采购代理商在价格维度的综合评分。通过价格评估，选择出价格维度上评分最高的采购代理商。

分析研判 采购代理商价格评估表的得分计算

根据评分规则，各评估内容最优者得分，即单项内容最优的代理商得1分。因此，广东清奈代理商贸有限公司报价（不含税单价）最低，得1分；广东清隆危化品货代有限公司代理费（不含税单价）最低，得1分。若出现多家代理商的同一评估内容相同，则这几家代理商中级别最高的代理商各得1分。三家公司对货物和代理费都能开具增值税专用发票，因此各得1分；广东星富危化品货代有限公司和广东清奈代理商贸有限公司报价包含运费，各得1分；广东星富危化品货代有限公司和广东清隆危化品货代有限公司合计不含税单价最低，各得1分。综上所述，三家公司价格评估得分均为4分。

风险控制 在评估过程中，应确保信息的透明和公正，避免信息不对称或偏见导致决策失误。

四、代理商服务评估

公司对三家代理商的服务进行评估，根据评分规则进行评估打分。

【场景2-19】公司采购中心卢宛玲根据报价单信息对各代理商的综合情况进行评估打分，打分情况如表2-11所示。

表 2-11 采购代理商服务评估

日期：2023年2月25日 编号：FWPG-CG20230225

代理商名称	质量标准	规格型号	注册资本	到货时间（天）	评估得分
广东星富危化品货代有限公司	国家标准	≥99.6%	50,000,000	1	4
广东清隆危化品货代有限公司	行业标准	≥99.6%	8,000,000	1	3
广东清奈代理商贸有限公司	国家标准	≥99.6%	10,000,000	2	2
评分规则：各评估内容实行最优者得分，即单项内容最优的代理商得1分；若评估内容出现多家代理商相同，相同的最高层级代理商各得1分；质量标准只要满足采购方要求，均可得分。以最终得分最高的代理商为中选代理商。					

制单：卢宛玲

认知识别 代理商服务评估是采购方对多家采购代理商在服务维度的综合评分。通过服务评估，选出服务维度上评分最高的采购代理商。

分析研判 采购代理商服务评估的得分计算

广东星富危化品货代有限公司和广东清奈代理商贸有限公司均以国家标准作为质量标准，广东清隆危化品货代有限公司遵循的是行业标准，行业标准一般严于国家标准，因而三家代理商在质量标准这一项各得一分；三家公司的规格型号均≥99.6%，因而各得1分；广东星富危化品货代有限公司注册资本最高，得1分；广东星富危化品货代有限公司和广东清隆危化品货代有限公司到货时间均为1天，各得1分。综上所述，三家公司服务评估得分分别为4分、3分、2分。

风险控制 代理商的评估不能只考虑价格，产品的质量和服务都至关重要。因此，在评估过程中要全面考虑各种因素，谨慎做出选择。

五、代理商评选报告

公司根据三家代理商的价格评估和服务评估编制代理商评选报告。

【场景2-20】公司采购中心卢宛玲根据代理商价格评估和服务评估编制评选报告，评估得分为合计总分，选择得分最高的代理商作为采购代理，结果如表2-12所示。

表 2-12 采购代理商评选报告

日期：2023年2月25日

单据编号：PXBG-CG20230225

代理商名称	评估得分	供应商选择
广东星富危化品货代有限公司	8	是
……	……	……

制单人：卢宛玲

报告审批

部门	岗位	人员	意见	备注
采购中心	经理	卢云茜	同意	

注：完整的采购代理商评选报告扫码获取。

认知识别 代理商评选报告是采购方对多家采购代理商在综合维度进行评分的报告，旨在选出成交供应商。

分析研判 采购代理商评选报告的填列

本次评选，综合了价格维度和服务维度，最终选择综合得分最高的供应商为成交供应商。

风险控制 企业在进行代理商评选时，首先，应建立严格的评选标准，明确代理商在业务能力、服务质量、财务状况、合规性等方面的具体要求。其次，要制定详细的评分体系和评估标准，确保评选过程公正、透明。最后，要完善评选流程。例如，引入多方参与，包括内部相关部门、行业专家等，共同对候选代理商进行评审；设立多个评审环节，如资料审核、现场考察、综合评审等，确保评选结果全面、准确。

六、拟定采购合同初稿

经过代理商的价格评估和服务评估后，编制评选报告，选择得分最高的代理商作为液氯的采购代理，与其拟定采购合同初稿。

【场景2-21】 2023年2月26日，采购员卢宛玲代表公司与广东星富危化品货代有限公司拟定编号为HT2023022601代理采购合同。采购合同初稿部分如图2-12所示。

分析研判 采购合同中价税合计金额的计算

在此次采购中，外购货物增值税税率13%，代理费税率6%，因此，价税合计=含税货物金额+含税服务金额=13,047.6 × 1.13+1,494 × 1.06=16,327.43元。

风险控制 在拟定合同条款时，应清晰明确地列出合同双方的名称、地址、联系方式等基本信息；详细描述合同标的、数量、质量、价格、交货期限等关键条款；明确约定违约责任、争议解决方式等条款，确保双方权益得到保障；遵循“简单明了、易于理解”的原则，避免使用过于复杂或模糊的语言。

合同评审、签订采购合同以及通知发货流程同零星采购。合同评审、正式代理采购合同以及发货通知单扫码获取。

采购合同

购买方（甲方）：珠江纸业股份有限公司　　　　销售方（乙方）：广东星富危化品货代有限公司

签订地点：东莞市

签订时间：2023年2月26日　　　　合同编号：HT2023022601

经双方友好协商，就乙方代理甲方采购液氯事项达成如下协议。

序号	商品名称	规格型号	品牌	单位	不含税单价（元）	数量	不含税金额（元）
1	液氯	≥99.6%	—	吨	1,310	9.96	13,047.60
……	……	……	……	……	……	……	……
不含税金额合计（元）							14,541.60
价税合计人民币	壹万陆仟叁佰贰拾柒元肆角叁分（￥16,327.43）						

一、产品质量：　货物符合质量、安全要求。

……　……

八、付款方式：　电汇

十一、其他约定事项

……

十二、本合同经双方签字、盖章后生效，传真件具有同等的法律效力。

甲方：	珠江纸业股份有限公司	乙方：	广东星富危化品货代有限公司
单位地址：	广东省东莞广麻大道258号	单位地址：	广东省广州市海珠区取尺路45号
法定代表人：	王旗	法定代表人：	庄青皋
委托代理人：	卢宛玲	委托代理人：	卫军茨
电话：	1367782××××	电话：	1352364××××
传真：	0769-8882××××	传真：	020-568××××
开户银行：	中国工商银行东莞市长安支行	开户银行：	中国建设银海珠区支行
账号：	190132241245563××××	账号：	6361861155315689××××
税号：	91441900MA3CCA××××	税号：	9144016326FS64××××

注：完整的代理采购合同初稿扫码获取。

图 2-12　代理采购合同初稿

任务小结

间接采购流程是一个系统化、规范化的过程，涉及前期采购需求分析与确认、代理商选择与询价、代理商价格与服务的评估、合同初拟与签订、通知发货流程等多个环节。通过这一流程的实施，可以确保间接采购的顺利进行。

任务发布

请结合间接采购的学习内容，完成《代理商评选报告》的填写。

子任务4 进口

【教学重点】进口采购的业务流程。

【教学难点】进口采购的风险控制。

任务导入

【场景2-22】阔叶浆一般用木材或者废纸制成。在国家生态文明建设的大环境下，环保政策日趋严格，“禁废令”全面实行，同时国内市场阔叶浆缺乏且质量较差，因此，公司申请采用进口方式采购阔叶浆。2022年12月23日，进出口部江美提出进口产品申请，填制采购申请单，采购申请单如表2-13所示。

阔叶浆2022年全球生产量为3,900万吨，2021年全球产量为3,642万吨。

表2-13 采购申请单

申请日期：2022年12月23日　　编号：CGSQD20221223007

采购部门	进出口部					采购项目类别	原料		
采购物资明细									
序号	名称	规格	品牌或厂家	单位	请购数量	预计不含税单价（元）	预计不含税金额（元）	需要日期	质量要求
1	阔叶浆	800×800	鹦鹉或绿树	吨	17,881.99	6,590	117,842,314.1	2023年1月20日	国家标准
预计不含税金额合计（元）	117,842,314.10								
价税合计（元）	133,161,814.93								
采购类型	进口采购								
预计其他费用	0								
合计（元）	133,161,814.93								

采购员：江美

日期	部门	岗位	人员	意见	备注
2022年12月23日	进出口部	经理	郑龙	同意	
2022年12月23日	总经办	副总经理	赵云飞	同意	

认知识别　进口是指向非居民购买生产或消费所需的原材料、产品、服务，目的是获得更低成本的生产投入，或者是谋求本国没有的产品与服务的垄断利润。简单地说，进口就是从其他国家、地区购进商品或者服务，是连接国内外经济、全球产业链、全球供应链的重要枢纽。其具体流程如图2–13所示。

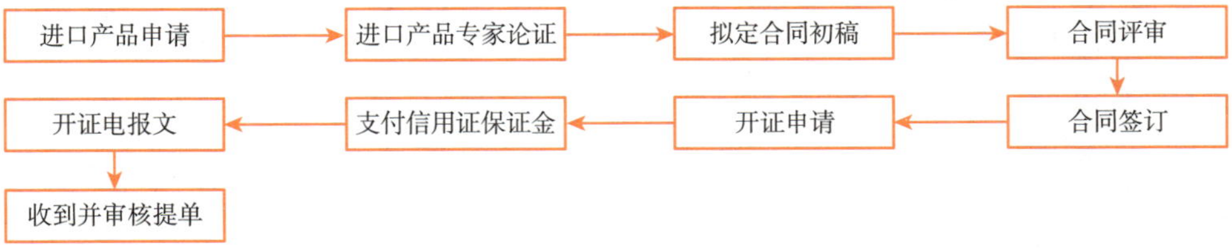

图 2–13　进口采购流程图

分析研判 1　请购数量是否需要超过生产实际需要

2022年阔叶浆产量增长率=（3,900–3,642）÷3,642×100%=7%，阔叶浆供给增多。而考虑到全球宏观经济衰退预期依然存在，纸浆的终端消费需求预计偏弱，因此预计2023年全球阔叶浆需求增速低于2022年，且海外大量新产能投产，整体判断2023年全球纸浆的供应增长将超过需求增长，因此预计2023年全球阔叶浆供需格局由紧平衡转向过剩。综合上述情况，本次阔叶浆采购将按生产需要及安全库存量正常计算采购量。

分析研判 2　用Python获取网页数据

将阔叶浆作为关键词在网上抓取厂商及产量数据，先requests 网页数据，并将其转化为json数据，获取2022年全球市场阔叶浆生产量，为企业判别阔叶浆的市场供需关系提供数据支持。

风险控制　企业应当采取严格的审批制度，对进出口部的采购申请进行严格审批，从源头上把控风险。

任务实施

一、进口产品申请

【场景 2–23】 2022年12月23日，进出口部江美提出进口产品申请，进口产品申请表部分如表2–14所示。

表 2–14　　进口产品申请

发起人：江美　　　　发起时间：2022年12月23日

项目基本情况							
材料名称	数量	单位	规格型号	预计单价（元）	预算总价（元）	质量要求	供货时间
阔叶浆	17,881.99	吨	800×800	6,590	117,842,314.10	国家标准	2023年1月20日

续表

采购类型	进口采购			采购组织方式	自行采购
申请理由	阔叶浆一般采用废纸回收利用产生或者木浆，在国家生态文明建设的大环境下，环保政策日趋严格……				
……	……				
审批意见					
部门	岗位	人员	意见	备注	
进出口部	经理	郑龙	已审核，符合要求		
……	……	……	……		
总经办	副总经理	赵云飞	已审核，符合要求		

注：完整的进口产品申请表扫码获取。

认知识别 进口产品申请表是根据企业采购制度，在进口商品前向各个部门提交的申请表。

风险控制 企业进行进口产品申请时，应严格按照采购制度，自下而上提请各个部门审批。

二、进口产品专家论证

【场景2-24】2022年12月23日，公司召开进口产品专家论证意见，就阔叶浆是否进口听取专家意见。进口产品专家论证意见表部分如表2-15所示。

表2-15 进口产品专家论证意见

一、基本情况	
申请单位	珠江纸业股份有限公司
拟采购产品名称	阔叶浆
拟采购产品数量	17,881.99
拟采购产品单位	吨
拟采购产品金额（元）	117,842,314.10
二、申请理由	
□1.中国境内无法获取	
□2.无法以合理的商业条件获取	
☑3.其他	
原因阐述：	阔叶浆一般采用废纸回收利用产生或者木浆，在国家生态文明建设的大环境下，环保政策日趋严格，……
三、专家论证意见	
随着“禁废令”和“限塑令”实行，废纸浆及非木浆产量减少，纸浆主要为木浆，而阔叶浆是木浆中最重要的一种产品，但国内森林资源有限，木片短缺……	
专家签字	王邦国、李蒙东、伍兴华、黎明德、何晓东

注：完整的进口产品专家论证意见扫码获取。 2022年12月23日

认知识别　进口产品专家论证意见表是企业进口产品前就是否进口向专家征集意见的文件。意见通常涉及多个方面，包括产品的必要性、技术性能、市场需求、国内同类产品对比以及采购风险等。

分析研判　国内阔叶浆市场供给不足，且质量不佳，巴西作为阔叶浆的产能大国，申请从巴西进口是合理且必要的。

风险控制　专家论证一般由五名以上的专家构成且专家人数应为单数。论证过程中，不同的专家可能持有不同的观点或立场。当专家人数达到一定规模（如五名以上）时，可以更好地保证论证过程的公正性和平衡性，避免个别专家的意见对论证结果产生过大影响。

采用单数专家构成论证组，主要是为了在需要时能够进行投票表决。在表决中，单数能够确保在出现意见分歧时产生明确的多数意见，从而避免平局或无法做出决定的情况。这种机制有助于确保论证结果的明确性和可操作性。

三、拟定合同初稿

【场景2–25】 2022年12月23日公司与供应商Santos Pulp Company of Brazil协商，拟定阔叶浆采购合同初稿。采购数量按照采购计划执行，采购价格为922.05美元/吨，签订日汇率为6.981。合同初稿部分如图2–14所示。

采购合同

PURCHASE CONTRACT

合同号S/C NO：HT20221223001

Date：2022年12月23日

买方：	珠江纸业股份有限公司
TheBuyer：	GUANGDONG ZHUJIANG PAPER CO.，LTD
地址：	广东省东莞广麻大道258号
Address：	258 GUANGMA AVENUE，DONGGUANG，GUANGDONG PROVINCE
电话/Tel：	0769–8882××××
卖方/TheSeller：	SANTOS PULP COMPANY OF BRAZIL
地址/Address：	BRAZIL EXPIRITO SANTO BARRA DO RIACHO
电话/Tel：	0055–3138987××××

兹经买卖双方同意按下列条款成交

The undersigned Sellers and Buyers have agreed to close the following transactions according to the terms and conditions stipulated bellow：

1.品名、规格、数量（Commodity，Quantity，Quantity）

品名 Commodity	规格 Specifications（MM×MM）	数量 Quantity（TON）	单价 Unit Price（USD/TON）	金额 Amount（USD）
BLEACHED HARDWOOD PULP	800×800	17,881.99	922.05	16,488,088.88
合计TOTAL		17,881.99		16,488,088.88
金额大写 AMOUNT IN WORDS	SAY US DOLLARS SIXTEEN MILLION，FOUR HUNDRED AND EIGHTY–EIGHT THOUSAND，EIGHTY–EIGHT AND CENTS EIGHTY–EIGHT ONLY			

续表

品名 Commodity	规格 Specifications（MM × MM）	数量 Quantity（TON）	单价 Unit Price（USD/TON）	金额 Amount（USD）
成交价格 TRANSACTION PRICE	CIF DONGGUAN			

备注 REMARKS：
1. 数量和总价允许有 ± 10% 的浮动。The quantity and amount ± 10% more or less are allowed.
2. 上述单价基于的人民币兑美元汇率中间价为合同签订日汇率.The above unit price is based on the middle rate of the RMB to USD exchange rate，which is the exchange rate on the date of contract signing.

2. 包装：按卖方正常生产出口标准包装，适合长途海运，防潮，防震，耐粗暴搬运

Packing：Export Standards Packing，suitable for long distance and ocean transportation and well protected against dampness，shock，and rough handling.

……

7. 付款方式：买方通过一流银行开具 100% 不可撤销即期信用证，按指定受益人和通知行资料开证

Terms of payment：The Buyer shall open an irrevocable letter of credit at sight covering 100% contract value through a first class bank in favor of the appointed：

……

注：完整的采购合同扫码获取。

图 2-14　合同初稿

认知识别 1　成交价格 FOB，CFR 以及 CIF

FOB 是指 Free on Board，也称“离岸价”，是国际贸易中常用的贸易术语之一。即船上交货，习惯称为装运港船上交货。按此术语成交，由买方负责派船接运货物，卖方应在合同规定的装运港和规定的期限内，将货物装上买方指定的船只，并及时通知买方。货物在装船时越过船舷，风险即由卖方转移至买方。

CFR 是指 Cost and Freight，即成本加运费，是指在装运港船上交货，卖方必须在合同规定的装运期内，在装运港将货物交至运往指定目的港的船上，负担货物越过船舷为止的一切费用和货物灭失或损坏的风险，并负责租船或订舱，支付抵达目的港的正常运费。CFR 价 =FOB 价 + 运费。

CIF（Cost Insurance and Freight）术语的中译名为“成本加保险费加运费”。按此术语成交，货价的构成因素中包括从装运港至约定目的地港的通常运费和约定的保险费，故卖方除具有与 CFR 术语的相同的义务外，还要为买方办理货运保险，支付保险费，按一般国际贸易惯例，卖方投保的保险金额应按 CIF 价加成 10%。

认知识别 2　即期信用证和远期信用证

信用证，是指银行根据进口人（买方）的请求，开给出口人（卖方）的一种保证承担支付货款责任的书面凭证。即期信用证是指在货物装运后的一定时间内结算的信用证。这种信用证的特点是付款期限较短，通常在货物装运后几天至几周内结算。远期信用证则是指在货物装运一定时间后结算的信用证。与即期信用证相比，远期信用证的特点是付款期限较长，可以在货物到达后数月甚至一年后结算。

认知识别 3　信用证受益人通常是指信用证上指定的有权使用该证的人，在一般的贸易交易

中，受益人往往是出口商或实际供货商。

认知识别 4 银行国际代码（Swift Code）

银行国际代码（Swift Code）是由SWIFT协会提出并被ISO通过的银行识别代码，凡该协会的成员在银行都有自己特定的Swift代码。在电汇时，汇出行按照收款行的Swift Code发送付款电文，就可将款项汇至收款行。该号相当于各个银行的身份证号。

分析研判 成交价格选择CIF

早在2000年外经贸部已经发文，建议外贸出口企业尽量选择CFR或者CIF贸易术语交易。如果选择了FOB起运地，那么货物的所有权和毁损、灭失的风险将在货物越过船舷时起由买方承担，因此，海运费以及货物保险也由买方承担，在FOB起运地条款下，如果货物运输中发生任何毁损、灭失的情形，将由买方承担损失。

风险控制 1 进口供应商的确定

Santos Pulp Company of Brazil是公司长期稳定的阔叶浆进口供应商。公司根据《供应商管理制度》，对此进口供应商进行过准入审批，同时每年对供应商有绩效评价和考核，具体的准入审批和绩效评价此处省略。在签订合同前，要充分了解对方的资质、信誉和实力，降低潜在风险。

风险控制 2 在合同中明确装运期限、付款方式、质量标准、违约责任等关键条款，以减少后期争议。同时，企业可以请涉外律师对合同条款进行评估和修改，确保合同的有效性。

四、合同评审

【场景 2-26】 2022年12月23日，公司的江美对阔叶浆签订的采购合同提请评审，合同标的金额为合同金额乘以1.13的含税美元价格，付款方式不可撤销即期信用证，审批内容为质量指标、技术指标、财务、合法性。合同评审表如表2-16所示。

表 2-16 合同评审表

经办人：江美 日期：2022年12月23日

合同名称	采购合同		合同编号	HT20221223001
合同相对方	Santos Pulp Company of Brazil		合同标的金额（美元）	18,631,540.43
结算方式	不可撤销即期信用证		付款方式	信用证
评审部门	评审内容	岗位	人员	意见
进出口部	1.质量稳定，行业口碑情况 2.以往供货是否合格 3.标的/规格/数量/品牌是否准确 4.价格是否正确 5.交期是否满足公司要求 6.服务是否有保障 7.是否有询比价	经理	郑龙	满足要求，同意

续表

评审部门	评审内容	岗位	人员	意见
生产技术管理部	1.使用的技术参数是否正确 2.技术条款是否完整 3.涉及的标准是否正确 4.质量是否有保障 5.产品安全性是否适宜 6.性价比是否合理	经理	魏英	满足要求，同意
总经办	1.价格是否正确 2.付款方式是否合理 3.是否为预算内项目 4.违约条款是否合理 5.发票是否合理 6.运输费用、税率是否明确合理	财务总监	钟淮敏	满足要求，同意
监审法务部	1.违约责任及解决合同争议的方法是否明确 2.合同落款、署名是否明确合理 3.供方有无供货能力 4.供方有无独立承担经济责任能力	经理	戴莉珺	满足要求，同意
董事会	综合评审	董事、总经理兼党委副书记	王旗	同意
备注	1.审核部门流程应自上而下依次进行；2.此评审表与合同原件一并归档			

认知识别 不可撤销信用证是指开证行在信用证有效期内，非经信用证各有关当事人同意，开证行不能片面修改或撤销的信用证。国际贸易中使用的大部分是不可撤销信用证。

风险控制1 企业应该制定详细的合同评审流程和标准进行风险管理。在评审合同条款时，需要关注各种风险和可能的问题，并制定相应的对策。

风险控制2 对进口合同的审查，要充分了解境外的法律法规，监审法务部审查时，可以邀请相关领域的法律专家给出专业建议。

风险控制3 合同评审中的风险评估需要综合各方的意见和专业知识。合同评审不仅是由法务部门或专业人士完成的工作，还需要其他部门和相关方的参与。各个部门和相关方对于不同类型的风险可能有不同的了解和观点，因此他们的参与和合作是非常重要的。通过广泛地征求和整合各方的意见，可以更全面地评估合同可能面临的风险，并制定相应的策略和对策。

风险控制4 各部门负责人应按照评审要点逐条比对审核，审核不能流于形式。各部门负责人要签字确认，明确责任。

五、合同签订

【场景2-27】 2022年12月23日，公司与供应商Santos Pulp Company of Brazil签订阔叶浆采购合同。在通过评审的采购合同上加盖公章。合同内容与初稿一致，完整的正式采购合同扫码获取。

风险控制1 明确采购合同的签署权限，避免因权限不明确或越权等行为造成的合同风险。企业业务人员对外签约时需要获得授权。建议在有关介绍信、授权委托书、合同等文件上尽可能明确详细地列举授权范围，以避免不必要的争议。业务完成后建议尽快收回尚未使用的介绍信、授权委托书、合同等文件。

风险控制 2　建议完善有关公章保管、使用的制度，杜绝盗盖偷盖等可能严重危及企业利益的行为。在签署多页合同时加盖骑缝章，并紧邻合同书最末一行文字签字盖章，防止对方采取换页、添加等方法改变合同内容。

六、开证申请

【场景 2–28】2022 年 12 月 23 日，公司根据签订的阔叶浆采购合同申请信用证开立，根据合同信息和企业基础信息填写相关数据。开证申请部分如表 2–17 所示。

表 2–17　信用证开证申请

IRREVOCABLE DOCUMENTARY CREDIT APPLICATION

TO：BANK OF CHINA

开证方式：

（简电开证）WITH BRIEF ADVICE BY TELETRANSMISSION

CONTRACT NO.（合同号）	HT20221223001
IRREVOCABLE DOCUMENTARY CREDIT NO.（信用证编号）	XYZ20221223001
DATE OF EXPIRY（交单截止日：年 / 月 / 日）	2023/1/22
PLACE OF EXPIRY（信用证效地）	BRAZIL

APPLICANT

NAME：GUANGDONG ZHUJIANG PAPER CO.，LTD

ADDRESS：258 GUANGMA AVENUE，DONGGUANG，GUANGDONG PROVINCE

TEL：0769–8882 × × × ×　　FAX：0769–8882 × × × ×

BENEFICIARY

NAME：SANTOS PULP COMPANY OF BRAZIL

ADDRESS：BRAZIL EXPIRITO SANTO BARRA DO RIACHO

TEL：0055–3138987 × × × ×　　FAX：0055–3138987 × × × ×

ADVISING BANK：The Hongkong and Shanghai Banking Corporation Limited Santos Quay Branch

SWIFT NO：BKNZ NZ22

L/C AMOUNT（信用证币别及金额）（USD）	16,488,088.88

（信用证种类）CREDIT AVAILABLE

	WITH BY NEGOTIATION（议付信用证）	ANY BANK
√	WITH ISSUING BANK BY SIGHT PAYMENT（即期付款信用证）	
	WITH ISSUING BANK BY ACCEPTANCE（承兑信用证） AT（付款到期日）：	
	WITH ISSUING BANK BY DEFERRED PAYMENT（延期付款信用证）	
	AT（付款到期日）： ……	……
……		

注：完整的信用证开证申请扫码获取。

认知识别

1. 信用证开证申请流程

信用证的申请过程涉及多个步骤，包括准备申请材料、填写开证申请书、缴纳保证金等。以下是详细的步骤：

（1）申请人填写信用证申请书并提供相关资料，如合同、发票、装箱单等。在这一步中，申请人需要详细说明交易的内容、金额、期限、贸易国别等信息，同时提交可行的交付方案，还需要提供与合同相关的各类单证。

（2）申请人向开证行提供担保，如保证金、保函等。申请人提供足额的担保是开证行审核申请的前提。

（3）开证行审核申请人提供的资料内容和担保形式，确认申请人的资信状况和交易的合法性。开证行可能还会根据自身的风险防范需要对申请人开展调查。

（4）开证行根据申请人的需求和条件，开立信用证，并将信用证通知受益人的银行。在开证行发送信用证至受益人的期间，申请人要对信用证的内容进行仔细核对，确保没有误导和缺陷。

2. 开证行、通知行及议付行

开证行简易表述即开立信用证的银行，买方在当地自己开户的银行开立信用证，一般情况下只有信誉高、有支付能力的客户，银行才能按照客户要求开立信用证，信用证是建立在信用的基础上开立的。

通知行（Advising Bank）一般是通知卖方信用证的银行，既可以是开证行在卖方国家的分行也可以是卖方自己的开户银行。你做给客户的发票上面会写收款银行，如果可以开到这个银行，那这个银行就是通知行。交单也从这个银行走。

议付行（Negotiating Bank）作为一种信用证支付方式，与开证行和卖方之间通常距离较远，所以开证行大多会指定一个卖方所在地的、并与开证行有业务上往来关系的银行，由其先向卖方垫付款项，再由开证行偿付该银行所付款项和利息。这个受委托的银行就是议付行。

分析研判　开证时间的确定

开证时间的掌握，应以卖方在收到信用证后能在合同规定的装运期内出运为原则。

风险控制1　申请开证前，要落实进口批准手续及外汇来源。开证时要注意信用证信息与合同条款一致，必须以对外签订的正本合同（包括修改后的正本合同）为依据，合同中规定要在信用证上明确的条款都必须列明。

风险控制2　不准分批装运、不准中途转运、不接受第三者装运单据等相关条款均应在信用证中明确规定，否则，将被认为允许分批、允许转运、接受第三者装运单据。

风险控制3　由于银行是凭单付款，不管货物质量如何，也不受买卖合同的约束。所以，为使货物质量符合合同规定，买方可在开证时规定明确对方提供商品检验机构出具的装船前检验证明，并明确规定货物的规格品质，检验机构可指定（合同中应事先订明）。

七、支付信用证保证金

【场景2–29】2022年12月23日，公司根据银行要求支付100%的信用证保证金，保证金回单如图2–15所示。

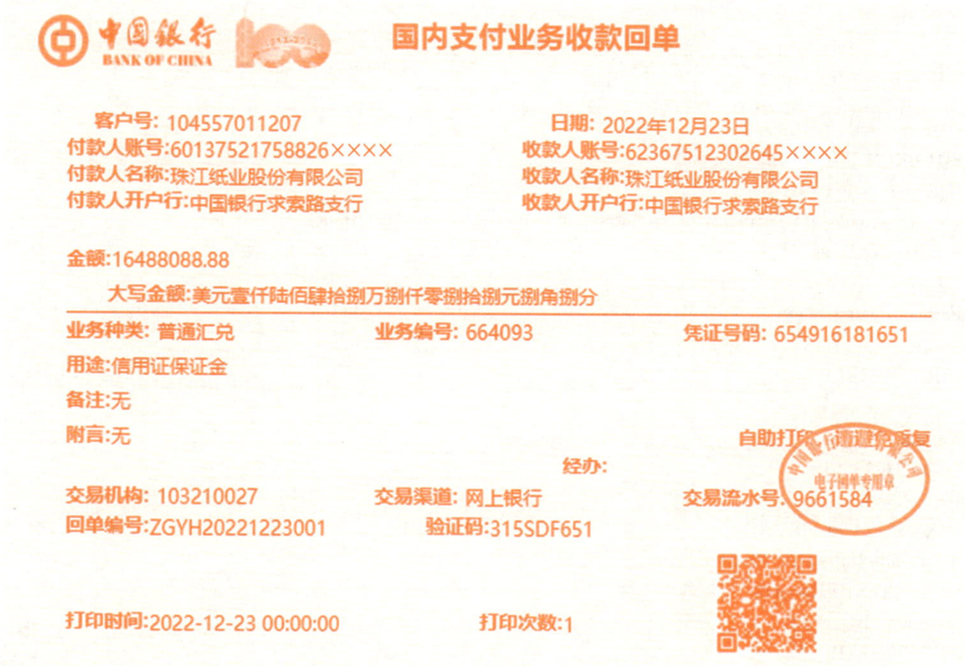
中国银行 BANK OF CHINA　国内支付业务收款回单

客户号: 104557011207　日期: 2022年12月23日
付款人账号:60137521758826××××　收款人账号:6236751230264 5××××
付款人名称:珠江纸业股份有限公司　收款人名称:珠江纸业股份有限公司
付款人开户行:中国银行求索路支行　收款人开户行:中国银行求索路支行

金额:16488088.88
大写金额:美元壹仟陆佰肆拾捌万捌仟零捌拾捌元捌角捌分

业务种类: 普通汇兑　业务编号: 664093　凭证号码: 654916181651
用途:信用证保证金
备注:无
附言:无　自助打印，请避免重复
经办:
交易机构: 103210027　交易渠道: 网上银行　交易流水号: 9661584
回单编号:ZGYH20221223001　验证码:315SDF651

打印时间:2022-12-23 00:00:00　打印次数:1

图2–15　支付信用证保证金回单

认知识别　保证金账户的概念

保证金账户是银行为企业开立的一类专门存放信用保证金的结算账户，属于专用存款账户。

风险控制　公司应加强保证金账户的管理

（1）及时开立专用存款账户，保证保证金的及时支付。

（2）公司应建立健全的账户权限管理制度，确保账户的开设、授权经过严格审核和审批。

（3）开立账户后，公司应当保管好全套印鉴章，防止遗失以及被窃取。

八、开证电报文

【场景2–30】2022年12月23日开证银行发送电报文给通知行，交易数据与开证申请表一致。开证电报文部分如图2–16所示。

认知识别　信用证报文

信用证报文就是信用证开立后，议付行或者通知行收到开征行的信用电报的内容。银行间信用证一般是以电报方式发送的，所以把这份电报内容称为报文。

风险控制 收到开证电报文后，企业应当仔细审核电报文的具体内容，保证电报文中的具体信息与信用证开证申请和合同一致。

SWIFT			
Main Reference NO:	LC20221223001	Transaction Reference NO:	LC20221223001
Unit Code:	12706	Operator:	cn001618
Module Name:	IMLC	Function Name:	Issue LC
Transaction Date:	2022-12-23	Transaction Time/eventime:	9：21：12
MT 700			
B1:	Outgoing SWIFT Header 1 FO1 BKCHCNBJA9700000000000		
B2:	Receiver' s BIC Code . The Hongkong and Shanghai Banking Corporation Limited Santos Quay Branch		
27:	Sequence of Total 1/1		
40A:	Form of Documentary Credit IRREVOCABLE		
20:	Documentary Credit Number LC20221223001		
31C:	Date of. Issue 2022-12-23 00：00：00		
40E:	Applicable Rules UCP LATEST VERSION		
31D:	Date and Place of Expiry 221223BRAZIL		
50:	Applicant . GUANGDONG ZHUJIANG PAPER CO.，LTD 258 GUANGMA AVENUE， DONGGUANG，GUANGDONG PROVINCE		
……	……		

注：完整的开证电报文扫码获取。

图 2-16 开证电报文

九、收到并审核提单

【场景2-31】2023年1月2日供应商Santos Pulp Company of Brazil完成货物装船并提交海运提单，提单部分如图2-17所示。其中，quantity（包装件数，每包重量62.6吨）按照合同数量除以62.6计算，其他交易数据与开证申请表一致，托运人信息与合同一致。

认知识别

1. 提单的含义

提单是承运人或其代理人应托运人的要求签发的货物收据，同时也是承运人与托运人之间运输契约的证明。它代表了所载货物的所有权，是一种具有物权特性的凭证。

2. 提单的主要内容

（1）提单编号：一般列在提单右上角，便于工作联系和查核。

（2）托运人（Shipper）：托运人一般为信用证中的受益人（出口商），填写时一般写托运人的名称、地址，必要时也可填写代码。

（3）收货人（Consignee）：收货人处填写收货人的名称、地址，必要时可填写电话、传真或代码。如要求记名提单，此栏可填上具体的收货人的名称；如属指示提单，则填为“To order”或“To order of ×××”。

PRODOC Form BOL–CP　　CONGENBILL EDITION 1994

Shipper　　OCEAN BILL OF LADING BL No.　SITGYUHPG3702

SANTOS PULP COMPANY OF BRAZIL　　TO BE USED WITH CHARTER PARTIES

ZEAL AND TEL：　0055–3138987××××

FAX：　0055–3138987××××

ENTERPRISE CODE：　\　　Reference No.　SITGYUHPG3702

Consignee

TO ORDER

COMBINED TRANSPORT BILL OF LADING

Notify Address

GUANGDONG ZHUJIANG PAPER CO.，LTD

ROOM 110S，NO.1218，YUEYANGAVENUE，YUEYANG CITY

GUANGDONG，CHINA

TEL：　0769–8882××××

……　……　……

COMMODITY：　BLEACHED HARDWOOD PULP

Quantity

286	17,881.99	17,881.99	17,881.99
286	17,881.99	17,881.99	17,881.99

FREIGHT PREPAID

HS CODE：　4701.00.00.01

30 DAYS FREETIME AT DESTINATION

ADMT=CBM

ADMT=　17,881.99

……　……　……

注：完整的海运提单扫码获取。

图 2–17　海运提单

（4）通知方（Notify party）：是指船公司在货物到达目的港时发送到货通知的收件人，有时意为进口商。通知方一般为预定的收货人或收货人的代理人。

（5）船名（Name of Vessel）：填写装运货物的船名及航次。若是已装船提单，必须填写船名；

如是待运提单，待货物实际装船完毕后记载船名。

（6）装货港（Port of Loading）：此栏应填写实际装船港口的具体名称。

（7）卸货港（Port of Discharge）：此栏应填写实际卸下货物的港口具体名称。

（8）交货地（Place of Delivery）：此栏在多式联运方式下填写，表明承运人交付货物的地点，其运输条款可以是：门—门、场—门、站—门。

（9）货名（Description of Goods）：在信用证项下，货名必须与信用证上规定的货名一致。

（10）件数和包装种类（Number and kind of Package）：此栏按箱子的实际包装情况填写。在集装箱整箱货运输下，此栏通常填写集装箱的数量、型号。

（11）毛重、尺码（Gross Weight；Measurement）：信用证上有规定的，必须按规定填写，否则一般以公斤为单位列出货物的毛重、以立方米列出货物的体积。

（12）运费与费用（Freight and Charges）：一般为预付（Freight Prepaid）或到付（Freight Collect）。如CIF或CFR出口，一般均填上“运费预付”字样，千万不可漏填，否则收货人会因为运费未清而晚提货或提不到货。如系FOB出口，则运费可制作“运费到付”字样，除非收货人委托发货人垫付运费。

（13）提单的签发地点、日期：提单签发的地点原则上是装货地点，一般是在装货港或货物集中地签发。提单的签发日期应该是提单上所列货物实际装船完毕的日期，也应该与收货单上大副所签发的日期是一致的。

提单是对外贸易中，运输部门承运货物时签发给发货人的一种凭证。提单是证明海上运输合同成立和证明承运人已接管货物或已将货物装船，并保证运至目的地交付货物的单证。

分析研判 进口企业在收到提单时，应仔细核对提单信息，确保提单上所签发的日期必须与信用证或合同上要求的最后装船期一致或先于装船期。

风险控制 进口企业在对外付款后，要妥善保管提单，因为提单是一种货物所有权凭证，采购方凭提单等单据向海关提货。

任务小结

对于进口采购，企业要对进口供应商的准入实行严格审批，在签订合同前，要充分了解对方的资质、信誉和实力，降低潜在风险。在进口合同中明确装运期限、付款方式、质量标准、违约责任等关键条款，减少后期争议。同时，企业可以请涉外律师对合同条款进行评估和修改，确保合同的有效性。申请开立信用证前，要落实进口批准手续及外汇来源。企业应当熟知信用证开立的流程，保证信用证开立的及时性和准确性。

任务发布

结合进口的相关内容，请同学们完成“信用证开证申请”的填写。

子任务 5　委托加工

【教学重点】委托加工的业务流程。

【教学难点】委托加工的风险控制。

任务导入

【场景 2-32】2023年2月26日，公司采购员卢宛玲根据采购计划，与广东韶关北衡浆纸有限公司签订4,000吨（进口数量不足部分）的阔叶浆委托加工协议。加工不含税单价4,175元/吨，加工物资为型号杨树木2~3cm×0~5mm的木片共计5,200吨，由乙方承担汽车运输，开具13%专用发票，结算方式为签订合同后5天内预付30%，尾款票到（或货到）月结30天，使用电汇或商业承兑汇票付款。具体内容如图2-18所示。

委托加工合同

委托单位（甲方）：珠江纸业股份有限公司　　合同编号：WTXY-CG20230226013

签订地点：东莞市

加工单位（乙方）：广东韶关北衡浆纸有限公司　　签订时间：2023年2月26日

一、加工材料名称、规格、数量、金额。

加工材料名称	规格型号	发出数量	单位
木片	杨树木2~3cm×0~5mm	5,200	吨

二、产成品名称、规格、数量、金额及委托加工费用。

产成品名称	规格型号	入库数量	单位	不含税加工费单价（元）	不含税加工费合计（元）
阔叶浆	800×800	4,000	吨	4,175	16,700,000
合计（元）					16,700,000
价税合计人民币	壹仟捌佰捌拾柒万壹仟元整（￥　18,871,000　）				

三、产品质量：乙方严格按甲乙双方确认的配方和工艺制作，产品质量符合国家标准。

四、交货地点、方式：产成品交货地点珠江纸业股份有限公司仓库，加工材料交货地点在乙方工厂

图 2-18　委托加工合同

认知识别 委托加工是指由委托方提供原料和主要材料（或由生产提供单位自行采购原料），受托方只代垫部分辅助材料，按照委托方的要求加工货物并收取加工费的经营活动。但对于由受托方提供原材料生产的产品，或者受托方先将原材料卖给委托方，然后再接受加工的产品，以及由受托方以委托方名义购进原材料生产的产品，不论在财务上是否作销售处理，都不得作为委托加工产品，而应当按照销售自制产品征收增值税。

委托加工业务必须同时具备以下条件：①委托方和受托方必须签订委托加工书面合同，并且按规定时限报送主管国税机关备案；②委托方和受托方必须按规定设置委托加工业务核算账簿和建立委托加工材料进出仓制度；③受托方必须开具加工费发票，委托方必须以加工费发票作为原始凭证进行账务处理，加工费必须按规定形式支付。其具体流程如图2-19所示。

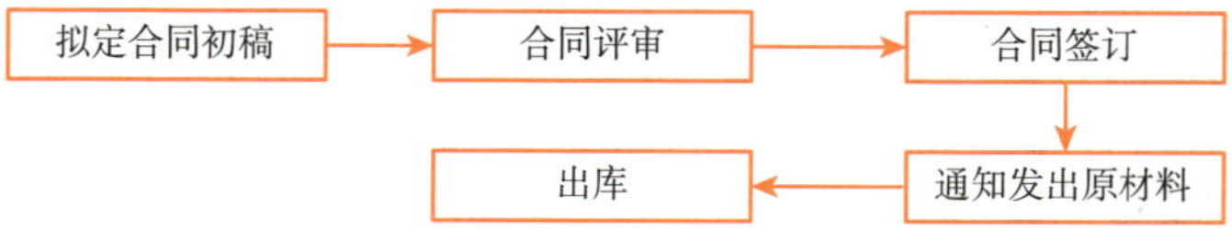

图 2-19 委托加工业务流程图

风险控制 公司《物资仓储管理制度》第三条规定了委托加工单位材料管理具体情况如下：①接到采购中心或进出口采购员通知材料转运代加工单位加工的发料单后，仓储部保管员将材料按不同途径船运或汽运转运到加工单位，发料单需有采购员和部门负责人签字审核。②仓储部保管员在将材料发送到加工单位时，需开具委托加工出库单，加工单位保管员收货后与仓储部保管员确认材料品种、规格、数量，并将收到的准确数据在委托加工出库单上签字或盖章确认。③加工单位加工后的产品，必须通知仓储部保管员确认后，方能发货出库。在收到货时，仓储部保管员需根据计划逐一核对进行验收，产品不符合质量、数量要求时，也应及时将信息反馈给采购员和相关的职能部门，并在送货单上签收实收数量。④质检部门质检员必须按验收管理中相关质检规定进行质检，仓储部保管员应对已检合格的产品记入仓储台账，并开具委托加工入库单，采购员需对委托加工入库单进行核对，委托加工入库单由保管员和验收员、采购员共同签字生效。

任务实施

一、拟定合同初稿

双方根据《委托加工协议》编制委托加工合同初稿，完善委托加工合同条款，形成委托加工合同初稿。

【场景2-33】 2023年2月26日，公司采购员卢宛玲与广东韶关北衡浆纸有限公司在东莞市签订编号WTXY-CG20230226013的委托加工合同，根据委托加工协议拟定委托加工合同初稿，开户银行采用基本账户（部分见图2-20）。

认知识别　委托加工合同是指由委托方（也称为定做人或买方）与受托方（也称为承揽人或卖方）签订的，明确双方在委托加工业务中各自权利、义务和责任的法律文件。

分析研判　在合同初稿阶段，应梳理前述环节的关键控制点是否在合同中体现。可以根据企业目前实际情况，增加部分协商性条款，比如结算方式、交货地点、交货方式、运输方式等。

风险控制　合同条款表述应明确，避免产生歧义；应符合法法律法规的要求，避免产生法律纠纷；应明确支付条款和终止条件，避免产生争议。

委托加工合同

委托单位（甲方）：珠江纸业股份有限公司　　合同编号：WTXY-CG20230226013

签订地点：东莞市

加工单位（乙方）：广东韶关北衡浆纸有限公司　　签订时间：2023年2月26日

一、加工材料名称、规格、数量、金额。

加工材料名称	规格型号	发出数量	单位
木片	杨树木2~3cm×0~5mm	5,200	吨

二、产成品名称、规格、数量、金额及委托加工费用。

产成品名称	规格型号	入库数量	单位	不含税加工费单价（元）	不含税加工费合计（元）
阔叶浆	800×800	4,000	吨	4,175	16,700,000
合计（元）					16,700,000
价税合计人民币	壹仟捌佰捌拾柒万壹仟元整（￥　18,871,000　）				

三、产品质量：乙方严格按甲乙双方确认的配方和工艺制作，产品质量符合国家标准。

四、交货地点、方式：　产成品交货地点珠江纸业股份有限公司仓库，加工材料交货地点在乙方工厂

……　　……

十三、其他约定事项

……

十四、本合同经双方签字、盖章后生效，传真件具有同等的法律效力。

甲方：	珠江纸业股份有限公司	乙方：	广东韶关北衡浆纸有限公司
单位地址：	广东省东莞广麻大道258号	单位地址：	韶关市武江区工业中路19号
法定代表人：	王旗	法定代表人：	何善明
代理人：	卢宛玲	代理人：	李文
电话：	1367782××××	电话：	1884523××××
传真：	0769-8882××××	传真：	0751-8378××××
开户银行：	中国工商银行东莞市长安支行	开户银行：	中国建设银行武江区支行
账号：	190132241245563××××	账号：	623632637251280××××
税号：	91441900MA3CCA××××	税号：	91440221MA8529××××

注：完整委托加工合同初稿扫码获取。

图 2-20　委托加工合同初稿

二、合同评审

采购部门草拟合同后提交上级领导进行合同评审确认。

【场景2–34】采购员卢宛玲对签订的加工采购协议进行审批，审批内容为质量指标、技术指标、财务、合法性，审批人卢云茜、魏英、钟淮敏、戴莉珺、王旗。审核要点及流程与零星采购合同评审一致。完整合同评审表扫码获取。

风险控制 各部门负责人应按照评审要点逐条比对审核并签字确认，明确责任。

三、合同签订

经评审确认后，双方签订正式委托加工合同，加盖公章。

【场景2–35】2023年2月26日公司采购员卢宛玲与广东韶关北衡浆纸有限公司在东莞市签订正式合同，在通过评审的合同初稿上加盖公章。合同内容与初稿一致。完整正式委托加工合同扫码获取。

认知识别 委托加工合同应包括以下基本内容：

（1）委托加工合同必须明确委托企业负责全部产品销售；

（2）合同中应有委托加工产品标注方式的条款；

（3）依照《合同法》应包括的内容，如当事人的名称和住所，标的，数量，质量，价款或者报酬，履行期限、地点和方式，违约责任，解决争议的方法等。

风险控制 确保正式合同的内容与委托加工协议、合同初稿以及评审过程中的讨论保持一致。

四、通知发出原材料

签订正式委托加工合同后，采购中心根据委托加工合同签订的数据填写加工材料发货单，由部门负责人进行审核。

【场景2–36】采购员卢宛玲根据加工合同签订的数据填写加工材料发料单，由卢云茜审核（见表2–18）。

表2–18 委托加工发料单

加工单位：	广东韶关北衡浆纸有限公司	委外加工合同编号：	WTXY–CG20230226013	日期：	2023年2月27日	编号：	FLD–CG20230227147
联系人：	李文	联系电话：	1884523××××	材料交货日期：	2023年3月1日	材料交货地址：	韶关市武江区工业中路19号

序号	材料品名	规格型号	单位	数量	加工产品名称	加工产品规格型号	质量要求	完成加工日期	完成加工产品交货地址
1	木片	杨树木 2~3cm×0~5mm	吨	5,200	阔叶浆	800×800	国家标准	2023年3月26日	珠江纸业股份有限公司

审核：　　　　制单：卢宛玲

续表

日期	部门	岗位	人员	意见	备注
2023 年 2 月 27 日	采购中心	经理	卢云茜	同意	

认知识别　委托加工材料发料单指工业企业为了办理委托加工材料时发出材料的一种发料凭证，也叫“外加工发料单”。它要在发料凭证中突出表明“委托加工”字样，同时，还要记录加工单位、加工要求、完成加工日期等情况。如果企业委托加工材料不多，也可用一般领料单代替，但必须把以上情况在领料单上注明，以备考察。

分析研判　发料单的填制与审核

《物资仓储管理制度》第三条规定了委托加工单位材料管理具体情况，包括各级部门对发料单的填制与审核的权限。

风险控制　发料单需有采购员和部门负责人签字审核，确保发料单与委托加工合同的内容一致。

五、出库

接到采购中心签字审核好的委托加工发料单后，仓储部保管员根据发料单的数据填写出库单。

【场景 2-37】张文根据发料单填写出库单，运输车（船）号：粤 F21058，承运人：孙吉，发货人：张文。出库单如表 2-19 所示。

表 2-19　委托加工出库单

珠江纸业股份有限公司

委托加工出库单

委外合同号：WTXY-CG20230226013　　编号：CKD-CG20230227058

加工单位：广东韶关北衡浆纸有限公司　　日期：2023 年 3 月 1 日

加工材料品名	规格型号	单位	数量	期初单价（元）	计划单价（元）	加工产品名称	加工产品规格型号
木片	杨树木 2~3cm × 0~5mm	吨	5,200	1,215.47	1,215.47	阔叶浆	800 × 800

运输车（船）号：粤 F21058　　承运人：孙吉　　发货人：张文　　收货人（或签章）：

风险控制　仓储部保管员在将材料发送到加工单位时，需开具委托加工出库单，加工单位保管员收货后与仓储部保管员确认材料品种、规格、数量，并将收到的准确数据在委托加工出库单上签字或盖章确认。

任务小结

委托加工风险控制要确保选对委托加工方，避免信息不对称造成的决策失误。需严格评估加工企业资质，确保其能满足项目要求。审核委托加工协议的具体内容，确保其能符合公司委托加工业务的要求。合同签订前，进行充分的法律审查和风险评估。加强委托加工合同的规范性，明确双方责任与义务。实施科学的合同管理制度，加强对合同的监督与管理，确保合同的履行。通过这些措施，可以在委托加工业务中有效降低风险，保证委托加工业务的顺利完成。

任务发布

结合委托加工的学习内容，请同学们完成“委托加工发料单”的填写。

任务3　采购方式

【教学重点】公开招标、邀请招标、竞争性谈判、单一来源采购及框架协议采购的业务流程。

【教学难点】不同采购方式下的风险控制。

子任务1　公开招标

【教学重点】公开招标采购的业务流程。

【教学难点】招标文件的编制，公开招标下的风险控制。

任务导入

【场景2–38】2022年12月26日，党政办刘春雨对公司各部门、各营销部办公耗材及设备的需求情况进行汇总，将汇总后的数据发送至采购中心，由采购中心提交采购申请单，申请采购办公耗材及设备，采购申请单部分如表2–20所示，采购中心将采用公开招标的采购方式采购办公耗材及设备。

表 2-20 采购申请单

申请日期：2022年12月26日　　　　编号：WLSQD20221226019

采购部门	采购中心					采购项目类别	固定资产/低值耗材		
采购物资明细									
序号	名称	规格	品牌或厂家	单位	请购数量	预计不含税单价（元）	预计不含税金额（元）	需要日期	质量要求
1	笔记本	内存容量4GB DDR42133一个板载4G内存，一个插槽，最大支持20G 颜色黑色CPU酷睿双核i5处理器速度2.5GHz 二级缓存3MB 硬盘容量128SSD SATA串行 独立显卡显存2GB无光驱 屏幕尺寸14英寸显示比例宽屏16∶9 物理分辨率1,920×1,080 屏幕类型LED背光特征TN显示屏 内置蓝牙蓝牙4.1 局域网10/100/1,000Mbps 无线局域网有内置3G 端口：USB2.01个 音频端口耳机、麦克风二合一接口 显示端口HDMI接口；VGAx1RJ45 1个USB3.02个音	惠普	台	20	4,247.79	84,955.75	2023年3月1日	行业标准
……	……	……	……	……	……	……	……	……	……
59	硒鼓	参考型号：CE314A	佳能	个	50	106.19	5,309.73	2023年3月1日	行业标准
预计不含税金额合计（元）	762,721.25								
价税合计（元）	861,875.01								
采购类型	集中采购								
预计其他费用（元）	0								
合计（元）	861,875.01								

采购员：易石欧

日期	部门	岗位	人员	意见	备注
2022年12月26日	采购中心	经理	卢云茜	同意	
2022年12月26日	总经办	副总经理	赵云飞	同意	

注：完整采购申请单扫码获取。

认知识别1 公开招标是指采购人按照法定程序，通过发布招标公告，接收所有潜在的、不特定的供应商参加投标，购人通过招标文件确定的标准，从所有投标单位中择优评选出中标单位，并与之签订采购合同的一种采购方式。

认知识别2 公开招标具体流程如图2-21所示。

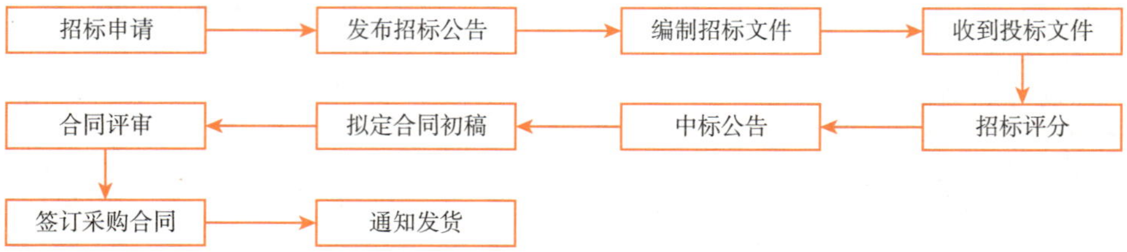

图 2-21 公开招标流程图

分析研判1 公司采购中心根据公司内控制度（《物资采购管理制度》）中对物资采购定价的要求，即采购金额50万元以上的采用集中采购，需要进行招标，采购中心采购员提出招标申请，并通过采购中心→技术中心→监审法务部→财务部→总经办审批，由采购中心组织或招标办招标。由公司采购中心、技术中心、监审法务部、财务部、总经办各派一人组成评标委员会，由评标委员会讨论确定最终招标结果，并形成议标报告，由监审法务部发送中标通知书。

分析研判2 采购申请单中详细列出多个采购项目的信息，包括编号、采购部门、项目类别、物资明细、规格、品牌或厂家、单位、请购数量、预计不含税金额、需要日期以及质量要求。每个采购申请都有可用来追踪的独特编号，不同部门根据需要提出采购申请。采购项目分为固定资产和低值耗材，明细列出了名称、规格、品牌、单位、数量、预计金额、需要日期和质量要求。

质量要求是确保采购物品符合使用标准的关键，可能涉及行业标准和特定参数。遵循行业标准有助于物品符合行业普遍要求。采购申请单使企业能清晰了解采购详情，控制成本，提高采购效率和管理水平。

风险控制 价格波动、供应不稳、质量风险、审批流程问题以及税务发票风险是办公用品采购中常见的挑战。其中，电子产品受多种因素影响，价格易波动，导致实际成本与预算不符。不同品牌和型号的办公用品供应可能受生产、运输和库存影响，出现供应延迟或不稳定的情况。此外，尽管有行业标准规定，但办公用品的质量仍可能不符合预期，特别是关键性产品，如打印机头，其质量不过关可能引发设备故障，造成损失。审批流程中任何环节的延误或错误都可能阻碍采购计划的执行。税务和发票处理不当则可能引发税务风险和法律纠纷。

为应对这些风险，企业应定期调研市场价格，制定合理预算，建立稳定的供应商关系，对关键办公用品进行质量测试，优化审批流程，加强税务和发票管理，确保合规性。

任务实施

一、招标申请

【场景2–39】2023年1月4日，采购中心卢宛玲对党政办提交的物料需求表进行审核，并根据采购管理制度相关条例，进入公开招标流程并进行公开招标申请，招标申请部分如表2–21所示。

表 2–21 招标申请单

发起人：卢宛玲 发起时间：2023年1月4日

<table>
<tr><th colspan="8">招标项目基本情况</th></tr>
<tr><th>材料名称</th><th>数量</th><th>单位</th><th>规格型号</th><th>招标预计单价（元）</th><th>预算总价（元）</th><th>质量要求</th><th>供货时间</th></tr>
<tr><td>笔记本</td><td>20</td><td>台</td><td>内存容量4GB DDR42133一个板载4G内存，一个插槽，最大支持20G
颜色黑色CPU酷睿双核i5处理器速度2.5GHz 二级缓存3MB
硬盘容量128SSD SATA串行
独立显卡显存2GB无光驱
屏幕尺寸14英寸显示比例宽屏16∶9物理分辨率1,920×1,080
屏幕类型LED背光特征TN显示屏
内置蓝牙蓝牙4.1
局域网10/100/1,000Mbps
无线局域网有内置3G
端口：USB2.01个
音频端口耳机、麦克风二合一接口
显示端口HDMI接口；VGAx1RJ45
1个USB3.02个音</td><td>4,800</td><td>96,000</td><td>行业标准</td><td>2023年3月1日</td></tr>
<tr><td>……</td><td>……</td><td>……</td><td>……</td><td>……</td><td>……</td><td>……</td><td>……</td></tr>
<tr><td>硒鼓</td><td>50</td><td>个</td><td>参考型号：CE314A</td><td>120</td><td>6,000</td><td>行业标准</td><td>2023年3月1日</td></tr>
<tr><th>招标方式</th><td colspan="3">公开招标</td><th>招标组织方式</th><td colspan="3">自主招标</td></tr>
<tr><th>拟发布公告媒体名称</th><td colspan="3">珠江纸业股份有限公司网站</td><th>拟发布时间</th><td colspan="3">2023年1月4日</td></tr>
<tr><th>招标工作准备情况</th><td colspan="7">公司内部需求及申请已审核完毕，预计单价已确定</td></tr>
<tr><th colspan="8">推荐委托招标代理机构及情况</th></tr>
<tr><td>……</td><td colspan="3">……</td><td>……</td><td colspan="3">……</td></tr>
</table>

续表

审批意见				
部门	意见	岗位	人员	日期
采购中心	已审核，符合要求	经理	卢云茜	2023年1月4日
……	……	……	……	……
总经办	已审核，符合要求	副总经理	赵云飞	2023年1月4日

注：完整招标申请单扫码获取。

认知识别 招标申请单是采购部门确定采用公开招标方式后，根据企业物资采购管理制度，提交企业各部门审核的书面文件。

分析研判 企业招标申请单的审核必须严格依据物资采购管理制度，逐级进行审批。

风险控制 供应商选择风险、预算管理风险、信息准确性风险、时间管理风险、合规性风险、采购欺诈风险、技术规格不明确风险以及合同管理风险，这些都是采购过程中需要高度关注的风险点。因此，招标人需制定详细计划，明确要求和时间节点，加强供应商调查和评估，严格合同监督管理，确保招标项目顺利进行。

二、发布招标公告

【场景2-40】2023年1月9日，公司通过官网发布2023年度办公用品招标公告，招标公告部分如图2-22所示，招标编号为HNDT-ZB-BG370125201802000028，邀请供应商进行投标，公告中说明2023年1月9日9时00分至2023年1月13日16时00分可获取招标文件，2023年2月1日9时00分至9时30分可递交投标文件，2023年2月1日9时30分开标，标书300元/份，整个招标在公司行政办公楼A栋1028会议室举行。

珠江纸业股份有限公司2023年度
办公用品采购招标公告

珠江纸业股份有限公司就办公用品采购项目进行国内公开招标，现邀请符合条件的潜在投标人参加投标。

一、招标编号/包号：HNDT-ZB-BG370125201802000028

二、采购内容

包号	项目名称
A	电脑、打印机配件

三、投标人资格条件

1.符合《中华人民共和国政府采购法》第二十二条的规定；

2.在中华人民共和国境内合法注册，具有独立承担民事责任的能力；

……

四、获取招标文件

1.时间：2023年1月9日9时00分至2023年1月13日16时00分（北京时间，法定节假日、公休日除外）。

2.地点：珠江纸业股份有限公司行政办公楼A栋1028会议室。

3.方式：在广东省采购信息公开平台注册并报名、注册后，携带以下资料到现场报名并购买招标文件：企业营业执照、……

4.售价：300元/份……

五、公告期限

……

六、递交投标文件时间及地点

2023年2月1日09时00分—09时30分……

七、开标时间及地点

……

八、采购项目联系方式

……

九、采购项目的用途、数量、简要技术要求等详见招标文件

十、采购项目需要落实的政府采购政策详见招标文件

珠江纸业股份有限公司

2023年1月4日

注：完整的采购招标公告扫码获取。

图 2-22　采购招标公告

认知识别　招标公告是指招标单位或招标人通过公开渠道，如官方网站、报纸、杂志等，向潜在投标人发布的关于招标项目的基本信息、招标要求、投标流程以及相关时间节点等内容的正式公告。其目的是吸引有兴趣并具备相应资质的投标人参与竞标，以确保招标项目的顺利进行。

分析研判　公司对办公用品进行了公开招标，涉及电脑、打印机配件等。投标者需具备合法注册、专业技术能力等条件，不接受联合体投标。投标文件需在2023年2月1日09：00—09：30递交，并在同地点开标。招标文件的获取方式、采购项目详情均已在公告中说明。

风险控制　公司需加强对整个招标采购过程的风险管控。首先，严格审核供应商资格，确保其符合公告要求，并重点验证其信用记录，同时拒绝联合体投标。其次，加强招标文件的管理，防止非授权人员接触，并确保招标截止后文件的安全存储。最后，全程监督投标过程，确保公平、公正、公开，并仔细核查投标文件的真实性和完整性。

开标时，应维护投标文件的保密性，并公开、公平地比较和评价所有投标文件。中标后，合同内容需详尽且准确，严格执行合同条款，并密切监督供应商的履约情况，以保障项目质量和进度。最后，完成采购后，进行质量验收和供应商服务质量评估，对不合格的供应商采取相应措施。

三、编制招标文件

【场景2-41】招标办负责编制并确定招标文件，招标文件部分如图2-23所示。招标文件应包含招标公告、供应商须知、项目技术要求、开标评标中标等相关资料。完成编制后，招标文件将在企业网站上发布。

项目编号：ZJZY-ZB-BG-370125201802000028

珠江纸业股份有限公司

办公用品采购

招标文件

采购单位：珠江纸业股份有限公司

日期：2023年1月

目录

注：完整的采购招标文件扫码获取。

图 2-23 采购招标文件部分

认知识别 招标文件是招标过程中由招标人（或称发包人）编制并向潜在投标人发布的一系列文件，旨在明确招标项目的具体要求、条件、程序及合同主要条款等内容，供投标人参考并据此编制投标文件。

分析研判 明确招标项目的基本信息是编制招标文件的首要任务，包括项目名称、地点、规模、投资预算及实施时间等细节。招标文件中的技术标准与质量要求同样重要，必须严格把关。此外，投标要求和评审标准也是招标文件的核心部分，需细致制定。

风险控制 在制定招标文件时，要确保招标文件符合相关法律法规、行业标准及政府采购政策的要求，避免违法违规行为。同时确保招标文件中对所有潜在投标人的资格要求、评审标准、投标程序等一视同仁，避免歧视性条款。

四、收到投标文件

供应商可以在公示期内参与报名，报名时间截止后，企业应按照《招标文件》进行资格审查。企业的竞争性投标要保障三家以上供应商参与投标。如供方不满足竞争要求，建议延期开标。供应商按照招标文件指示与相关要求，将投标文件密封送到指定地点。

【场景 2-42】 2023 年 1 月 23 日，公司收到三家供应商提交的投标文件。其中，东莞晨采商贸有限责任公司的投标文件部分如图 2-24、图 2-25、表 2-22 所示。

珠江纸业股份有限公司办公用品采购项目

ZJZY-ZB-BG-370125201802000028

投标文件

项目编号：ZJZY-ZB-BG-370125201802000028

供应商：东莞晨采商贸有限责任公司（盖章）

法定代表人或委托代理人：江华（签字或盖章）

日期：2023 年 1 月 23 日

图 2-24 投标文件封面

一、投标函

珠江纸业股份有限公司：

经研究，我方决定参加项目名称（包号）珠江纸业股份有限公司办公用品采购项目编号ZJZY-ZB-BG-370125201802000028的公开招标采购项目。我方郑重声明以下诸点，并负法律责任。

1. 我方提交的投标文件，正本一份，副本三份。
2. 如果我方的投标文件被接受，我方将履行招标文件中规定的每一项要求，并按我方投标文件中的承诺按期、保质、保量提供货物。
3. 我方理解，最低报价不是中标的唯一条件，你们有选择中标供应商的权利。
4. 我方愿按《中华人民共和国民法典》履行自己的全部责任。
5. 我方同意按招标文件规定交纳投标保证金、中标服务费，遵守贵机构有关采购的各项规定。

图 2-25　投标函部分

表 2-22　　开标一览表

供应商名称（加盖公章）：东莞晨采商贸有限责任公司

单位：元

项目名称	珠江纸业股份有限公司办公用品采购
项目编号	ZJZY-ZB-BG-370125201802000028
总报价	大写：捌拾叁万柒仟捌佰柒拾伍元 小写：837,875.00元
接到采购人通知后，供货安装时间	15日内
项目负责人	江华
质保期	2年
对招标文件的认同程度	认同

授权代表现场确认签字：

此唱标单内容尽量充实，但不要加附页，一式3份，3份单独密封（与投标文件同时递交）。

注：完整的投标文件及另外两家供应商的投标文件扫码获取。

认知识别

1. 投标文件

投标文件是投标人根据招标文件的指示和要求，结合自身实际情况，编制而成的具有法律效力的文件。它包含了投标人参与竞标所需提供的所有必要信息，是评标委员会评审和选择中标人的重要依据。

2. 投标函

投标函是投标人向招标人提交的重要文件，用于表达投标人参与项目竞标的意愿、确认已充分理解招标文件要求、承诺按照招标文件的规定提交投标文件并接受合同条款。

分析研判　开标一览表是招投标过程中的关键文件之一，记录了投标单位的投标情况，包括项目信息、投标人名称、投标报价等。开标一览表在招投标过程中扮演着至关重要的角色，它是开标时用于唱标和评标的重要表格，能够确保招投标过程的透明度与公正性。

风险控制 供货时间风险：根据表2–22的信息，供应商需在接到采购人通知后的15日内完成供货。若供应商无法按时履行供货义务，可能导致交货延误，影响采购方的正常生产。

质保期风险：质保期为“2年”意味着供应商需对商品在质保期内的质量问题负责。但这也要求采购方在此期间内对商品进行必要的维护和监控，确保其稳定运行。若商品在质保期内出现大量质量问题，采购方可能面临额外的成本和风险。

文件内容真实性风险：虽然招标文件中展示了供应商的公章和项目详细信息，但无法直接验证其真实性。存在伪造或篡改文件的风险，因此需要在后续的审查过程中严格核实文件内容的真实性。

五、招标评分

【场景2–43】2023年2月1日，招标现场由公司评标委员会针对投标文件相关内容与招标要求偏离度及其他要求标准等内容进行评分。公开招标评分表部分如表2–23、表2–24所示。

表 2–23　公开招标评分表

评分包别：A包

项目：珠江纸业股份有限公司办公用品采购
项目编号：ZJZY–ZB–BG–370125201802000028

评审项目	评分标准	分值	基准值	东莞晨采商贸有限责任公司	广东鼎晟贸易有限责任公司	广东中达电子贸易有限责任公司
1.投标报价	报价得分的确定（报价得分小数点后保留两位）价格评分仅限于有效供应商，采用低价优先法计算，即满足招标文件要求且投标报价最低的投标报价为评标基准价，其价格分为满分（35分）	35分	387,300	387,300	407,100	425,400
	其他供应商的价格分统一按照下列公式计算		投标报价得分=（评标基准价 ÷ 投标报价）×35			
	投标报价得分=（评标基准价 ÷ 投标报价）×35		评分	35	33.3	31.87
2.产品配置、性能、技术参数等情况	评审专家根据各供应商所投设备配置方案合理性、性能指标，是否具有先进性、可靠性、扩展性、兼容性、系统设备搭配合理性以及市场占有率等分三个档次：一档得12~15分；二档得9~12分；三档得4~9分	42分	评分	9	10	12
	……		……	……	……	……
3.服务承诺	……	……	……	……	……	……
4.投标文件的制作情况	……	……	……	……	……	……
	得分			85	76.3	64.87

续表

评审签名	王玉、张文龙、李国兴、王淋帆、王思思
定标意见	根据评委组评分意见，兹定东莞晨采商贸有限责任公司为中标人
时间	2023年2月1日

注：完整的公开招标评分表（A包）扫码获取。

表 2-24　　公开招标评分表

评分包别：B包

项目：珠江纸业股份有限公司办公用品采购

项目编号：ZJZY-ZB-BG-370125201802000028

评审项目	评分标准	分值	基准值	东莞晨采商贸有限责任公司	广东鼎晟贸易有限责任公司	广东中达电子贸易有限责任公司
1.投标报价	报价得分的确定（报价得分小数点后保留两位）价格评分仅限于有效供应商，采用低价优先法计算，即满足招标文件要求且投标报价最低的投标报价为评标基准价，其价格分为满分（35分）	35分	450,575	450,575	469,515	450,875
	其他供应商的价格分统一按照下列公式计算		投标报价得分=（评标基准价 ÷ 投标报价）×35			
	投标报价得分=（评标基准价 ÷ 投标报价）×35		评分	35	33.59	34.98
2.产品配置、性能、技术参数等情况	评审专家根据各供应商所投设备配置方案合理性、性能指标，是否具有先进性、可靠性、扩展性、兼容性、系统设备搭配合理性以及市场占有率等分三个档次：一档得12~15分；二档得9~12分；三档得4~9分	42分	评分	10	8	8
	……		……	……	……	……
3.服务承诺	……	……	……	……	……	……
4.投标文件的制作情况	……	……	……	……	……	……
	得分			87	82.59	77.98

评审签名	王玉、张文龙、李国兴、王淋帆、王思思
定标意见	根据评委组评分意见，兹定东莞晨采商贸有限责任公司为中标人
时间	2023年2月1日

注：完整的公开招标评分表（B包）扫码获取。

认知识别　招标评分表是用于评估各投标人提交的投标文件，并根据预设的评分标准对投标人进行打分，以确定最终中标者的工具。

分析研判　在编制评分标准时，要制定科学合理的评分标准，明确评分项目，细化评分细则。在填写招标评分表时，要清晰界定评分指标及其权重，规范评分表的格式和填写方式，重视评分结果的汇总并对结果进行深入分析。

风险控制 确保评标过程的公正性，招标方应当组建专业评标委员会，选择具备相关专业知识和经验的评标专家组成评标委员会，确保评标工作的专业性和公正性。应该独立评标，建立相互分离的评委独立评标室，确保评委在评标过程中不受外界干扰，独立、客观地进行评分。

六、中标公告

【场景2–44】2023年2月6日，依据招标文件公示要求，公司对确认完毕的中标单位进行公示，中标公告如图2–26所示。

珠江纸业股份有限公司2023年度
办公用品采购招标中标结果公告

一、招标编号/包号：ZJZY–ZB–BG–370125201802000028/A包/B包

二、中标人信息

中标人	中标价格
东莞晨采商贸有限责任公司	837,875.00元

三、监督部门

本项目监督部门为珠江纸业股份有限公司监审部

四、公告期限

2023年2月6日至2023年2月9日。

五、联系方式

1.招标人：珠江纸业股份有限公司

2.地点：广东省东莞广麻大道258号

3.联系人：尤先生

4.电话：0769–8882××××

5.电子邮箱：hndtzyzb@163.com

注：本公告一并于公司官网发布。

珠江纸业股份有限公司

2023年2月6日

图 2–26 中标公告

分析研判 中标公告明确标注了招标编号为ZJZY–ZB–BG–370125201802000028，分为A包和B包，以便准确识别。中标结果为东莞晨采商贸有限责任公司，中标金额为837,875.00元。监督部门为珠江纸业监审部，由其保障招标公正透明。公告期限为2023年2月6日至2月9日，确保时效。联系方式包括招标人名称、地址、联系人、电话及邮箱。公告同时在公司官网发布，方便获取信息。此公告涵盖了招标信息、中标结果、监督部门、公告期限、联系方式及发布渠道等关键内容。

风险控制 合同履约风险是采购过程中的关键环节，中标方东莞晨采商贸能否如期且优质地供应办公用品，对公司至关重要。任何履约失误都可能给公司带来不必要的损失。

支付风险方面，公司需严格按照合同约定的时间节点支付货款，避免因支付问题引发纠纷，影响双方合作关系。

同时，供应商的稳定性也是潜在的风险点。东莞晨采商贸的经营状况和业务稳定性直接关系到其供货能力，公司应密切关注其动态，确保供货稳定。

此外，质量管控风险同样不容忽视。办公用品的质量直接关系到员工的工作效率和使用体验，一旦出现质量问题，不仅会影响工作效率，还可能增加额外的维修和更换成本。

最后，合规风险也是必须重视的方面。整个采购过程必须严格遵守国家法律法规和公司内部政策，确保合规操作，避免法律风险。

为降低上述风险，公司需进一步完善合同管理和质量控制体系，加强与中标方东莞晨采商贸的沟通协作，确保合同顺利执行，保障采购项目的成功完成。

拟定合同初稿、合同评审、签订采购合同以及通知发货流程同零星采购。合同初稿、合同评审、正式采购合同以及发货通知单扫码获取。

任务小结

公开招标是一项复杂而严谨的工作，需要在各个环节都保持高度的审慎和责任感。只有确保招标过程的公正、公平和透明，才能吸引更多优质企业参与竞争，推动行业健康发展。因此，在进行公开招标时，务必注重每一个细节，确保招标工作的顺利进行。

任务发布

请结合公开招标的学习任务，完成《招标文件》的填写。

子任务 2 邀请招标

【教学重点】邀请招标的业务流程。

【教学难点】邀标文件的编制，邀请招标过程中的风险控制。

任务导入

【场景2-45】公司与连云港湘云煤炭交易中心签订了一年期框架协议（见图2-27），公司于2023年1月20日确定2月煤炭的采购计划为37,103.14吨，采购中心已通过采购流程与连云港湘云煤炭交易中心签订了一份供货合同，确定对方提供煤炭25,903.14吨。剩下11,200吨拟采用邀请招标的方式进行采购，确保2023年2月28日供货。

采购框架协议

购货单位（甲方）：珠江纸业股份有限公司　　协议编号：XY20221223002　　签订地点：东莞市

供货单位（乙方）：连云港湘云煤炭交易中心　　签订时间：2022年12月23日

根据《中华人民共和国民法典》之规定，甲方与乙方就协议采购事项，签署本框架协议。

第一条协议供货产品货物名称、型号规格、品牌、原产地、单价

序号	货物名称	规格型号	质量要求	品牌	含税单价（最高限价）（元）
1	煤炭	烟煤	行业标准	—	1,149.89

第二条　协议期限

本协议有效期为 1年 ，自 2022年12月23日 起至 2023年12月22日 止。

第三条　协议价格与合同价格

1.本协议价格为乙方提供协议产品的最高限价，在协议的有效期内甲方与供货商确定结算合同价格。

2.供货商的报价不得高于最高限价，且应低于同期市场平均价（或为新疆地区最低销售价）。

3.供货商为供货而发生的所有费用（税金、运费等）均应包含在货物价款中，甲方不再另行支付其他任何费用。

图 2–27　采购框架协议

认知识别

1. 采购框架协议的含义

采购框架协议是一种在特定时期内，为单个交易提供框架性指导的长期合作协议。

2. 邀请招标的特殊性

邀请招标是一种特殊的招标方式，它适用于一些特定情况，如项目技术复杂、有特殊要求或者自然地域环境限制，使得只有少数供应商能够满足招标条件。这种方式下，采购人会选择不少于三家符合条件的供应商发出投标邀请书，然后从这些被邀请的供应商中通过竞争性过程选定中标者。

3. 邀请招标的步骤

邀请招标的步骤主要包括发布投标邀请、分发投标文件、开标与评标、中标公示、合同签订。其具体流程如图2–28所示。

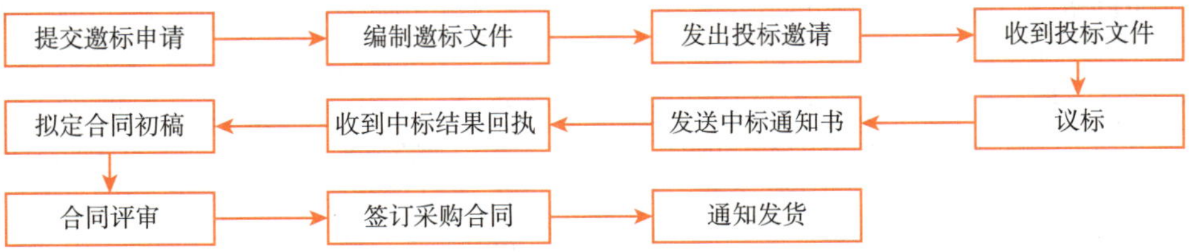

图 2–28　邀请招标流程图

分析研判　采购方式的选择

《中华人民共和国政府采购法》第二十九条规定了关于邀请招标的具体情形：①技术复杂、有

特殊要求或受自然环境限制；②公开招标费用占比过大；③涉及国家安全、国家秘密或抢险救灾，适宜招标但不适合公开招标的。但如果需要紧急采购特定的商品或服务，无法通过其他方式获得，或者需要向原供应商或承包商采购替换零配件的情形，经过批准仍然可以采用邀请招标的方式。

由于煤炭是公司日常经营中需求量较大的一种原材料，而当地不是产煤区，由于其运输时间长、供货对象有限、质量指标要求高等，为了提高效率，保证稳定生产，符合国家规定的可以采用邀请招标的方式。因此，针对以上情形，决定采用邀请招标的方式进行采购。

风险控制1 煤炭作为一种主要原材料，为了保证其供货质量、供应能力和供货时间，通常采用从已有的合格供应商中进行邀请招标的方式，避免企业产生停产风险。

风险控制2 公司应收集数据，利用数学模型和预测工具进行需求预测。根据预测结果，建立合理的安全库存制度，以应对突发需求或供应中断。必要时增加新供应商入库，以避免缺货风险。

任务实施

一、提交邀标申请

【场景2-46】2023年1月20日，采购中心卢宛玲向招标办提交邀标申请（部分见表2-25），预计从供应商库中选择5家合格供应商，自行办理邀请招标。现卢宛玲根据采购中心提交的“采购申请单”编制“邀标申请单”，并提交审核。已初步拟定邀标文件，公司内部已进行内部审核并修改，邀标预计单价公司内部已经评审并确定。

表2-25 邀标申请

发起人：卢宛玲　　　　发起时间：2023年1月20日

<table>
<tr><th colspan="8">招标项目基本情况</th></tr>
<tr><th>材料名称</th><th>数量</th><th>单位</th><th>规格型号</th><th>招标预计单价（元）</th><th>预算总价（元）</th><th>质量要求</th><th>供货时间</th></tr>
<tr><td>煤炭</td><td>11,200</td><td>吨</td><td>烟煤</td><td>848</td><td>9,497,600</td><td>行业标准</td><td>2023年2月28日</td></tr>
<tr><td>招标方式</td><td colspan="4">邀请招标</td><td>招标组织方式</td><td colspan="2">自行办理招标</td></tr>
<tr><td>拟发布公告媒体名称</td><td colspan="4">珠江纸业股份有限公司网站</td><td>拟发布时间</td><td colspan="2">2023年1月20日</td></tr>
<tr><td>招标工作准备情况</td><td colspan="7">……</td></tr>
<tr><td colspan="8">推荐委托招标代理机构及其情况</td></tr>
<tr><td colspan="8">……</td></tr>
<tr><td colspan="8">审批意见</td></tr>
</table>

续表

日期	部门	岗位	人员	意见	备注
2023年1月20日	采购中心	经理	卢云茜	已审核，符合要求	
……	……	……	……	……	
2023年1月20日	总经办	副总经理	赵云飞	已审核，符合要求	

注：完整邀标申请表扫码获取。

【场景 2–47】公司采购中心对供应商库的8家煤炭供应企业进行信用等级评定。设置相应的技术指标和经济指标，进行综合评价，最终筛选出得分最高的5个邀标对象（见表2–26）。

表 2–26　　邀标列表

日期	供应商名称	联系人	地址	电话	平均价格比率得分	最低价格比率得分	质量合格率得分	退货率得分	交货准时率得分	按时交货量率得分	配合度得分	信用度得分	管理情况	总分	所属等级
2023年1月20日	连云港湘云煤炭交易中心	郭成	连云港市海州区朝阳东路125号	1581613××××	6	6	15	12	8	9.98	4	3.33	7	71.31	B
2023年1月20日	山西省路山煤化有限责任公司	张文	山西省大同市云冈区校南街182号	1551751××××	10	8	15	15	10	10	5	5	8	86	A
2023年1月20日	湖南长春矿业有限责任公司	李和	湖南省娄底市冷水江市金竹西路152号	1372351××××	10	8	15	15	10	10	5	5	9	87	A
2023年1月20日	陕西永虹煤业有限责任公司	刘忠	陕西省西安市碑林区西五道巷25号	1582546××××	10	8	15	15	12	10	5	5	8	88	A
2023年1月20日	贵州合顺煤业有限责任公司	孟妮	贵州省六盘水市钟山区钟山中路268号	1552867××××	10	8	15	15	10	10	4	5	8.5	85.5	A
2023年1月20日	贵州宏力矿业有限责任公司	姜媚	贵州省安顺市西秀区蔡官路369号	1378265××××	10	8	15	15	10	10	5	5	7.5	85.5	A
2023年1月20日	平顶山安兴煤业有限责任公司	伍墨芬	河南省平顶山市郏县东城街道行政路1159号	1382867××××	6	6	15	10	10	9.98	4	3.33	8	72.31	B
2023年1月20日	郑州裕泰矿业有限责任公司	李灯	郑州市中原区中原西路2259号	1552654××××	8	6	15	10	10	9.96	4	3.33	7	73.29	B

认知识别　邀标申请单是采购部门确定采用邀标申请方式后提交企业各部门审核的书面文件。

风险控制　企业对于重要的供应商至少每半年要进行一次等级评定，以大数据手段获取实时数据，从信用历史、财务稳定性、价格比率、供货能力等方面进行等级划分。供应商信用等级评定对企业而言极为重要，它能帮助企业筛选出信用良好的供应商，建立稳定的合作关系，降低潜在的财务损失和运营风险。

二、编制邀标文件

招标办编制邀标文件并在指定网站上发布。邀标文件应包含邀请书、投标人须知、评分标准项目、技术条款、投标文件等相关资料。

【场景2-48】 编制并确定邀标文件，并于2023年2月1日至2023年2月15日发售邀请编号为ZB202302001、项目名称为2023年2月煤炭采购的邀标文件，部分邀标文件如图2-29所示。

第一部分　招标书

珠江纸业股份有限公司采购中心根据珠江纸业股份有限公司生产需要，决定对2023年2月生产所需煤炭进行邀清招标。

1.招标编号及项目名称：ZB202302001、2023年2月煤炭采购。

邀标文件发售：2023年2月1日至2023年2月15日，每天9：00–12：00、14：00–17：00发售，本邀标文件售价为1,000元人民币，售后不退。

2.招标时间。

投标文件递交时间：2023年2月16日上午8：00—9：30

开标时间：2023年2月16日上午10：00

投标单位资格审验时间：投标当日对投标单位进行资格审验，投标人必须携带有效身份证件

3.招标方：珠江纸业股份有限公司；

承办方：珠江纸业股份有限公司；

需方：珠江纸业股份有限公司；

供方：在投标阶段为投标单位，在中标并签订合同后为中标供应商。

4.招标内容：采购产品为煤炭，规格型号烟煤，计划采购量11,200吨，此采购量是根据2月份生产全部开机的量，具体招标量可能会有变化。

5.招标、开标地址：广东省东莞广麻大道258号。

招标联系人：罗芬如

……

<table>
<tr><th colspan="2">评分项目</th><th>评分标准</th></tr>
<tr><td rowspan="2">价格</td><td>焦煤报价</td><td>报价得分=30–25×［（投标报价–最低报价）÷（最高报价–最低报价）］</td></tr>
<tr><td>资金实力及财务状况</td><td rowspan="2">资产负债比率≤55%：10分
55%<资产负债比率≤60%：8分
60%<资产负债比率≤65%：6分
65%<资产负债比率≤70%：3分
70%<资产负债比率：0分
……</td></tr>
<tr><td>……</td><td>……</td></tr>
</table>

注：完整邀标文件扫码获取。

图2-29　邀标文件部分

认知识别　邀标文件是指招标人或招标代理机构为了进行邀请招标编制的一套文件，用于向潜

在投标人提供关于招标项目的所有必要信息，并规定投标人在投标过程中需要遵守的标准和程序。

分析研判 评分标准中需计算资产负债比率，此指标来源于财务报表，资产负债率是总负债与总资产的百分比，其计算公式如下。

资产负债率 =（总负债 ÷ 总资产）× 100%

资产负债率反映总资产中有多大比例是通过负债取得的。它可用于衡量企业清算时对债权人利益的保障程度。资产负债率越低，偿债能力越强，企业的经营风险和财务风险越低，供货能力越有保障。

风险控制 1 邀标的具体工作由招标办完成，在编制邀标文件时应对照采购部门提交的邀标申请，确保技术要求、到货时间等，明确双方的权责。

风险控制 2 在特定情况下，邀标文件评分标准的控制点可以设置为“交期”，明确每一节点的时间，防范不按时供货的风险。

在特定情况下，可将质量标准、供货能力等作为评分标准的控制点，价格不是唯一的因素。

风险控制 3 邀标文件中评分标准的设定应响应关键的技术指标和经济指标，并加上约束条款。评分标准的设定是采购执行事前控制的关键管控点。

三、发出投标邀请

【场景 2–49】公司拟向筛选出的5家供应商发出投标邀请，但通过电话联系，其中的贵州宏力矿业有限公司表示无法按要求及时供货。向山西省路山煤化有限责任公司发出的投标邀请函部分如图2–30所示。

投标邀请函

山西省路山煤化有限责任公司：

珠江纸业股份有限公司对2023年2月煤炭采购进行招标（集采、供意向的确定），兹邀请合格供应商前来洽谈。具体邀请如下：

一、采购要求

1.产品要求：产品质量需符合相关国家标准或行业标准，需提供相关产品的质量认证证书或检测试验报告等，产品技术规格需提供相应产品的技术说明书。

2.采购数量：11,200吨。

3.供货时间：2023年2月28日。

二、招标须知

1.供应商资质：具备有效的煤炭经营许可证，注册资金不少于5,000万元，且具有独立法人资格。

2.投标文件包含内容：

（1）投标承诺书、法定代表人授权委托书、……

……

5.邀标文件发售时间：2023年2月1日至2023年2月15日，每天9：00—12：00、14：00—17：00。

6.投标时间：2023年2月16日上午8：00—9：30。

7.开标时间：2023年2月16日上午10：00。

8.通讯地址：广东省东莞广麻大道258号；联系人：罗芬如。

9.保证金：领取投标文件时必须缴纳180,000元投标保证金，开标后未中标单位7日内无息退还，中标单位转为合同履约保证金，按要求履约合同后无息退还，

……

三、其他事项

1.中标单位开始供货后，采购方将安排专人验收，采取随机称重、化验的保障措施，如发现问题采购方有权随时终止合同，中标单位必须承担由此产生的一切后果。

……

采购人：珠江纸业股份有限公司

联系人：罗芬如

日期：2023年1月22日

注：完整投标邀请函及其余邀请函扫码获取。

图 2-30 投标邀请函

认知识别 投标邀请函是招标单位在邀请招标时，向有关单位发出的邀请其参加投标的一种文书。

分析研判 根据供应商的资质和业绩，招标办向合格供应商库中4家企业发出投标邀请函。

风险控制1 制作投标邀请函时应合法合规，明确投标时间、开标时间、开标地址，不能影响交货。同时要求对方在限定时间内交纳足额的保证金，来约束投标人的履约行为，考察投标人的信用。

风险控制2 招标办在发邀请函时，需要核查被邀请单位之间的关联关系，防止串标。

四、收到投标文件

供应商可在公示期内参与报名，报名时间截止后，应按照《邀标文件》对企业进行资格审查。企业的竞争性投标，要保障同档次的供应商参与竞争，要保障三家以上供应商参与投标。如供方不满足竞争要求，建议延期开标或修改邀请要求。供应商按照邀标文件指示与相关要求，将投标文件密封送到指定地点。

【场景2-50】2023年2月16日，收到4家供应商发来的投标文件。其中，山西省路山煤化有限责任公司发来的投标文件部分如图2-31所示。

投标文件

招标编号：ZB202302001

投标单位：山西省路山煤化有限责任公司

法定代表：李心

目录：

一、投标承诺书

二、投标书
三、法定代表人授权书（原件）
四、法定代表人或其授权代表身份证件复印件
五、投标报价一览表
六、近两年集团类或大型企业年度供货业绩表
七、投标人概况
八、投标保证金
九、投标人资质证明文件

投标承诺书

珠江纸业股份有限公司：

我方根据已收到贵公司关于ZB202302001采购邀标文件，经研究决定就以下内容分别做出承诺：

1.具有独立承担民事责任的能力；

2.具有良好的商业信誉和健全的财务会计制度

3.我方已理解了该邀标文件的全部内容，决定参加投标，并保证按邀标文件要求完成招标材料的制造、供应、技术服务等全部工作；

4.我方承诺我们的投标文件中有关资格资信的证明文件、技术文件及相关陈述全部是真实的准确的，若有违背，我方将承担由此造成的一切后果；

5.我方保证我们的投标报价不存在低于成本的恶意报价行为或恶意抬价行为；

6.如果我方中标，我们将按邀标文件规定的内容和投标文件的相关内容与招标人签订合同；

7.如果我方中标，我方保证在邀标文件规定的日期内交货；并保证我们的供货物资及相关服务满足邀标文件要求。

8.我们愿意按邀标文件规定交纳投标保证金及遵守邀标文件中有关规定。

投标单位：山西省路山煤化有限责任公司
法人授权代表：张文
日期：2023年2月15日

注：完整投标文件及其他三家供应商的投标文件扫码获取。

图 2–31　投标文件部分

认知识别　投标文件是指投标人根据招标文件的要求编制的文件，其目的是参与投标并争取中标。

分析研判　收到对方交来的投标文件，应审核是否一一响应邀标文件，重点审核技术参数、结算方式、交货时间等。

知识拓展　投标方应详细阅读邀标文件，研究划定重点（交期、质量、结算方式等），结合企业自身实力设定技术方案、风控方案、价格方案、结算方式、运输方式、承诺条款等，响应评分标准，拟定投标文件。

风险控制　邀标时应进行事前、事中控制。事前控制：对投标人进行资格审查，审查的严格程度随项目的重要性和金额增加；事中控制：确保投标文件在开标前的完整性，杜绝泄密的可能性。

五、议标

根据邀请文件的评分标准制定《议标报告》。

【场景2–51】2023年2月16日，在招标办员工罗芬如的主持下，公司完成2023年2月煤炭采购开标。公司根据投标文件及邀标文件对各供应商的价格、质量、结算方式、服务、管理等进行议标并编制议标报告，完成评分，确定中标单位。议标报告部分如图2–32所示。

议标报告

日期	2023年2月16日	议标地点	珠江纸业股份有限公司	主持人	罗芬如
项目名称	2023年2月煤炭采购				
参与单位					
序号	单位名称	联系人	联系方式	纳税规模	增值税税率
1	山西省路山煤化有限责任公司	张文	1551751××××	一般纳税人	13%
2	湖南长春矿业有限责任公司	李和	1372351××××	一般纳税人	13%
3	陕西永虹煤业有限责任公司	刘忠	1582546××××	一般纳税人	13%
4	贵州合顺煤业有限责任公司	孟妮	1552867××××	一般纳税人	13%

议标内容												
项目	山西省路山煤化有限责任公司			湖南长春矿业有限责任公司			陕西永虹煤业有限责任公司			贵州合顺煤业有限责任公司		
	指标	实际情况	得分	指标	实际情况	得分	指标	实际情况	得分	指标	实际情况	得分
供货能力	年总供货量（吨）	600,000	10	年总供货量（万吨）	550,000	8	年总供货量（吨）	400,000	4	年总供货量（吨）	500,000	6
	供货准时性	100%	10	供货准时性	100%	10	供货准时性	95%	8	供货准时性	95%	8
价格	不含税报价（元/吨）	855	20.63	不含税报价（元/吨）	880	5	不含税报价（元/吨）	840	30	不含税报价（元/吨）	860	17.5
	……	……	……	……	……	……	……	……	……	……	……	……
……	……	……	……	……	……	……	……	……	……	……	……	……
总分	77.63			59			72			65.5		
拟推荐中标单位结果	山西省路山煤化有限责任公司											

续表

拟推荐中标单位理由	在质量合格情况下，其他评判维度分数最高
参与议标人员及意见	王思思，同意 魏英，同意 戴莉珺，同意 赵云飞，同意 钟淮敏，同意

注：完整议标报告扫码获取。

图 2-32　议标报告

认知识别　议标报告是在邀请招标方式下，采购方根据邀标文件对供应商综合评分的书面文件。企业通过议标报告结果，选择成交供应商。

分析研判　召开标前答疑会，组建评标委员会，在纪委、财务、发起部门监督下抽取专家，明确评标专家的纪律要求，保证评标专家的独立性。

风险控制　通过国家企业信用信息公示系统、国家税务总局网站等对这家企业进行资信和资格审查，在线查询企业实时的基本信息和信用记录，降低交易风险。例如，供应商是否尊重员工的权益，是否符合劳动法规定，是否提供了良好的工作环境和待遇等。

六、发送中标通知书

依据《邀标文件》公示要求，对确认完毕的中标单位进行公示。公示后，发送中标通知书。

【场景 2-52】2023 年 2 月 21 日，招标办员工罗芬如根据议标结果编制煤炭采购的中标通知书发送给中标单位。中标通知书如图 2-33 所示。

中标通知书

山西省路山煤化有限责任公司：

您方于 2023 年 2 月 16 日所递交的关于煤炭采购投标文件已被我方接受，被确定为中标人。

采购材料名称：煤炭

规格型号：烟煤

数量：11,200 吨

中标含税总价：10,820,880 元

到货时间：2023 年 2 月，以实际发货通知单上到货时间为主。

请您方在接到本通知书后的五日内到广东省东莞广麻大道 258 号与我方签订采购合同，在此之前按邀标文件规定向我方提交履约担保。

特此通知！

采购人：珠江纸业股份有限公司

联系人：罗芬如

日期：2023 年 2 月 21 日

图 2-33　中标通知书

认知识别 中标通知书

根据《中华人民共和国招标投标法》(以下简称《招投标法》)的规定，中标通知书应包括招标文件的实质性要求、投标报价、评标标准等内容。同时，对所有未中标的投标人也应予以通知。

根据《招投标法》的规定，依法必须进行招标的项目，招标人应当自收到评标报告之日起3日内公示中标候选人，且公示期不得少于3日。公示期结束后，如果没有异议，或者异议已处理完毕，才能正式发出中标通知书。

分析研判 公司在2月16日提交议标报告，确定成交候选人，在2月21日发出中标通知书，保证至少3日的公示期。

风险控制 中标通知书的编写内容必须清晰，避免因误解导致后续项目执行困难。

七、收到中标结果回执

【场景2-53】 中标单位于2023年2月21日收到关于煤炭采购中标结果的通知书后在规定时间内向邀请单位发送中标结果回执，如图2-34所示。

中标结果回执

珠江纸业股份有限公司：

我们于2023年2月21日收到贵公司关于煤炭的中标通知书，特作以下确认：

1.我们愿意遵守邀标文件和中标通知书的规定，在指定时间和地点与招标方签订合同。

2.如果我们不遵守邀标文件和中标通知书上的规定，贵公司可以按邀标文件的规定从我公司的履约保证金中取得补偿，并有进一步向我公司要求赔偿的权利。

山西省路山煤化有限责任公司

中标单位（盖章）：山西省路山煤化有限责任公司

法定代表人或代理人（签字或盖章）：张文

图2-34 中标结果回执

认知识别 中标结果回执是指中标单位在收到招标人发出的中标通知书后，为确认已接收并同意中标结果及后续合同签订等相关事宜，而向招标人出具的一种书面确认文件。该回执旨在明确中标单位对中标结果的接受和对后续合同履行的承诺。

风险控制 重点审核中标回执中提及后续合同的主要条款，确保这些条款明确、具体，并与邀标文件要求一致，避免双方在合同履行过程中产生争议。

拟定合同初稿、合同评审、签订采购合同以及通知发货流程同零星采购。合同初稿、合同评审、正式采购合同以及发货通知单扫码获取。

任务小结

邀请招标风险控制的关键在于确保选对供应商，避免信息不对称造成的决策失误。需严格评估受邀者资质，确保其能满足项目要求。加强招标文件规范性，明确双方责任与义务。实施透明评标流程，采用合理的评标方法，排除人为干预可能性。合同签订前，进行充分的法律审查和风险评估。通过这些措施来降低风险，保证采购的质量和效率。

任务发布

结合邀请招标的学习任务，请同学们完成《邀标文件》的编制。

子任务 3 竞争性谈判

【教学重点】竞争性谈判的业务流程。

【教学难点】谈判文件的编制，竞争性谈判下的风险控制。

任务导入

【场景 2–54】2023 年 1 月 20 日，采购中心卢宛玲申请采购石灰，请购数量为 6,763.32 吨，预计不含税单价为 414.39 元。因石灰现有供应商东莞市信德消泡剂有限公司供货不足，将委托代理招标，另寻供应商。对于货物招标，招标金额在 100 万元 ~500 万元的，招标费用按招标金额的 1.1% 收取。采购申请单如表 2–27 所示。

表 2–27 采购申请单

申请日期：2023 年 1 月 20 日　　编号：CGSQD20230120019

采购部门	采购中心					采购项目类别	辅料		
采购物资明细									
序号	名称	规格	品牌或厂家	单位	请购数量	预计不含税单价（元）	预计不含税金额（元）	需要日期	质量要求
1	石灰	石灰粉	—	吨	6,763.32	414.39	2,802,652.17	2023 年 2 月 1 日	行业标准
预计不含税金额合计（元）	2,802,652.17								
价税合计（元）	3,166,996.95								
采购类型	集中采购								
预计其他费用（元）	34,836.97								
合计（元）	3,201,833.92								

采购员：卢宛玲

日期	部门	岗位	人员	意见	备注
2023 年 1 月 20 日	采购中心	经理	卢云茜	同意	
2023 年 1 月 20 日	总经办	副总经理	赵云飞	同意	

因采用公开招标所需时间无法满足公司急需时间，现决定委托广州江南招标代理有限公司（甲级资质等级，资质证号：M45263215，联系人：王兴华020-826××××，地址：广州市白云区站前路452号）采用竞争性谈判方式尽快选择供应商。

认知识别 竞争性谈判是指谈判小组与符合资格条件的供应商就采购事宜进行谈判，供应商按照谈判文件的要求提交响应文件和最后报价，采购人从谈判小组提出的成交候选人中确定成交供应商的采购方式。

其流程如图2-35所示。

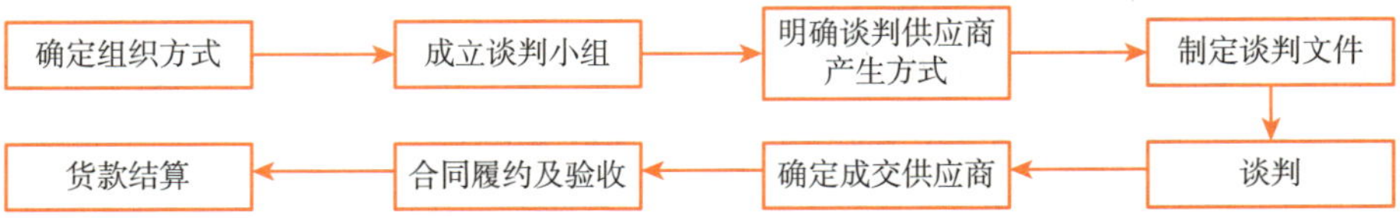

图2-35 竞争性谈判一般流程

分析研判 采购方式的选择

政府采购法规定，符合下列情形之一的货物或者服务，可以依照本法采取竞争性谈判采购：

（1）招标后没有供应商投标或者没有合格标的供应商或者重新招标未能成立的；

（2）技术复杂或者性质特殊，不能确定详细规格或者具体要求的；

（3）采用招标所需时间不能满足用户紧急需要的；

（4）不能事先计算出价格总额的。

本次采购石灰时间紧迫，公开招标或者邀请招标方式所需时间不能满足公司的紧急需要，因此选择竞争性谈判的采购方式。

此次竞争性谈判具体流程如图2-36所示。

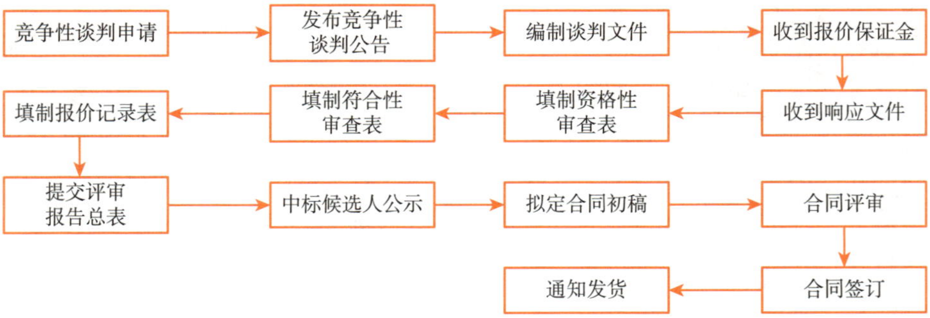

图2-36 竞争性谈判具体流程

风险控制 完善采购申请的授权和审批制度，确定采购的归口部门；对需求的描述进行规范，如对实物类的采购明确其规格说明，对服务类的采购明确其工作说明。

任务实施

一、竞争性谈判申请

采购员根据采购申请单，提交竞争性谈判申请。

【场景 2-55】 2023 年 1 月 25 日，采购中心卢宛玲根据“采购申请单”编制“竞争性谈判申请单”，并提交审核。采购组织方式为委托代理，具体情况部分如表 2-28 所示。

表 2-28 竞争性谈判申请单

发起人：卢宛玲 发起时间：2023 年 1 月 25 日

项目基本情况							
材料名称	数量	单位	规格型号	预计单价（元）	预算总价（元）	质量要求	供货时间
石灰	6,763.32	吨	石灰粉	450	3,043,494	行业标准	2023 年 2 月 1 日
……	……	……	……	……	……	……	……
采购方式	竞争性谈判			采购组织方式	委托代理		
拟发布公告媒体名称	……			拟发布时间	……		
工作准备情况	……						
推荐委托采购代理机构及其情况							
单位名称	广州江南招标代理有限公司			地址	……		
资质等级	……			资质证号	……		
联系人	……			电话	……		
……	……						
审批意见							
部门	岗位	人员	意见	备注			
采购中心	经理	卢云茜	已审核，符合要求				
……	……	……	……				
总经办	副总经理	赵云飞	已审核，符合要求				

注：完整竞争性谈判申请表扫码获取。

认知识别 竞争性谈判申请单的填制

竞争性谈判申请中的数量来自采购申请单，预计单价与采购申请单的单价不同的原因是本次采购处于春节期间，工厂供货较为紧张，市场价格存在波动，相对预算需进行调整，预计本次采购不含税单价为 450 元/吨，预算总价＝预计单价 × 数量。

分析研判 竞争性谈判组织方式的确定

采购人可以委托社会代理机构或者自行组织此次竞争性谈判。公司此前没有自行组织过竞争性谈判，并且此次采购时间非常紧迫，因此选择委托代理的方式，委托广州江南招标代理有限公司采用竞争性谈判方式尽快选择供应商。

风险控制 企业应当提前做好竞争性谈判的前期准备工作，以确保谈判过程高效、顺利，并能有效达成企业的目标。

二、发布竞争性谈判公告

广州江南招标代理有限公司在相关网站上发布竞争性谈判采购公告。

【场景2–56】2023年1月25日，广州江南招标代理有限公司在相关网站上发布采购编号为M410100006520230122石灰材料的竞争性谈判采购公告，响应时间2023年1月30日至2023年2月1日，递交时间截至2023年2月1日下午2时30分，截标和谈判时间均为2023年2月1日下午2时30分，购买谈判文件、递交文件和谈判地点均在广东省东莞广麻大道258号招标办，预算总价和最高限价一致，均为不含税金额，本次谈判的相关事宜均由广州江南招标代理有限公司负责。竞争性谈判公告部分如图2–37所示。

竞争性谈判公告

珠江纸业股份有限公司根据生产经营需要，拟对一批石灰材料采用竞争性谈判采购，现委托本公司广州江南招标代理有限公司代理、协助相关竞争性谈判采购事宜，欢迎有资质的生产企业前来参加竞标。现将有关事项公告如下：

一、采购项目概况：

1. 采购材料名称：石灰，规格：石灰粉，数量：6,763.32吨

2. 采购编号：M410100006520230122

3. 预算总价：3,043,494元，最高限价：3,043,494元。

二、合格响应人基本资质条件要求

1. 国内注册（指按国家有关规定要求注册的）生产或经营本次竞标采购货物，具备法人资格的供应商。

……

三、购买竞争性谈判采购文件时间及地点：符合条件的响应申请人请于2023年1月30日至2023年2月1日在广东省东莞广麻大道258号招标办公室

……

四、响应文件递交截止时间和地点：若贵公司有意参加本项竞标，谈判响应文件必须以密封形式于2023年2月1日下午14时30分……

五、截标时间及地点：……

六、谈判时间及地点：……

七、联系人电话及通讯地址：

邮编：523000

地址：广州市白云区站前路452号

电话：020-826××××

联系人：王兴华

采购人：珠江纸业股份有限公司

采购代理机构：广州江南招标代理有限公司

日期：2023年1月25日

注：完整竞争性谈判公告扫码获取。

图2–37 竞争性谈判公告

认知识别

1. 竞争性谈判公告的含义

竞争性谈判公告是采购方为了吸引符合条件的供应商参与谈判而发布的正式文件，它详细说明了采购项目的各项要求和条件，为供应商提供了参与竞争的机会和规则。

2. 竞争性谈判中的预算金额

竞争性谈判应当公开采购项目预算金额。除《政府采购非招标采购方式管理办法》第二十七条第二款规定的情形外，在采购过程中符合竞争要求的供应商或者报价未超过采购预算的供应商不足三家的，应当终止竞争性谈判采购活动，发布项目终止公告并说明原因，重新开展采购活动。

分析研判　参与谈判的供应商的产生方式

《政府采购法》第三十八条第三项规定，谈判小组从符合相应资格条件的供应商名单中确定不少于三家的供应商参加谈判，那符合相应资格条件的供应商又如何确定？

《政府采购非招标采购方式管理办法》（以下简称74号令）第十二条第一款规定，采购人、采购代理机构应当通过发布公告、从省级以上财政部门建立的供应商库中随机抽取或者采购人和评审专家分别以书面推荐的方式邀请不少于三家符合相应资格条件的供应商参与竞争性谈判或者询价采购活动。根据上述规定，供应商的产生有三种方式：公告产生、随机抽取产生、推荐产生。

公司供应商库中目前缺乏足够数量的石灰供应商，同时，考虑压缩石灰成本的需求，公司希望借助此次竞争性谈判尽可能了解更多的石灰供应商，因此选择了在公司网站上发布公告，确定谈判供应商名单。

风险控制1　企业应仔细审核竞争性谈判公告，确保谈判公告的合法合规。

风险控制2　企业要建立预算决策机构，做好采购预算管理工作；加强对采购预算编制过程的控制，包括编制依据、程序、方法、目标等，防止预算不合理或者预算执行偏高。

三、编制谈判文件

【场景2–57】广州江南招标代理有限公司组织组建谈判小组，按招标公告、招标申请等相关信息编制采购编号为M410100006520230122的谈判文件，明确谈判程序和内容，相关条款及评定成交的标准等事项。谈判文件部分如图2–38所示。

珠江纸业股份有限公司

竞争性谈判文件

M410100006520230122

石灰采购

采购单位：珠江纸业股份有限公司

代理单位：广州江南招标代理有限公司

……

第二部分竞争性谈判须知

一、说明

1. 采购人：珠江纸业股份有限公司

2. 合格响应人要求：

响应人指参加本项目谈判的供应商。

（1）具有独立承担民事责任的能力。

（2）具有依法缴纳税收和社会保障资金的良好记录。

（3）具有良好的商业信誉和健全的财务会计制度。

（4）在经营活动中没有重大违法记录。

（5）具有履行合同所必需的专业技术能力，能满足相关服务规定的要求。

（6）本次谈判不接受联合体参与。

3. 报价说明

响应人应承担所有与准备和参加报价有关的费用，不论谈判的结果如何，采购人及采购代理机构均无承担的义务和责任。

二、谈判文件

4. 谈判文件构成

4.1 要求提供服务的内容及详细需求、报价须知等在《谈判文件》中均有说明。

4.2《谈判文件》共四部分，内容如下：

第一部分 竞争性谈判邀请

第二部分 竞争性谈判须知

第三部分 货物服务需求及要求

第四部分 响应文件格式

……

四、响应文件的递交

……

20. 评审原则和方法

20.1 本项目采用最低评标价法，即根据质量和服务均能满足采购文件实质性响应要求且最后报价最低的原则确定成交供应商。

注：完整竞争性谈判文件扫码获取。

图 2–38 竞争性谈判文件部分

认知识别 1 竞争性谈判文件是采购人或代理机构在采用竞争性谈判方式采购时，为了明确谈判程序、谈判内容、合同草案的条款以及评定成交的标准等事项而编制的文件。

竞争性谈判的谈判文件通常包括四个部分：

（1）竞争性谈判邀请；

（2）竞争性谈判须知；

（3）货物服务需求及要求；

（4）响应文件格式。

认知识别 2 最低评标价法，即根据质量和服务均能满足谈判文件实质性要求且以最后报价最低的原则确定成交供应商的方法。

风险控制 1　为了筛选出一批依法纳税、诚信经营，具有独立承担民事责任的供应商，谈判文件中应明确合格响应人的资质要求。

风险控制 2　“价低”原则意味着谈判小组需要在控制采购需求、项目质量、服务指标相等的前提下选择报价最低的供应商。因此在谈判文件中需要明确企业需求及对货物服务的要求，只有在保证供应商的质量、技术、服务等均满足企业需求的情况下，才能在谈判时重点进行价格谈判。石灰属于标准统一且无特殊要求的货物，适用最低评标价法。

四、收到报价保证金

公司收到三家供应商的保证金，应将收到的报价保证金计入其他应付款，并根据提交保证金的供应商名单登记明细账。

【场景 2–58】 2023 年 1 月 30 日，公司收到三家供应商提交的保证金，金额 60,000 元。收款回单如图 2–39 所示。

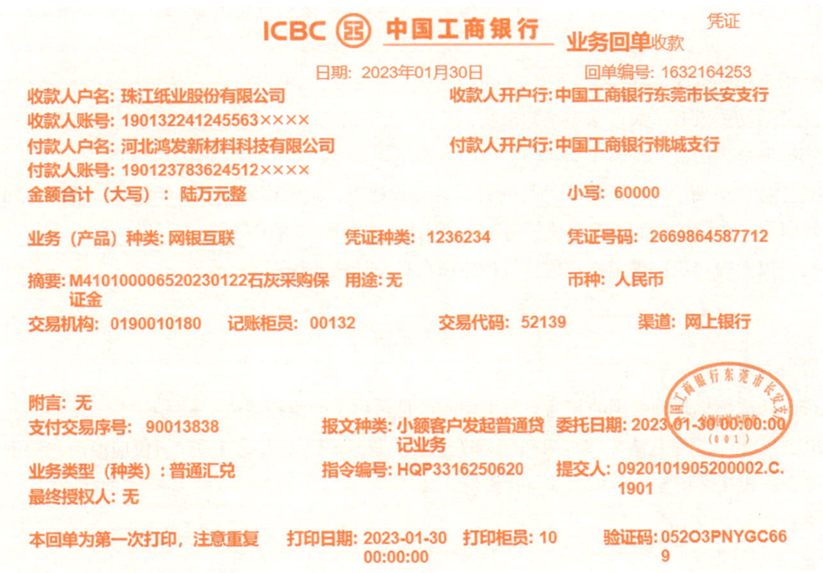
ICBC 中国工商银行　业务回单收款　凭证

日期：2023年01月30日　回单编号：1632164253

收款人户名：珠江纸业股份有限公司　收款人开户行：中国工商银行东莞市长安支行

收款人账号：190132241245563××××

付款人户名：河北鸿发新材料科技有限公司　付款人开户行：中国工商银行桃城支行

付款人账号：190123783624512××××

金额合计（大写）：陆万元整　小写：60000

业务（产品）种类：网银互联　凭证种类：1236234　凭证号码：2669864587712

摘要：M41010000065202301122石灰采购保证金　用途：无　币种：人民币

交易机构：0190010180　记账柜员：00132　交易代码：52139　渠道：网上银行

附言：无

支付交易序号：90013838　报文种类：小额客户发起普通贷记业务　委托日期：2023-01-30 00:00:00

业务类型（种类）：普通汇兑　指令编号：HQP3316250620　提交人：092010190520002.C.1901

最终授权人：无

本回单为第一次打印，注意重复　打印日期：2023-01-30 00:00:00　打印柜员：10　验证码：052O3PNYGC669

注：其余两家的保证金回单扫码获取。

图 2–39　银行收款回单

认知识别　竞争性谈判保证金是指在采购过程中，为了确保采购活动的公平、公正和诚信，采购人或代理机构要求参与竞争性谈判的供应商缴纳一定金额的保证金。

风险控制　要求谈判供应商缴纳保证金主要是保证谈判供应商在递交相应文件后不得随意撤销相应文件，以及中标后需依法履行合同签订义务，避免违约风险。

五、收到响应文件

【场景 2–59】 2023 年 1 月 30 日，公司收到三家供应商提交的响应文件。其中，河北鸿发新材料科技有限公司提交的响应文件部分如图2–40所示。

响应文件

（不准提前启封）

采购编号：M410100006520230122

项目名称：石灰采购

供应商地址：河北省衡水市桃城区冀衡路156号

供应商名称（盖公章）：河北鸿发新材料科技有限公司

定代表人或授权代理人签字：伍登米

日期：2023年1月30日

响应文件目录

（1）谈判承诺书；

（2）报价一览表；

（3）法定代表人授权委托书、法定代表人或其授权代表身份证件复印件；

（4）技术条款偏离表；

（5）供应商资格证明文件（需包含近三个月依法缴纳税收和社会保障资金的证明材料、体现健全的财务制度的证明材料）；

（6）证明竞标货物合格的证明文件；

（7）三年内在经营活动中没有重大违法记录的声明；

（8）供应商认为需要提供的其他资料（如：信用中国查询图片）。

复印件上须加盖竞标供应商公章，所提供的材料必须在有效期内，须年检的证件，年检章应清晰，如有一项未提供或所提供的证件不在有效期内，在资格性审查时将视其为不合格竞标供应商，其响应无效。

供应商注意事项：以上内容没有规定格式的请各供应商自行设计格式编写。

谈判承诺书

致 珠江纸业股份有限公司 ：

根据贵方委托广州江南招标代理有限公司为石灰采购（项目名称）的谈判邀请（采购编号：M410100006520230122），签字代表销售经理伍登米（全名、职务）经正式授权并代表供应商河北鸿发新材料科技有限公司（供应商名称）提交下述文件正本一份和副本一式伍份。

（1）谈判承诺书；

（2）报价一览表；

（3）法定代表人授权委托书、法定代表人或其授权代表身份证件复印件；

（4）技术条款偏离表；

（5）供应商资格证明文件（需包含近三个月依法缴纳税收和社会保障资金的证明材料、体现健全的财务制度的证明材料）；

（6）证明竞标货物合格的证明文件；

（7）三年内在经营活动中没有重大违法记录的声明；

（8）供应商认为需要提供的其他资料（如：信用中国查询图片）。

一、我方同意在谈判文件中规定的递交响应文件截止时间起90日内（响应文件有效期），遵守本响应文件中的承诺且在此期限期满之前均具有法律约束力。

二、我方承诺遵守政府采购法的有关规定，并已经具备政府采购法和谈判文件等规定的参加竞争性谈判采购活动的供应商应当具备的条件。我方承诺：

（1）近三年均依法缴纳了各项税费，没有偷税、漏税行为；

（2）近三年均依法缴纳了各项社会保障资金，没有欠缴、漏缴行为。

三、我方已详细审核全部谈判文件，包括谈判文件修改文件（如有的话）、参考资料及有关附件，确认无误。我方承诺接受谈判文件中的全部条款且无任何异议。

四、我方保证响应文件提供的数据和材料是真实、准确的。

五、我方愿意向贵方提供任何与本项采购有关的数据、情况和技术资料。若贵方需要我方愿意提供我方作出的一切承诺的证明材料。

六、我方保证在获得成交资格后，按照谈判文件确定的事项签订采购合同，履行双方所签订的合同，并承担合同规定的责任和义务。否则，我方同意接受谈判文件中所作出的处罚。

七、如果在规定递交响应文件截止时间后，我方响应文件在有效期内撤回，其保证金将被没收。

供应商名称（签章）：河北鸿发新材料科技有限公司

法定代表人或授权代表（签章）：伍登米

日期：2023年1月30日

报价一览表

采购编号：M4101000065202301 22

项目名称：石灰采购

产品	规格型号	数量	单位	不含税单位报价（元）	税率	交货数量与时间	交货方式
石灰	石灰粉	6,763.32	吨	450	0.13	收到发货通知单后6日内到货	汽车运输

供应商名称（签章）：河北鸿发新材料科技有限公司

法定代表人或授权代表（签章）：伍登米

日期：2023年1月30日

……

技术条款偏离表

序号	采购标的名称	竞争性谈判文件规定的具体参数值或功能要求表述	竞争性谈判文件规定的数量及单位要求	响应文件对具体参数值或功能要求表述应答	响应文件对数量及单位应答	偏离情况	说明
1	石灰	有效氧化钙平均值≥72%	6,763.32吨	有效氧化钙平均值≥72%	6,763.32吨	无偏离	
2	石灰	酸不溶物≤3.0%	6,763.32吨	酸不溶物≤3.0%	6,763.32吨	无偏离	
3	石灰	MgO（总量）≤2.0%	6,763.32吨	MgO（总量）≤2.0%	6,763.32吨	无偏离	
4	石灰	粒径≤3㎜	6,763.32吨	粒径≤3㎜	6,763.32吨	无偏离	

供应商名称（签章）：河北鸿发新材料科技有限公司

法定代表人或授权代表（签章）：伍登米

日期：2023年1月30日

……

注：完整的响应文件及其他两家的响应文件扫码获取。

图 2–40　响应文件

认知识别

1. 响应文件的概念

响应文件是竞争性谈判中供应商向采购方提交的关键文档，详细回应了采购需求，展现了解决方案、报价及核心条款。其有效地彰显了供应商的实力，并直接关乎谈判成败。

2. 谈判承诺书的概念

谈判承诺书是指在商业谈判中，一方书面确认其对另一方所作承诺的文件。这种文件在商业和法律领域中扮演着重要角色，主要用于确认履行合同中的各方承诺，并设立代理关系。

3. 报价一览表的概念

报价一览表是对产品价格及相关信息进行汇总展示的一种表格。这个报价就是供应商此次谈判的第一次报价。

4. 响应文件的编制

响应文件须严遵谈判文件要求编制，供应商需详尽审阅事项、格式、条款及服务需求。未全面提交资料或未实质性响应谈判文件，系供应商自担风险，并可能导致其报价被拒绝。

5. 技术偏离表的概念

技术偏离表是投标人用于详细列出技术偏离内容的表格，技术偏离通常分三种情况：

（1）正偏离。正偏离是指投标人所提供的技术规格明显高于招标文件的要求。

（2）负偏离。负偏离投标人所提供的技术规格明显不能满足招标文件的要求。

（3）无偏离。无偏离是投标人所提供的技术规格与招标文件的要求完全一致。

分析研判 响应文件需要密封在单独的信封中，注明“2023年2月1日下午2时30分之前不得拆封字样”，在信封的封装处加盖供应商公章。

风险控制 采购方不得提前拆封响应文件，以保证谈判的合法合规。

六、填制资格性审查表

【场景2-60】2023年2月1日，谈判小组对各供应商进行资格性审查，查看其资质证明文件，填写资格性审查表。谈判小组成员（王玉、张文龙、李兴国、王林帆、王思思）签字确认。资格性审查表部分如表2-29所示。

表 2-29　　资格性审查表

项目名称：石灰采购　　采购编号：M410100006520230122　　日期：2023年2月1日

序号	供应商名称	审查内容								是否通过	
		谈判承诺书原件	提供供应商单位及其现任法定代表人，主要负责人无重大违法记录声明	竞争性谈判采购保证金缴纳凭证复印件或保函复印件	①供应商若为企业法人：提供“统一社会信用代码营业执照”；②若为事业法人：提供“统一社会信用代码法人登记证书”；③若为其他组织：提供“对应主管部门颁发的准许执业证明文件或营业执照”；④若为自然人：提供“身份证明材料”	法定代表人身份证复印件	法定代表人授权委托书原件和授权代表身份证复印件（供应商代表为非法定代表人时提供）	体现健全的财务制度的证明材料：①可提供2020-2022年度（任意一年）经审计的财务报告复印件（包含审计报告和审计报告中所涉及的财务报表和报表附注）；②也可提供2020-2022年度（任意一年）供应商内部的财务报表复印件（至少包含资产负债表）；③也可提供距文件递交截止日一年内银行出具的资信证明（复印件）；④供应商注册时间至文件递交截止日不足一年的，也可提供在工商备案的公司章程（复印件）	供应商须提供依法缴纳税收和社会保障资金的承诺函原件或者近三个月依法缴纳税收和社会保障资金的证明材料复印件	是	否
1	河北鸿发新材料科技有限公司	√	√	√	√	√	√	√	√	√	
……	……	……	……	……	……	……	……	……	……	……	……

谈判小组成员签字：王玉、张文龙、李兴国、王林帆、王思思

注：①审查内容符合规定的，在相应栏目划“√”；不符合规定的，在相应的栏目注明原因。是否通过审查在相应栏目划“√”。②完整资格性审查表扫码获取。

认知识别

1. 竞争性谈判资格性审查表的概念

竞争性谈判资格性审查表是在采购过程中用于评估和确认供应商是否符合项目要求的关键文档。它通常包含一系列预定的标准，用来确保所有参与竞争性谈判的供应商是合格响应人。具体的审查内容要根据谈判文件中定义的合格响应人来确定。

2. 统一社会信用代码

统一社会信用代码是一组长度为18位的用于法人和其他组织身份识别的代码。统一社会信用代码由国家标准委发布。国家标准委发布了强制性国家标准《法人和其他组织统一社会信用代码编码规则》。该标准将于2015年10月1日实施。我国将以统一社会信用代码和相关基本信息作为法人和其他组织的“数字身份证”，成为管理和经营过程中法人和其他组织身份识别的手段。

分析研判　企业进行资格性审查，主要是对企业资质进行审查，核实提交响应文件的供应商

是否是合格响应人。

风险控制 在进行资格性审查时，要审查供应商提交的资格证明文件的完整性和真实性，对于复印件要确认是否加盖企业公章，对于可核实的信息，企业可以通过查询相关网站进行核实，防止供应商在资格审查时弄虚作假。

七、填制符合性审查表

【场景2-61】2023年2月1日，谈判小组对各供应商提交的响应文件进行符合性审查，确认其在服务、质量等因素上符合要求。符合性审查表部分如表2-30所示。

表 2-30 符合性审查表

项目名称：石灰采购　　采购编号：M410100006520230122

谈判时间：2023年2月1日　　谈判地点：广东省东莞广麻大道258号招标办公室

重要指标	供应商名称		
	河北鸿发新材料科技有限公司	湖北江宾新材料科技有限公司	湖南林生新材料科技有限公司
响应文件是否按谈判文件要求密封、盖章	√	√	√
货物质量是否符合或响应谈判文件要求	√	√	√
……	……	……	……
是否符合法律、法规和谈判文件规定	√	√	√
评审结论	通过	通过	通过

注：①符合性检查是依据谈判文件的规定，从供应商的质量、服务和对谈判文件的响应程度等进行审查，以确定是否对谈判文件的实质性要求作出响应。

②每一项目符合的打“√”，不符合的打“×”。

③表中全部条件满足评审结论为“通过”，否则为“不通过”，同意进入下一阶段谈判。

④若谈判小组意见不一致时，则按少数服从多数的原则，决定该供应商是否通过符合性审查，并进入下一阶段。

⑤谈判小组成员签字：王玉、张文龙、李兴国、王林帆、王思思

⑥完整符合性审查表扫码获取。

认知识别 竞争性谈判符合性审查

竞争性谈判符合性审查是指依据谈判文件，从相应文件的有效性、完整性和对谈判文件的相应程度进行审核，以确定供应商是否对谈判文件做出相应回应。

分析研判 企业进行符合性审查时，应一一对照审核要点，确认无误后再做出评审结论。

风险控制 在进行符合性审查时，主要审核产品本身，包括质量、技术、服务等具体的合同条款，而资格性审查是审核供应商本身资质。

八、填制报价记录表

【场景2-62】2023年2月1日，谈判小组所有成员集中与各供应商分别进行谈判，石灰1月的采购单价为414.39元/吨，胶版纸1月的单价为5,445.2元/吨，胶版纸2月预计售价调整为5,545元/吨。河北鸿发新材料科技有限公司、湖北江宾新材料科技有限公司、湖南林生新材料科技有限公司第二次单位报价分别为445元、440元、430元，第三次单位报价即为最终报价分别为440元、430元、420元。若谈判文件有实质性变动，谈判小组应以书面形式通知所有参加谈判的供应商。可以按照供应商提交文件的逆序或以抽签的方式确定谈判顺序。经过几轮报价，形成报价记录表，由谈判小组王玉、张文龙、李兴国、王林帆、王思思签字确认。报价记录表部分如表2-31所示。

表 2-31　报价记录表

项目名称：石灰采购　　　　采购编号：M410100006520230122

开标时间：2023年2月1日　　　　开标地点：广东省东莞广麻大道258号招标办公室

采购人：珠江纸业股份有限公司　　　　采购物料：石灰

招标代理人：广州江南招标代理有限公司

报价人名称	第一次报价（元）	第二次报价（元）	第三次报价（元）	最终报价（元）	最终报价排名
河北鸿发新材料科技有限公司	450	445	440	440	3
……	……	……	……	……	……
现场监督人员签字	王玉、张文龙、李兴国、王林帆、王思思				

注：完整报价记录表扫码获取。

认知识别

1. 竞争性谈判报价记录表的含义

竞争性谈判报价记录表是用来记录在竞争性谈判过程中各个供应商的报价和相关条件的重要文档。这种记录表不仅帮助追踪谈判的进展，也确保所有的报价和条件更改都有文档可查，增加过程的透明度和公正性，为采购决策提供依据。

2. 目标成本法

目标成本法是指企业以市场为导向，以目标售价和目标利润为基础确定产品的目标成本，从产品设计阶段开始，通过各部门、各环节乃至与供应商的通力合作，共同实现目标成本的成本管理方法。

分析研判

1. 竞争性谈判报价记录表的填制

竞争性谈判报价记录表中“第一次报价”数据来自供应商响应文件中的报价，其余报价数据来自每轮谈判结果。“最终报价”应该等于最后一轮报价。“最终报价排名”是按“最终报价”的大小排名，报价最低的排名第一。

2. 谈判目标价格（底价）的确定

公司采用目标成本法计算谈判的目标价格：胶版纸1月份单价为5,445.2元/吨，2月预计售价为5,545元/吨，增长率=（5,545−5,445.2）÷5,445.2=1.833%。石灰1月份采购单价为414.39元/吨，为保持利润率不变，石灰目标采购价格=414.39×（1+1.833%）=421.99元/吨，此即为此次谈判的目标价格。

那么这个价格在谈判中是否可行呢？公司再次进行了石灰市场价格的抓取和历史数据的分析，目前石灰市场均价在440元/吨，由于公司采购量大，采购价格可以低于市场价格15~25元/吨，最终确认了此次谈判的目标价格。

确定了谈判目标价格后，谈判小组应该利用各种谈判技巧，最终供应商的报价低于421.99元/吨，实现谈判目标。

3. 用 Python 获取网页数据

将“石灰”作为关键词在石灰网上抓取厂商及价格数据，先requests 网页数据，并将其转化为json数据，显示全国重要的石灰供应商的名称和当前市场报价，经过筛选得出有效数据，抓取到目前石灰市场均价在440元/吨。数据抓取有助于公司快速识别和联系潜在供应商，了解石灰的市场价格，便于制定谈判目标价格。

风险控制1 做好谈判前的准备工作，包括信息收集、市场行情分析，制定谈判底价和谈判策略等。

风险控制2 在谈判中任何一方不得透露与谈判有关的其他供应商的技术资料、价格和其他信息，确保谈判过程的公平公正。

风险控制3 竞争性谈判的首轮报价或中间报价（若有时）均不能安排公开唱标，防止出现串标现象。

九、提交评审报告总表

【场景2-63】2023年2月1日，根据几轮谈判报价，在满足材料质量、时间等要求情况下，按供应商的最终报价进行排名，并确定最终中标人，谈判小组成员由王玉、张文龙、李兴国、王林帆、王思思签字确认。评审报告总表部分如表2-32所示。

认知识别 竞争性谈判评审报告总表（以下简称评审级报告总表）的含义

评审报告总表是用来汇总和评估竞争性谈判过程中各个供应商的表现、报价和最终符合项目要求的程度的关键文档。这份报告通常由评审委员会或项目团队负责编制，旨在为最终的供应商选择提供全面的数据支持和决策依据。

分析研判 竞争性谈判评审报告总表的填制

表 2-32　　评审报告总表

项目名称	石灰采购				
采购编号	M410100006520230122				
谈判小组评审结果	报价人名称	第一次报价	第二次报价	最终报价	排名
	河北鸿发新材料科技有限公司	450元	445元	440元	3
	……	……	……	……	……
推荐的中标候选人	排名次序	候选人名称			
	1	湖南林生新材料科技有限公司			
	2	湖北江宾新材料科技有限公司			
	3	河北鸿发新材料科技有限公司			
谈判小组全体成员签字	兹确认上述评标结果属实 王玉、张文龙、李兴国、王林帆、王思思 2023年2月1日				
定标意见	根据谈判文件中规定的谈判办法和谈判小组的推荐意见，兹确定湖南林生新材料科技有限公司为中标人 采购代理机构：广州江南招标代理有限公司 采购人（盖章）：珠江纸业股份有限公司 法定代表人（签字或盖章）：王旗 日期：2023年2月1日				

注：完整评审报告总表扫码获取。

竞争性谈判评审报告总表要依据报价记录表上供应商“最终报价排名”推荐中标候选人。通常情况下，排名第一的为中标候选人。

风险控制　谈判小组全体成员需要在竞争性谈判评审报告总表上签字，确认信息无误。

十、中标候选人公示

【场景2-64】截至2023年2月1日下午5时完成开标、谈判后，根据评审报告总表，编制中标候选人公示文件，进行公示。中标候选人公示文件如图2-41所示。

认知识别　竞争性谈判公示是竞争性谈判采购过程中的一个重要环节，旨在公开、公平、公正地展示谈判结果，并为未中标供应商提供提出异议的机会。

风险控制　中标候选人公示期不得少于三天。投标人或者其他利害关系人对评标结果有异议的，应当在中标候选人公示期间提出。

拟定合同初稿、合同评审、签订采购合同以及通知发货流程同零星采购。合同初稿、合同评审、正式采购合同以及发货通知单扫码获取。

中标候选人公示

项目名称：石灰采购

采购人：珠江纸业股份有限公司

采购代理机构：广州江南招标代理有限公司

该项目已于2023年2月1日17：00在广东省东莞广麻大道258号招标办公室开标、谈判。经过谈判小组按最低评标价法评议，推荐中标候选人公示如下：

中标候选单位：

第1名：湖南林生新材料科技有限公司

第2名：湖北江宾新材料科技有限公司

第3名：河北鸿发新材料科技有限公司

公式3天，公示期满对以上中标候选人若无异议，采购人和采购代理机构将确定以上中标候选人中的第1名为该项目最终中标人。

特此公告！

采购代理机构：广州江南招标代理有限公司

采购人：珠江纸业股份有限公司

法人代表签名：王旗

日期：2023年2月1日

图2–41 中标候选人公示

任务小结

对于竞争性谈判，企业首先需明确这种采购方式的适用情形。企业有三种方式确定参与谈判的供应商，应该根据实际需求，确定参与谈判的供应商。在编制谈判文件时，要明确参与谈判的供应商的资质要求，以筛选出合法经营，依法纳税的合格供应商，同时要明确质量和技术要求。在谈判前，企业要进行供应商的资格性审查和符合性审查，做好谈判前的准备工作，包括信息收集、市场行情分析，制定谈判底价和谈判策略等。在谈判中任何一方不得透露与谈判有关的其他供应商的技术资料、价格和其他信息，确保谈判过程的公平公正。

任务发布

结合竞争性谈判的学习内容和相关背景资料，请同学们完成《竞争性谈判公告》的填写。

子任务4 单一来源采购

【教学重点】单一来源采购申请单的填制；采购价格的确定。

【教学难点】单一来源采购的专家论证；单一来源采购文件的编制。

任务导入

【场景2-65】2023年2月24日，采购中心汤雅燕申请采用单一来源采购方式采购锥磨（转定子）。企业以最新的历史采购单价结合当前市场价格确定预计不含税单价，即锥磨（转定子）的单价为53,000元，预计税率为13%。3月初企业锥磨（转定子）预计库存为50套，预计3月底安全库存量为50套，3月份锥磨（转定子）的预计消耗量为9套。采购申请单如表2-33所示。

表2-33　　采购申请单

申请日期：2023年2月24日　　编号：CGSQD20230224001

采购部门	采购中心					采购项目类别	备品备件		
采购物资明细									
序号	名称	规格	品牌或厂家	单位	请购数量	预计不含税单价（元）	预计不含税金额（元）	需要日期	质量要求
1	锥磨（转定子）	JC-02（NBR-02-SF）	博伦多	套	9	53,000	477,000	2023年3月25日	行业标准
预计不含税金额合计（元）	477,000								
价税合计（元）	539,010								
采购方式	单一来源采购								
预计其他费用（元）	0								
合计（元）	539,010								

采购员：汤雅燕

日期	部门	岗位	人员	意见	备注
2023年2月24日	采购中心	经理	卢云茜	同意	
2023年2月24日	总经办	副总经理	赵云飞	同意	

认知识别1　单一来源的采购方式也称为直接采购，是指采购人向唯一供应商进行采购的方式。这种采购方式适用于特定情况，如所购商品的来源渠道单一、为专利、首次制造、合同追加、原有采购项目的后续扩充，以及发生了不可预见的紧急情况不能从其他供应商处采购等情况。单一来源采购的主要特点是没有竞争性。

认知识别2　单一来源采购的具体流程如图2-42所示。

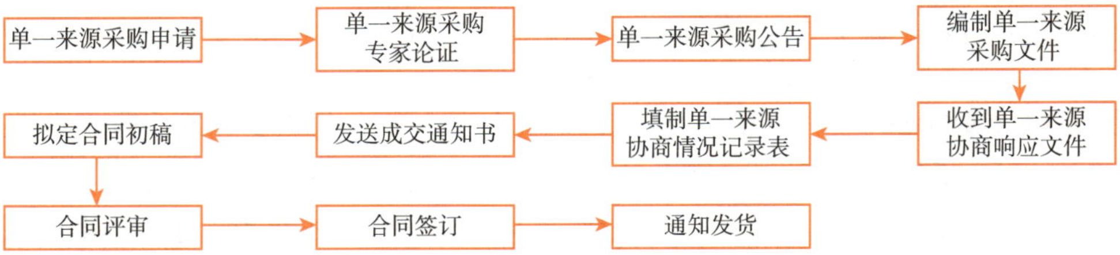

图 2-42 单一来源采购流程图

分析研判1 采购数量=期末安全库存量+消耗量-期初库存=50+9-50=9（套）

分析研判2 用Python获取网页数据

将锥磨（转定子）作为关键词在化工仪器网上抓取厂商及价格数据，先requests 网页数据，并将其转化为json数据，显示市场不含税单价为53,000元，了解锥磨（转定子）目前的一般价格水平，便于下一步制定询价策略。

任务实施

一、单一来源采购申请

【场景2-66】 2023年2月24日，因锥磨（转定子）备品备件为配套产品，属专机专用，现汤雅燕提交采用单一来源采购申请，预计不含税单价53,000元为本次采购的预算价格。单一来源采购申请部分如表2-34所示。

表 2-34 单一来源采购申请

发起人：汤雅燕　　　　发起时间：2023年2月24日

采购项目基本情况							
材料名称	数量	单位	规格型号	预计不含税单价（元）	预计不含税总价（元）	质量要求	供货时间
锥磨（转定子）	9	套	JC-02（NBR-02-SF）	53,000	477,000	行业标准	2023年3月25日
采购方式	单一来源采购						
供应商	上海东帆设备制造有限公司						
采用单一来源采购的理由	必须保证原有采购项目一致性或者服务配套的要求，需要继续从原供应商处添购，且添购资金总额不超过合同采购金额10%						
事由说明	造纸用设备锥形磨浆机为美国博伦多公司生产，其配套配件属专机专用，市场上其他品牌的该配件无法匹配该设备，且上海东帆设备制造有限公司为该设备及其配套配件在国内唯一代理商，该配件具有专机专用和唯一性，因此申请单一来源采购锥磨（转定子）						
审批意见							

续表

日期	部门	岗位	人员	意见	备注
2023年2月24日	采购中心	经理	卢云茜	已审核，符合要求	
……	……	……	……	……	
2023年2月24日	总经办	副总经理	赵云飞	已审核，符合要求	

注：完整的单一来源采购申请表扫码获取。

认知识别1 单一来源采购申请单是指采购人向相关审批部门提交的，用于申请采用单一来源采购方式采购特定货物或服务的书面文件。

认知识别2 《中华人民共和国政府采购法》第三十一条符合下列情形之一的货物或者服务，可以依照本法采用单一来源方式采购：

（1）只能从唯一供应商处采购的。

（2）发生了不可预见的紧急情况不能从其他供应商处采购的。

（3）必须保证原有采购项目一致性或者服务配套的要求，需要继续从原供应商处添购，且添购资金总额不超过原合同采购金额百分之十的。

分析研判 造纸用设备锥形磨浆机为美国博伦多公司生产，其配套配件属专机专用，市场上其他品牌的该配件无法匹配该设备，且上海东帆设备制造有限公司为该设备及其配套配件在国内唯一代理商，该配件具有专机专用和唯一性，因此申请单一来源采购锥磨（转定子），且因机器是从上海东帆设备制造有限公司处购买，所以零部件也需在上海东帆设备制造有限公司购买。

风险控制 由于供应商的唯一性，采购可能面临多种潜在问题：

（1）企业在价格谈判中处于弱势地位，可能会导致较高采购成本。

（2）如果唯一供应商突发问题，如生产停止、质量问题等，企业可能面临供应中断风险。

（3）单一来源采购缺乏竞争，可能导致供应商提高价格或降低服务质量。

因此企业应努力寻找潜在的替代供应商，以备不时之需。

二、单一来源采购专家论证

【场景2-67】 2023年2月25日，湖南明凰纸业有限责任公司造纸工程师何妮，山西铭鹤纸业有限责任公司造纸工程师江棉东，江苏诺诺纸业有限责任公司造纸工程师沐子凉均对公司锥磨（转定子）采用单一来源采购的方式进行论证，何妮的专家意见表部分如表2-35所示，论证后确认从拟定供应方进行采购。

表 2-35 单一来源采购专家论证意见表

专业人员信息	姓名：	何妮
	联系方式：	1365264××××
	职务/职称：	……
	工作单位：	湖南明凰纸业有限责任公司

续表

项目信息	项目名称：	锥磨（转定子）采购项目
	拟定供应商名称：	上海东帆设备制造有限公司
专家论证意见	……	
专业人员签字	何妮	日期：2023年2月25日

注：完整的单一来源采购专家论证意见表及另外两份专家论证意见表扫码获取。

认知识别 单一来源采购专家论证意见表是采购决策的关键文件，要求专家全面剖析项目特性、供应商独特性和采购紧急性。专家需运用专业知识，提出有力论证意见，确保采购方式选择和结果公正。同时，需评估项目需求、市场状况及供应商能力、资质和信誉，满足特殊要求。论证中，需合理分析采购价格，预测潜在风险并提出防范措施。此意见表应体现合规性、公正性，是保障采购高效运作的关键工具。专家需严谨分析，确保意见的针对性和可操作性，为采购决策提供有力支持。

分析研判 湖南明凰纸业有限责任公司造纸工程师何妮等三家外单位专家分别针对向上海东帆设备制造有限公司采购锥磨（转定子）的事项进行论证，根据目前锥磨（转定子）配件市场状况，签署论证意见，认可公司能够对上海东帆设备制造有限公司实施采购行为。

风险控制1 由于锥形磨浆机设备的配套性，专家确认只能从上海东帆设备制造有限公司采购锥磨（转定子）配件，确保造纸质量统一。为降低供应商选择性、依赖性风险，公司应定期对供应商进行评估，确保供应商供应的稳定和供货质量。

风险控制2 从上海东帆设备制造有限公司采购锥磨（转定子）配件可以确保造纸质量统一，从该公司进行采购体现了公司对产品质量的重视。但采购过程中公司仍应建立严格的质量检验机制，确保从供应商处采购的配件符合质量要求。

三、单一来源采购公告

【场景2-68】2023年2月25日，专家论证后且单一来源采购申请审核通过后，公司招标办白晗艺在官方媒体上公布锥磨（转定子）采购项目（采购编号：DYLYCG2023020001）单一来源采购公告，该公告部分如图2-43所示，公示期为2023年2月25日至2023年3月4日，拟定供应商为上海东帆设备制造有限公司。

认知识别 单一来源采购公告是一种官方发布的通知，旨在向公众和潜在供应商通报某个采购项目将采用单一来源采购方式的相关信息。公告中通常包含采购项目详细信息、采购人联系方式、供应商资格要求、采购方式原因说明等内容。此公告发布确保了采购信息的公开透明，明确了供应商资格。

分析研判 虽单一来源采购本身是一种没有竞争的采购方式，但公告的发布仍然可以在一定程度上保障公平竞争。

单一来源采购公告

一、项目信息

采购人：珠江纸业股份有限公司

采购编号：DYLYCG2023020001

项目名称：锥磨（转定子）采购项目

拟采购的货物或服务的说明：锥磨（转定子）

拟采购的货物或服务的预算金额：含税价为539,010元（含运输费用）

采用单一来源采购方式的原因及说明：

……

二、拟定供应商信息

……

五、联系方式

联系人：白晗艺

联系地址：广东省东莞广麻大道258号

联系电话：0769–8859××××

珠江纸业股份有限公司

2023年2月25日

注：完整单一来源采购公告扫码获取。

图 2–43　单一来源采购公告

风险控制　如只能从唯一供应商处采购，应对供应商的品牌、信誉、规模、销售业绩、研发等进行详细调查，降低潜在的质量风险、供货风险等。同时注意以下三个方面：

（1）确保采购过程的公正性和透明性，防止利益输送和不公平交易。通过内部审计、第三方监督等手段加强监督，确保采购活动的合规性。

（2）建立与完善采购风险管理机制，加强对员工尤其是采购业务人员的培训和教育，提高风险防范能力。

（3）建立风险监测机制，及时发现潜在的风险并采取相应的应对措施。关注市场动态、供应商动态等，以便及时调整采购策略。

四、编制单一来源采购文件

【场景2–69】2023年3月4日，公司招标办根据相关信息对锥磨（转定子）采购项目编制单一来源采购文件，采购文件部分如图2–44所示。在文件中向拟定供应商发出邀请，约定协商时间为2013年3月12日14：30，单一来源采购协商响应文件递交截止时间为2013年3月12日14：30，单一来源采购文件领取时间为2023年3月4日至2013年3月11日，协商地点及响应文件递交地点在广东省东莞广麻大道258号，文件同时说明了供应商应提交的相关资料和产品技术要求等内容。

单一来源采购文件

第一部分　单一来源采购邀请函

上海东帆设备制造有限公司　：

珠江纸业股份有限公司根据有关文件的规定经批准，拟对锥磨（转定子）采用单一来源的方式进行采购。现邀请贵公司参加该项目的协商。本次采购将根据《中华人民共和国政府采购法》，在保证项目质量和双方商定合理价格的基础上进行采购。

一、采购编号：DYLYCG2023020001

二、项目名称：锥磨（转定子）采购项目

三、采购内容：

序号	采购品目	数量	单位	规格型号	预算单价（元）	不含税预算金额（元）	采购方式	交货地点
1	锥磨（转定子）	9	套	JC-02（NBR-02-SF）	53,000	477,000	单一来源	广东省东莞广麻大道258号

四、协商时间：　2023年3月12日下午14：30

五、协商地点及响应文件递交地点：　广东省东莞广麻大道258号

六、单一来源采购协商响应文件递交截止时间：　2023年3月12日下午14：30止

七、单一来源采购文件领取时间：2023年3月4日起至2023年3月11日止，每天（节假日除外）上午9：00时至11：30时，下午14：30时至17：30时（北京时间）。

八、供应商的资格要求

（1）具备独立承担民事责任的能力；

（2）具有良好的商业信誉和健全的财务会计制度；

（3）具有履行合同所必需的设备和专业技术能力；

（4）有依法缴纳税收和社会保障资金的良好记录；

（5）参加政府采购活动前三年内，在经营活动中没有重大违法记录。

九、联系方式

采购人：　珠江纸业股份有限公司

联系地址：　广东省东莞广麻大道258号

联系人：　白晗艺

联系电话及传真：　0769-8859××××

……

注：完整单一来源采购文件扫码获取。

图 2-44　单一来源采购文件

认知识别　单一来源采购文件是在商业交易中，采购方决定从单一供应商处采购物品或服务时所使用的文件，是确保采购过程透明、公平和合法的关键。文件提供了采购项目的背景、目的、需求详细说明、采购条件、合同条款等重要信息，规定了投标文件的组织方式与格式要求，确保每个供应商提供的信息一致、可比较，为评审投标提供了基本依据。

分析研判　确认单一来源采购供应商后，公司随即发布单一来源采购文件，文件中包含单一来源采购邀请函和供应商须知，分别公开锥磨（转定子）采购的供应商名称，采购的金额明细等内容，同时规定单一来源协商响应文件有效时间，等待对方响应。

风险控制　采购文件应明确采购需求、技术要求、质量标准、交货期限等关键信息，避免信

息模糊或有歧义，特别注意对供应商资质、供货能力等方面的要求，确保文件内容符合采购项目的实际需求。仔细审查合同条款，确保合同条款明确、合法、合规，并符合公司的利益，特别注意对交货期限、质量标准、售后服务等方面的约定，确保供应商能够按照合同条款履行义务。

五、收到单一来源协商响应文件

【场景 2–70】2023 年 3 月 12 日，公司收到了上海东帆设备制造有限公司递交的单一来源协商响应文件，响应文件部分如图 2–45 所示。

单一来源协商响应文件

采购编号：DYLYCG2023020001
项目名称：锥磨（转定子）采购项目
供应商地址：上海市浦东新区周东路1895号
供应商名称：上海东帆设备制造有限公司
法定代表人或授权代理人签字：李贤峒

响应文件目录
一、协商承诺书；
二、报价一览表；
三、法定代表人授权委托书、法定代表人或其授权代表身份证件复印件；
四、技术条款偏离表；
五、三年内在经营活动中没有重大违法记录的声明；
六、供应商资格证明文件；
复印件上须加盖供应商公章，所提供的材料必须在有效期内，须年检的证件，年检章应清晰，如有一项未提供或所提供的证件不在有效期内，在资格性审查时将视其为不合格竞标供应商，其响应无效。
……

报价一览表

采购编号：DYLYCG2023020001
项目名称：锥磨（转定子）采购项目

日期	产品	规格型号	数量（套）	不含税报价（元/套）	税率	不含税总价（元）	交货数量与时间	交货方式
2023 年 3 月 12 日	锥磨（转定子）	JC–02（NBR–02–SF）	9	52,950	0.13	476,550	收到发货通知单后 6 日内到货	汽车运输
含税总价（元）		538,501.5						

注：①所有价格均用人民币表示。
②本项目总报价为货款、包装费、运杂费、售后服务开支、风险费等各种应有费用总和。

供应商名称（签章）：上海东帆设备制造有限公司
法定代表人或授权代表（签章）：李贤峒
日期：2023 年 3 月 12 日

注：完整单一来源协商响应文件扫码获取。

图 2–45　单一来源协商响应文件

认知识别 单一来源响应文件是供应商在参与单一来源采购过程中，根据单一来源采购文件的要求编制和投递的文件。该响应文件旨在展示供应商对采购项目的理解、响应及承诺，以便采购人评估并选择最合适的供应商。

分析研判 单一来源响应文件的编制

响应文件的编制应该依据单一来源采购文件的要求。供应商应认真阅读所有的事项、格式、条款和服务要求等。

风险控制 严格评估供应商资质、信誉、供货、售后能力，并审核其财务状况，用以保障稳定供货与履约。响应文件需清晰阐述项目需求、技术要求、质量标准及交货期，详尽展示解决方案、供货计划及售后服务，确保信息透明，便于采购方评估。

六、填制单一来源协商情况记录表

【场景2-71】公司的含税采购预算价格为539,010元，供应商第一次报价金额为538,501.5元，2023年3月12日经过双方协商，公司将协商内容汇总成协商情况记录表（见表2-36），并确定最终采购金额为537,993元。

表2-36 单一来源协商情况记录表

采购人名称	珠江纸业股份有限公司	
项目名称及预算金额	项目名称	锥磨（转定子）采购项目
	采购预算（含税）	539,010元（大写金额：人民币伍拾叁万玖仟零壹拾元整）
单一来源论证公示情况说明	本项目于2023年2月25日在相关网站上发布单一来源论证公示，公示期限为2023年2月25日至2023年3月4日，在公示期内并未收到任何供应商、单位或者个人对本项目拟采用单一来源采购方式公示有异议的材料	
协商日期	2023年3月12日下午14：30	
协商地址	广东省东莞广麻大道258号	
单一来源供应商名称及第一次报价	上海东帆设备制造有限公司	第一次报价为：538,501.5元（大写金额：人民币伍拾叁万捌仟伍佰零壹元伍角整）
单一来源采购协商内容（价格商定及其他内容）	1.上海东帆设备制造有限公司提供的成本、同类合同价格及专利等情况说明：无 2.上海东帆设备制造有限公司承诺本项目最终协商价格为：537,993元（大写金额：人民币元伍拾叁万柒仟玖佰玖拾叁元整） 3.合同主要条款及其他相关事宜：票到（或货到）月结30天内采用银行承兑汇票付款 4.其他协商事宜：无	
单一来源供应商确认签名	李贤峒31010319850218××××	
协商专家签名	欧南风、何明华、蒙嘉	
采购人员签名（有异议的说明理由）	白晗艺、魏儒煜	

认知识别 单一来源协商情况记录表是用于记录与唯一供应商进行采购协商过程中的详细信息、协商结果及决策依据的文档。这种记录表对于确保采购过程的透明度、公正性和合规性至关重要。

分析研判　2023年3月12日，公司与供应商经过协商，最终价格确定为537,993元，后续合同价格应与此价格相同。

风险控制　按照相关规定，单一来源采购应当进行公示，接受社会监督。公示期间，如收到异议，应及时处理并调整采购计划。

七、发送成交通知书

【场景2–72】2023年3月13日，公司与上海东帆设备制造有限公司协商完成，确定上海东帆设备制造有限公司为成交人，成交通知书如图2–46所示。

单一来源采购成交通知书

上海东帆设备制造有限公司：

你方于2023年3月12日下午14：30参加的珠江纸业股份有限公司锥磨（转定子）配件供应商单一来源采购，经双方友好协商，被我方确定为成交人。

1. 成交项目为锥磨（转定子）采购项目。
2. 合同价格：537,993元。
3. 请自收到本通知书之日起五个工作日内，持本通知书与采购人签订采购合同。
4. 如有未明事宜，请及时与采购人联系，联系人：白晗艺，联系电话：0769–8859××××。

采购人名称：珠江纸业股份有限公司

日期：2023年3月13日

图 2–46　单一来源采购成交通知书

认知识别　采购成交通知书在商业活动中至关重要，它不仅是合作意向的明确凭证，更标志着供应商成功中标。此通知书不仅可作为法律依据，还为合同签订和顺利执行奠定基础。同时，它在维护交易公平、公正和透明方面发挥关键作用，有助于消除不正当竞争，促进良性竞争和行业进步。此外，它还保障了采购项目的顺利进行，确保活动顺利进行。

分析研判　单一来源成交通知书的填制

准确填写采购项目的全称，确保与招标文件中的项目名称一致，明确填写中标金额，并确保金额准确无误，与中标结果相符。清晰标注成交通知书的签发时间，采用规范的日期格式，准确填写中标单位的名称、地址、联系电话等基本信息，准确填写采购方的名称、地址、联系电话等基本信息。

风险控制　采购人不得在发出成交通知书后随意改变成交结果，否则将面临承担法律风险，包括赔偿损失、接受处罚甚至法律诉讼。

拟定合同初稿、合同评审、签订采购合同以及通知发货流程同零星采购。合同初稿、合同评审、正式采购合同以及发货通知单扫码获取。

任务小结

为确保单一来源采购的风险得到有效控制，首要任务是确保选对供应商，需严格评估供应商的资质，确保其技术实力、生产能力、信誉等方面均能满足项目要求。在合同签订前，应进行充分的法律审查和风险评估，确保合同条款清晰明确，责任落实到位，为项目的顺利实施提供有力保障。通过上述措施，企业可以在单一来源采购中有效降低风险，保证采购的质量和效率，为企业的运营和发展提供有力支持。

任务发布

结合单一来源采购的学习内容，请同学们完成《单一来源采购文件》的编制。

子任务 5 框架协议采购

【教学重点】框架协议采购的适用情形。

【教学难点】框架协议采购过程中的风险控制。

任务导入

【场景 2-73】珠江纸业是一家从事生产和销售各类纸的企业。其中原木和木片是生产纸的重要原料之一，需要多次购买。企业决定与多家原木和木片的供应商订立框架协议，采用框架协议采购这种方式进行采购。

认知识别 框架协议采购是指对技术、服务等标准明确、统一，需要多次重复采购的货物和服务，通过公开征集程序，确定第一阶段入围供应商并订立框架协议，采购人或者服务对象按照框架协议约定规则，在入围供应商范围内确定第二阶段成交供应商并订立采购合同的采购方式。

框架协议采购主要分为两个阶段（见图2-47）。

图 2-47 框架协议采购的两个阶段

框架协议采购的具体流程如图2-48所示。

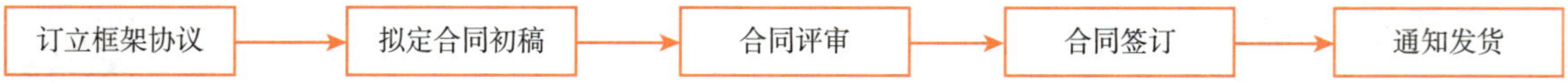

图 2-48 框架协议采购流程图

分析研判 采购方式的选择

因原木和木片需多次购买。为了保证采购原木和木片供货的稳定性，提高采购效率，企业选择框架协议。这种采购方式的优势有：

（1）签订框架协议可以明确双方的权利和义务。在合作关系中，双方往往会有不同的期望和要求，通过签订框架协议，可以将双方的意图和要求明确地写入协议中，避免合作过程中出现歧义和纠纷。

（2）签订框架协议可以提高合作效率。在框架协议中，双方可以就合作的具体内容、方式、时间、地点等进行详细的规定，这么做双方就能够更加明确地知道自己应该在什么时间、以什么方式、在什么地点完成什么任务，避免合作中的不必要的拖延和浪费，提高合作效率。

（3）签订框架协议还可以使双方合作更加长期、稳定。在框架协议中，双方可以就合作的期限、条件、方式等进行详细的规定，从而为合作双方提供一个长期稳定的合作基础，避免了合作中的不确定性和风险。

风险控制 企业实行框架协议采购时需要采取一定措施，保证确定入围供应商时的程序合法合规，同时在签订具体的采购合同时也要进行多手段的风险防控。

任务实施

一、订立框架协议

公司通过公开征集程序确定原木和木片的入围供应商并签订框架协议。

【场景2–74】2022年12月，公司与5家供应商签订原木和木片的框架协议，协议期为1年。为保证原木和木片的长期稳定供应，同时商妥1年期内原材料的最高限价。其中，与童林纸业集团股份有限公司的框架协议部分如图2–49所示。

采购框架协议

购货单位（甲方）：珠江纸业股份有限公司　　协议编号：XY20221222003

签订地点：东莞市

供货单位（乙方）：童林纸业集团股份有限公司　　签订时间：2022年12月22日

根据《中华人民共和国民法典》之规定，甲方与乙方就协议采购事项，签署本框架协议。

第一条协议供货产品货物名称、型号规格、品牌、原产地、单价

序号	货物名称	规格型号	质量要求	品牌	含税单价（最高限价）（元）
1	木片	杨树木2~3cm × 0~5mm	国家标准	—	1,648.18
2	原木	杨树木1,220mm × 2,440mm × 2~30mm	国家标准	—	1,019.16

第二条 协议期限

本协议有效期为 1年，自 2022年12月22日 起至 2023年12月21日止。

第三条 协议价格与合同价格

1.本协议价格为乙方提供协议产品的最高限价，在协议的有效期内甲方与供货商确定结算合同价格。

2.供货商的报价不得高于最高限价，且应低于同期市场平均价（或为新疆地区最低销售价）。

3.供货商为供货而发生的所有费用（税金、运费等）均应包含在货物价款中，甲方不再另行支付其他任何费用。

4.供货商在供货价发生提价变动时，应提前三十天书面通知甲方，并在征得甲方同意的前提下，方可执行。否则，供货商仍按旧价和甲方进行结算。

第四条 货物数量

1.货物数量需与甲方按月签订采购合同，相关要求不得超出本协议，按月签订采购合同后，乙方根据甲方提供的发货通知单按要求发货。

2.若甲方更改合同和发货通知单，供货商在收到该更改通知后24小时内未提出书面异议的，则视为供货商按更改后的合同和发货通知单交货。

第五条 供货的期限与交货地点和方式

供货的期限与交货地点在与甲方按月签订合同时确定。

第六条 货物的验收

1.甲方所属单位在收货后，根据货物的技术规格要求和质量标准，对货物进行检查验收。验收合格后，仓储部在《送货单》上签字确认。

2.在验收过程中甲方发现数量不足或有质量、技术等问题，供货商应负责按照甲方的要求采取补足、更换或退货等处理措施，并承担由此发生的一切费用和损失。

……

第十五条 协议的修改

对本协议不得擅自变更、解除或终止。

第十六条 协议生效及文本

1.本协议在协议各方签字盖章后生效。

2.本协议一式2份，双方各执一份。

甲方：珠江纸业股份有限公司	乙方：童林纸业集团股份有限公司
单位地址：广东省东莞广麻大道258号	单位地址：长沙市长沙县三一路112号
法定代表人：王旗	法定代表人：伍信
委托代理人：韩美	委托代理人：江彬
电话：1362675××× ×	电话：1529698××××
传真：0769-8882××××	传真：0731-8823××××

注：完整采购框架协议扫码获取。

图 2-49 采购框架协议

认知识别

1. 框架协议类型

框架协议采购分为封闭式框架协议采购和开放式框架协议采购两种形式。封闭式框架协议采购强调通过公开竞争订立框架协议，除经框架协议约定的补充征集程序外，不能随意增加协议供应商。开放式框架协议采购则是由征集人先明确采购需求和付费标准等条件，凡是愿意接受协议条件的供应商都可以申请加入。

2. 框架协议的有效期

企业应当根据工作需要和采购标的的市场供应及价格变化情况，科学合理确定框架协议期限。货物项目框架协议有效期一般不超过1年，服务项目框架协议有效期一般不超过2年。

3. 框架协议的含税单价（最高限价）

协议价格为乙方提供协议产品的最高限价，实际采购的单价为采购方与供应商确定的合同价格，但是在框架协议的有效期内，供货商的报价不得高于最高限价。

分析研判　框架协议类型的选择

框架协议采购原则上应当采用封闭式框架协议采购，只有少数情形可以采用开放式框架协议采购，因此公司选择封闭式框架协议。

风险控制1　企业在订立框架协议确定入围供应商时，要进行供应商的识别与评估，评估供应商的信誉度、财务状况、生产能力、质量认证、合规要求以及对合作伙伴作出评价等。确保供应商符合采购企业的入围条件，包括企业资质、经营能力、财务状况、商业信誉等。

风险控制2　企业在签订框架协议时，要明确协议条款和内容。框架协议的条款应尽量避免模糊和歧义，确保各方都能准确理解和执行。协议的起草人应准确表达各方当事人的意图，避免使用模糊、含糊不清的措辞。框架协议应考虑各方的利益和角色平衡，避免偏袒一方导致合作不公平。协议内容应充分体现双方的权益和责任，确保合作过程的公平性和可持续性。

二、拟定合同初稿

由于2023年2月企业生产需要耗用木片和原木，2023年1月26日，公司分别拟定与三家供应商的合同初稿。

【场景2-75】2023年1月26日，因公司与童林纸业集团股份有限公司的协议尚在有效期，可要求其在规定期限内直接为公司提供材料，且童林纸业为公司关联企业，现优先与童林纸业联系，沟通2023年2月采购原木、木片情况。根据采购部门提交的采购申请单，2023年2月需要木片27,178.25吨，原木17,464.18吨。按童林纸业销售战略，按采购申请单提供的2023年2月需采购的材料木片（签订数量占比60%）、原木（签订数量占比65%）供货。采购合同初稿部分如图2-50所示。

采购合同

购货单位（甲方）：珠江纸业股份有限公司　　　合同编号：HT20230126006

签订地点：东莞市

供货单位（乙方）：童林纸业集团股份有限公司　　　签订时间：2023年1月26日

一、产品名称、规格、数量、金额。

序号	商品名称	规格型号	品牌	单位	不含税单价（元）	数量	不含税金额（元）
1	木片	杨树木 2~3cm × 0~5mm	—	吨	1,215.47	16,306.95	19,820,608.52
2	原木	杨树木 1,220mm × 2,440mm × 2~30mm	—	吨	751.59	11,351.72	8,531,839.23
合计（元）	28,352,447.75						
价税合计人民币	叁仟贰佰零叁万捌仟贰佰陆拾伍元玖角陆分			（￥ 32,038,265.96 ）			

二、产品质量：货物符合相关行业或国家要求的质量、安全标准。
三、交货地点、方式：珠江纸业股份有限公司仓库
四、运输方式及到达站港和费用负担：火车运输，费用乙方承担。
五、交货时间：合同签订甲乙双方签字盖章、收到甲方发货通知单后6天内。
……

注：完整采购合同扫码获取。

图 2–50　采购合同初稿

认知识别　关联企业

关联企业是指与其他企业之间存在直接或间接控制关系或重大影响关系的企业。相互之间有联系的企业互为关联企业。关联企业在法律上表现为由控制公司和从属公司构成。

分析研判　采购合同中采购数量的确定

童林纸业集团股份有限公司只能提供企业需要采购木片量的60%，原木量的65%，因此木片的采购数量为27,178.25 × 0.6=16,306.95吨，原木的采购数量为17,464.18 × 0.65=11,351.72吨。

风险控制　企业与关联方交易时，要建立如下的风险防控机制：

（1）制定明确的采购程序和流程，确保关联方采购活动符合法律法规和公司政策。规定关联方采购的审批程序和权限限制，防止滥用职权和不当行为。

（2）加强信息披露，对关联方采购的重要信息，如交易价格、数量、质量等，及时向有关部门和人员进行披露，确保信息的透明性和真实性。

（3）引入第三方监督，在条件允许的情况下，引入第三方机构对关联方采购活动进行监督，确保交易的公平性和合规性。

【场景2–76】公司于2022年年底与农业个人生产者张文东签订了采购框架协议，可要求其在规定期限内为公司提供原木。2023年1月26日，为促农及享受农产品进项抵扣政策福利，经与张文东沟通，在保持现有生态环境、避免造成大量砍伐的情况下，张文东可提供原木174.64吨。公司拟定采购合同初稿，采用现付结算方式，农产品自行开具收购发票。采购合同初稿部分如图2–51所示。

采购合同

购货单位（甲方）：珠江纸业股份有限公司　　　　合同编号：HT20230126008

签订地点：东莞市

供货单位（乙方）：张文东　　　　签订时间：2023年1月26日

一、产品名称、规格、数量、金额。

序号	商品名称	规格型号	品牌	单位	不含税单价（元）	数量	不含税金额（元）
1	原木	杨树木 1,220mm × 2,440mm × 2~30mm	—	吨	751.59	174.64	131,257.68
合计（元）	131,257.68						
价税合计人民币	壹拾叁万壹仟贰佰伍拾柒元陆角捌分			（￥131,257.68）			

二、产品质量：货物符合相关行业或国家要求的质量、安全标准。

三、交货地点、方式：珠江纸业股份有限公司仓库

四、运输方式及到达站港和费用负担：汽车运输，费用乙方承担。

五、交货时间：合同签订甲乙双方签字盖章、收到甲方发货通知单后6天内。

六、发票情况：农产品自行开具收购发票。

……

注：完整采购合同初稿扫码获取。

图 2–51　采购合同初稿

认知识别

1. 农产品收购发票

农产品收购发票是指收购单位向农业生产者个人（不包括从事农产品收购的个体经营者）收购自产农业免税产品时，由付款方向收款方开具的发票。

2. 农产品进项税抵扣政策

纳税人购进用于生产销售或委托加工13%税率货物的农产品，取得农产品销售发票时，按照10%的扣除率计算进项税额。具体为：

（1）购进农产品时，以农产品销售发票或收购发票上注明的农产品买价和9%的扣除率计算进项税额；

（2）领用农产品时，再加计1%进项税额。

分析研判　采购合同中采购数量的确定

由于向农业生产者个人收购免税农产品有进项税抵扣政策，企业在需求数量内，希望尽可能从农业生产者个人收购原木，以降低成本。对方只能提供174.64吨原木，因此采购数量为174.64吨。

风险控制 企业拟定合同初稿时，合同内容应具体、明确，包括当事人名称、合同标的、数量、质量、价款、履行期限、地点和方式等核心要素。

【场景2-77】2023年1月26日，因存在与广东森盛林业有限公司的采购框架协议，可要求其在规定期限内直接为公司提供木片和原木。2023年2月需要采购木片27,178.25吨，向童林纸业集团股份有限公司采购60%，剩下的40%向广东森盛林业有限公司采购；2023年2月需要采购原木17,464.18吨，向童林纸业集团股份有限公司采购11,351.72吨，向农业生产者个人采购174.64吨，剩下的向广东森盛林业有限公司采购。公司根据木片和原木的采购申请单，确定采购数量。采购合同初稿部分如图2-52所示。

分析研判 采购合同中采购数量的确定

2023年2月需要采购木片27,178.25吨，公司向广东森盛林业有限公司采购的实际数量=27,178.25×0.4=10,871.3吨。

2023年2月需要采购原木17,464.18吨，公司向广东森盛林业有限公司采购的实际数量=17,464.18−11,351.72−174.64=5,937.82吨。

采购合同

购货单位（甲方）：珠江纸业股份有限公司　　　　合同编号：HT20230126007

　　　　　　　　　　　　　　　　　　　　　　　签订地点：东莞市

供货单位（乙方）：广东森盛林业有限公司　　　　签订时间：2023年1月26日

一、产品名称、规格、数量、金额。

序号	商品名称	规格型号	品牌	单位	不含税单价（元）	数量	不含税金额（元）
1	木片	杨树木2~3cm×0~5mm	—	吨	1,215.47	10,871.3	13,213,739.01
2	原木	杨树木 1,220mm×2,440mm×2~30mm	—	吨	751.59	5,937.82	4,462,806.13
合计（元）	17,676,545.14						
价税合计人民币	壹仟玖佰玖拾柒万肆仟肆佰玖拾陆元零壹分			（￥19,974,496.01）			

二、产品质量：货物符合相关行业或国家要求的质量、安全标准。

三、交货地点、方式：珠江纸业股份有限公司仓库

四、运输方式及到达站港和费用负担：火车运输，费用乙方承担。

五、交货时间：合同签订甲乙双方签字盖章、收到甲方发货通知单后6天内。

……

注：完整采购合同初稿扫码获取。

图2-52 采购合同初稿

风险控制 企业拟定合同初稿时，要注意合同条款的合法性，确保合同条款符合国家法律法

规的规定。同时，要注意合同条款的明确性，避免模糊不清或存在歧义。

三、合同评审

采购员韩美对三份合同初稿提交合同评审，审批内容为质量指标、技术指标、财务合规性、合法性，审批人卢云茜、魏英、钟淮敏、戴莉珺、王旗。

【场景 2–78】 2023 年 1 月 26 日，采购员韩美提交与童林纸业集团股份有限公司的合同的评审表，该合同评审表的评审要点与零星采购类似。完整合同评审表扫码获取。

风险控制 合同评审时，要仔细分析合同条款，包括条款的明确性、合理性、完整性和可执行性等。同时，还应注意条款之间的关联性和可能存在的漏洞。

合同评审时，除了合同条款本身，外部因素，如法律法规、市场环境、经济因素等也可能对合同履行产生影响。因此，在评审合同时需要考虑这些外部因素，并分析其对合同履行的潜在影响。

四、合同签订

2023 年 1 月 26 日，公司分别与三家供应商签订采购合同。

【场景 2–79】 2023 年 1 月 26 日，公司与童林纸业股份有限公司签订采购合同，在通过评审的采购合同上加盖公章。合同内容与合同初稿一致。完整正式采购合同扫码获取。

风险控制 企业应建立完善的合同管理机制，明确合同管理的任务，划分各部门的责任，确保各部门在合同的签订、履行过程中各司其职、通力合作，共同防范合同风险的发生。

五、通知发货

2023 年 1 月 26 日，公司向三家供应商发出发货通知单。

【场景 2–80】 2023 年 1 月 26 日，采购中心韩美根据已签订合同 HT20230126006 向童林纸业集团股份有限公司发送发货通知单，要求供应商收到发货通知单后按合同要求到货，即计划到货日期为 2023 年 2 月 1 日。发货通知单与零星采购流程一致。完整发货通知单扫码获取。

风险控制 应仔细核对发货通知单的信息，特别是交货地址、供应商名称等，以防信息错误造成发货不及时。

任务小结

框架协议采购主要分为两个阶段，第一阶段是确定入围供应商，第二阶段是选择成交供应商订立采购合同。企业在确定入围供应商时就应该采取各种风险管控措施，保证入围供应商的资质、产品、服务和技术都符合企业规定。在框架协议中，应该尽可能协商一致，并且约定好违约责任等，防止后续纠纷。在协议有效期内，采购价格不得高于框架协议的最高限价，同时又要综合考虑合同签订时的实际市场价格。

任务发布

结合框架协议采购内容，请同学们完成《框架协议》的填写。

项目总结

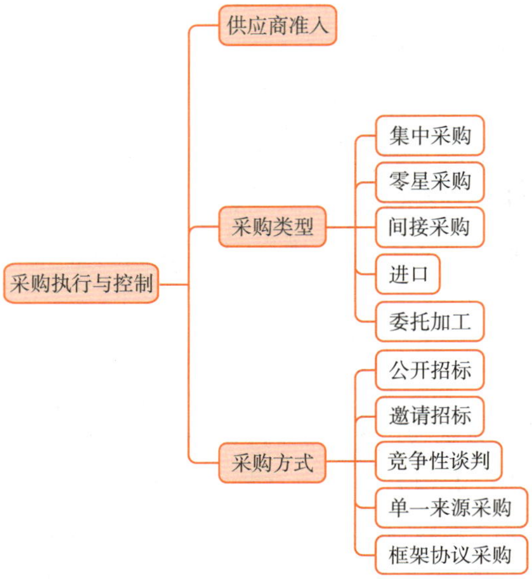

项目 3　采购入库与结算

学习目标

知识目标

1. 理解采购入库的基本流程与标准；
2. 掌握验收入库的操作规范与要求；
3. 了解入库结算时的相关法律法规。

技能目标

1. 能够根据采购合同和企业的入库流程，完成不同方式下的入库操作；
2. 能够根据验收入库操作规范，识别采购入库过程中各岗位人员的权责，并解决入库过程中可能出现的问题；
3. 能够识别采购入库与结算工作中的潜在风险并运用适当方法加以控制。

素质目标

1. 具备严谨细致的工作态度，确保入库数据的准确性；
2. 具备团队协作的能力，在采购入库过程中与其他部门有效沟通；
3. 提高解决问题的能力，快速响应采购入库过程中出现的异常情况。

当企业完成采购执行后，采购的货物需进行入库管理并按合同与供应商办理结算。

任务 1　一般验收入库

【教学重点】验收标准与验收流程。

【教学难点】验收过程中常见问题的识别、处理与风险控制。

任务导入

公司一般的验收入库流程包括核验送货单，进行质检以及填制入库单。2023年2月4日，公司采购中心根据签订的采购合同向供应商湖南林生新材料科技有限公司发出发货通知单。货物送达后，需进行验收入库，验收过程需确保原材料的质量、数量等信息与采购合同一致，并为后续的入库结算做好准备。

【场景3-1】2023年2月4日，湖南林生新材料科技有限公司尹奕痴根据发货通知单FHTZ20230204001组织送货并填制送货单，送货数据与发货单一致，收货人于小小。送货单如表3-1所示。

表3-1 送货单

收货单位：珠江纸业股份有限公司　　电话：1367782××××　　编号：SHD20230204001

日期：2023年2月4日　　地址：广东省东莞广麻大道258号

产品	规格	品牌或厂家	单位	数量	不含税单价	金额	实收数量
石灰	石灰粉	—	吨	6,763.32	420	2,840,594.4	6,763.32

收货人：于小小　　送货单位：湖南林生新材料科技有限公司　　送货人：尹奕痴　　制单：尹奕痴

认知识别1 验收入库的方式是依据采购的方式，具体有：一般验收入库、进口验收入库、委托加工物资验收入库、办公耗材及设备验收入库等。其流程如图3-1所示。

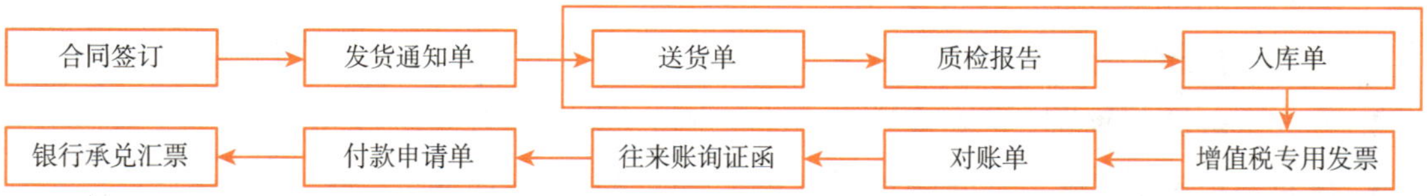

图3-1 一般验收采购入库流程

认知识别2 送货单

送货单是供货方依据合同与买方的发货通知发出的货物清单，是到货验收的一项重要文件依据。送货单是证明收货人签收货物的重要凭证，是合同欠款案件中可以决定诉讼胜败的关键证据。送货单一般由客户名称、送货单号、送货日期、货品名称、规格、单位、数量、单价、金额、送货人、签收人等字段组成。

风险控制

1. 正确规范填制送货单，避免法律风险和经济损失

送货单上的送货人和收货人名称必须准确无误。送货人应按照自己营业执照的企业名称印制送货单，避免写成关联企业或其他不正确的名称。收货单位的名称也必须完整且正确，避免名称错误导致的法律风险。

2. 严格按规定的程序核验送货单

在货物到达仓库后，相关人员应首先核对送货单与实际到货的商品或物资是否一致。应核对的内容包括检查送货日期，核对供应商信息、商品编码信息、数量信息等；检查商品外观质量，查看是否有破损、变形等问题；同时应核对商品数量，防止漏发或多发。

三 任务实施

一、质检报告

采购的物资送达之后，要根据验收入库的标准流程进行质量检验，对检验结果出具质检报告。

【场景 3–2】 2023 年 2 月 7 日，对送货单编号为 SHD20230204001 的材料进行质检。质检部门委派质检员赵青对货物进行严格的质量审查，确认无误后提交质检经理审批，审批通过后的质检报告如图 3–2 所示。

珠江纸业股份有限公司产品质检报告

报告编号：ZJBG20230207001　　送货单编号：SHD20230204001　　检验日期：2023 年 2 月 7 日

序号	产品名称	规格型号	数量	供应商	检验项目	检验依据	检测结果
1	石灰	石灰粉	6,763.32	湖南林生新材料科技有限公司	氧化钙、生过烧率、活性钙含量、浓度、杂质、细度、密度、不溶物	JC/T 479—92 标准	合格

质检专用章

质检员：赵青

审批日志

日期	部门	岗位	人员	意见	备注
2023 年 2 月 7 日	质量管理中心	经理	卢思云	同意	

图 3–2　产品质检报告

认知识别

1. 质检报告

质检报告是质检员或专业检测机构对货物进行质量检验后出具的一份书面报告，旨在评估货物的质量状况，确保货物符合国家标准、行业标准或合同约定的质量要求。质检报告通常包含货物的基本信息（如名称、规格、批次等）、检验项目（如外观、性能、规格等）、检验方法、检验结果以及结论等关键信息。报告还可能包括检测依据的标准或规范，以便追溯和核实。

2. 出具质检报告的目的

出具产品质检报告的目的是确保所有采购的商品在入库前都经过了严格的质量检验，从而保护买方免受不良品质的商品影响。通过这一过程，企业能够降低因质量问题而产生的成本，提高客户满意度，保障业务顺畅运行。

风险控制 质检部门要严格进行货物质量审查。质检过程可能存在以下风险点：

（1）人员风险。检验人员对审查结果负责，质检人员的专业水平、操作技能和职业道德直接影响质检报告的准确性和公正性。若人员缺乏专业知识、技能或存在职业道德问题，都可能导致质检报告出现误差。

（2）仪器设备风险。仪器设备是质检工作的基础，其性能、精度和稳定性对质检结果至关重要。若仪器设备未经计量检定或校准，或存在超期使用、维护不当等问题，都可能导致质检结果失真。

（3）样品管理风险。样品的采集、保存、流转和标识等环节都可能影响质检结果。若样品管理不善，如混淆、污染或损坏，都会导致质检报告的不准确。

（4）检测方法与试剂风险。检测方法和试剂的选择直接影响质检结果的可靠性。若检测方法不合理或试剂质量不合格，都会导致质检结果出现偏差。

二、入库单

采购的物资经过质量检验后，合格的产品才能够进行入库操作。同时，入库单还需经过必要的审批流程，采购部门与质检部门都应对采购的物资进行确认。保管员对已出具验收报告且合格的产品按计划成本法进行入库登记，入库数量即为验收合格数量。

【场景3–3】2023年2月7日，保管员于小小对已出具验收报告ZJBG20230207001且合格的产品按计划成本法进行入库登记，单价为1月的计划单价414.39元（即年初计划单价），实际单价为420元，购入数量（即采购数量）为6,763.32吨，计划金额为2,802,652.17元，入库数量即验收合格数量。验收入库单如表3–2所示。

表3–2 验收入库单

日期：2023年2月7日　　编号：RKD20230207001

类别	材料名称	规格型号	单位	购入	入库	计划单价（元）	计划金额（元）
辅料	石灰	石灰粉	吨	6,763.32	6,763.32	414.39	2,802,652.17
备注							

保管员　于小小

审批日志

日期	部门	岗位	人员	意见	备注
2023年2月7日	质量管理事业部	验收员	赵青	同意	
2023年2月7日	采购中心	采购员	卢宛玲	同意	

认知识别 入库单

入库单是仓库管理员在货物经过质量检验合格后，为记录货物入库信息而填写的单据。其主要功能是确保货物信息的准确录入，便于后续的库存管理和查询。入库单通常包含以下关键信息：货物名称、货物编号、规格型号、数量、单位、入库日期、供货商信息、验收人员签名等。

这些信息共同构成了货物入库的完整记录。

分析研判 计划成本法是一种在会计实务中广泛应用的存货计价方法，特别是在材料种类繁多、出入库频繁的大中型企业中应用的较多。公司采购石灰的实际单价420元，计划单价414.39元，入库数量为6,763.32吨，计划金额为2,802,652.17元，公司对存货的日常收入、发出和结存均按照预先制定的计划成本计价，并通过设置“材料成本差异”账户来记录实际成本与计划成本之间的差异。

风险控制1 仓储人员验收入库过程中应当严格按照采购单或者合同认真审核物资情况，审核内容主要包括入库物料或商品的名称、规格、型号、数量、批次号、质量状况等，确保采购的物料或商品与合同一致，避免虚假采购和套用资金问题。

风险控制2 仓储人员应当在验收后及时登记入库，并准确记录入库信息，同时要严格进行物料的分类管理，做好台账记录，保证账实相符。

风险控制3 相关部门人员应当在各自职责范围内对采购验收入库的物资负责，如采购人员应当对采购的产品名称、数量、规格型号等内容进行审批，质检人员应当对质量检验进行审批。

知识拓展 入库单不仅是物流和仓储管理中的标准操作流程，也是企业内部控制和财务核算的基础文件。准确的入库记录有助于企业有效地维护库存管理系统，实现物料的及时补充和合理使用，从而保证企业的日常运营和长期发展。在实际操作中，许多企业已经采用电子化管理系统来自动化地处理入库单及相关流程，以提高效率和准确性。

任务小结

一般验收入库风险控制主要集中在以下三个方面：

（1）制定详细的验收标准和规范的操作流程，确保验收人员能够按照统一的标准进行验收，减少人为因素导致的误差。

（2）加强对验收人员的培训，提高其专业技能和责任意识，确保他们能够准确判断货物质量并严格遵守验收流程。同时，加强职业道德教育，提高验收人员的责任意识，防止出现违规操作。

（3）利用现代化信息技术手段，如物联网、大数据等，对验收过程进行实时监控和分析，提高验收的准确性和效率。同时，使用专业的验收设备和工具，提高验收的精度和可靠性。

在验收过程中要加强各个部门的沟通与协作，确保入库工作的顺利进行。

任务发布

结合本次课程学习内容，请同学们完成“验收入库单”的填写。

任务2　进口验收入库

【教学重点】进口货物报关单的填制。

【教学难点】进口增值税的计算，进口验收入库的风险控制。

任务导入

【场景3-4】公司对进口采购的货物都将进行严格的入库质检，并对质检合格的货物进行入库登记，填写入库单。从前期采购执行中可知，2022年12月23日公司和供应商Santos Pulp Company Of Brazil签订阔叶浆采购合同（见图2-14）。2023年1月2日供应商Santos Pulp Company Of Brazil完成货物装船并提交海运提单（见图2-17）。

认知识别　进口验收入库是采购流程中至关重要的一个环节，它涉及从海关放行到货物入库的全过程。在这个环节，公司需要确保进口商品的质量、数量、规格等方面符合采购合同和相关法律法规的要求。其流程如图3-3所示。

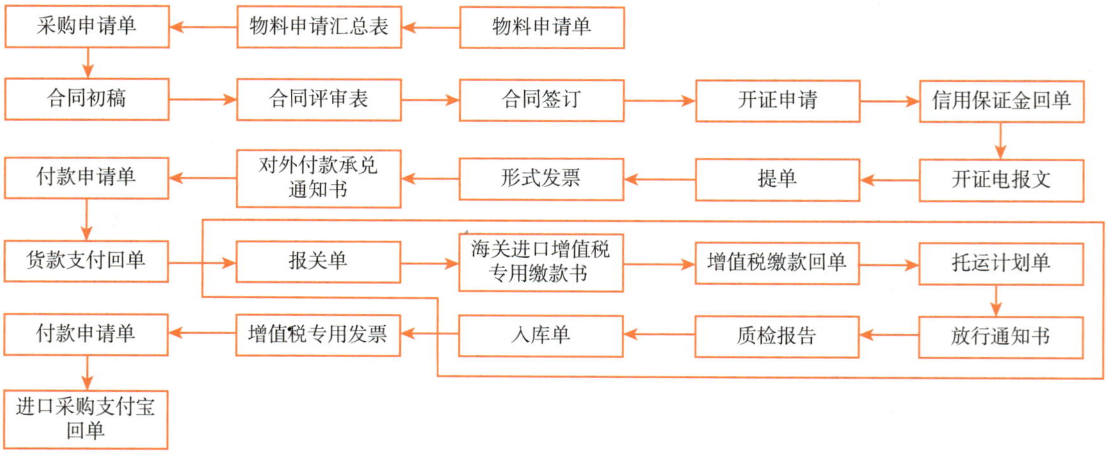

图3-3　进口验收入库流程

风险控制　合规申报以避免法律风险

企业向海关申报进口货物的合规事项是企业进口合规的首要内容，也是进口企业履行义务、实现权利的基础。只有申报（含补充申报）合规才能顺利完成通关，实现贸易便利化、通关利益最大化。如实申报的要点是按照海关法律、法规、规章及规范性文件的要求，如实申报商品信息、规范填制报关单、如实提交报关单证和进出口单证、认真核实确保单单相符和单货相符等，确保进出口货物不违反国家贸易管制管理规定。

任务实施

一、报关单

公司在运输工具申报进境之日起十四日内向海关申请进口报关。

【场景3-5】2023年1月24日，公司根据收到的提单和合同数据填写报关单，由东莞港进关，成交方式CIF，申报单位为珠江纸业股份有限公司，商品编码4703290000，监管方式为一般贸易，征免性质为一般征税。报关单如表3-3所示。

表3-3 报关单

中华人民共和国海关进口货物报关单

汇总征税

预录入编号：49192023012545914 海关编号：49192023012545914 两步申报模式：非证、非检、涉税 页码/页数 1/1

<table>
<tr><td>境内收货人</td><td colspan="2">珠江纸业股份有限公司</td><td colspan="3">进境关别</td><td rowspan="2">进口日期</td><td rowspan="2">2023年1月24日</td><td rowspan="2">申报日期</td><td rowspan="2">2023年1月24日</td><td colspan="2" rowspan="2">备案号</td></tr>
<tr><td>境内收货人税号</td><td colspan="2">91441900MA3CCA2C89</td><td colspan="3">东莞港</td></tr>
<tr><td colspan="3">境外发货人</td><td colspan="3">运输方式（2）</td><td colspan="2">运输工具名称及航次号</td><td colspan="2">提运单号</td><td colspan="2">货物存放地点</td></tr>
<tr><td colspan="3">SANTOS PULP COMPANY OF BRAZIL</td><td colspan="3">水路运输</td><td colspan="2">VENTA MAERSK/58199</td><td colspan="2">SITGYUHPG3702</td><td colspan="2">东莞</td></tr>
<tr><td colspan="3">消费使用单位税号 91441900MA3CCA2C89</td><td colspan="3">监管方式（0110）</td><td colspan="2">征免性质（101）</td><td colspan="4" rowspan="2">许可证号</td></tr>
<tr><td colspan="3">珠江纸业股份有限公司</td><td colspan="3">一般贸易</td><td colspan="2">一般征税</td></tr>
<tr><td colspan="3" rowspan="2">合同协议号
HT20221223001</td><td colspan="3">贸易国（地区）（QCB）</td><td colspan="2">启运国（地区）（QGB）</td><td colspan="2">经停港（地区）（QGB028）</td><td colspan="2">入境口岸</td></tr>
<tr><td colspan="3">巴西</td><td colspan="2">巴西</td><td colspan="2">桑托斯港（巴西）</td><td colspan="2">东莞港</td></tr>
<tr><td colspan="3">包装种类其他包装</td><td>件数</td><td>毛重（吨）</td><td>净重（吨）</td><td>成交方式</td><td>运费</td><td colspan="2">保费</td><td colspan="2">杂费</td></tr>
<tr><td colspan="3">随附单证及编号</td><td>286</td><td>17,881.99</td><td>17,881.99</td><td>CIF</td><td></td><td colspan="2"></td><td colspan="2"></td></tr>
<tr><td colspan="12">随附单证2：代理报关委托协议（电子）</td></tr>
<tr><td colspan="12">标记唛码及备注</td></tr>
<tr><td colspan="12">备注：<总担保490021AB0C0000000014>ADMT= 17,881.99</td></tr>
<tr><td>项号</td><td>商品编号</td><td>商品名称</td><td>规格型号</td><td>数量</td><td>单位</td><td>单价</td><td>总价</td><td>币制</td><td>原产国（地区）</td><td>最终目的国（地区）</td><td>入境目的地</td></tr>
<tr><td>1</td><td>4703290000</td><td>阔叶浆</td><td>800×800</td><td>17,881.99</td><td>吨</td><td>922.05</td><td>16,488,088.88</td><td>美元</td><td>巴西（QCB）</td><td>中国（CHN）</td><td>（43069）东莞</td></tr>
<tr><td></td><td></td><td></td><td></td><td></td><td></td><td></td><td></td><td></td><td></td><td></td><td></td></tr>
</table>

续表

特殊关系确认：否	价格影响确认：否	支付特许权使用费确认：否	公式定价确认：否	暂定价格确认：否	自报自缴：是
报关人员	报关人员证号49109135 电话				
申报单位	珠江纸业股份有限公司		兹申明对以上内容承担如实申报、依法纳税之法律责任		海关批注及签章
申报单位税号	91441900MA3CCA2C89		申报单位（签章）		

认知识别1 报关单是进出口货物收发货人或其代理人按照海关规定的格式对进出口货物的实际情况作出书面申明，以此要求海关对其货物按适用的海关制度办理通关手续的法律文书。报关单通常包含进出口货物的详细信息，如商品名称、规格型号、数量、重量、价格、原产国、贸易方式、运输方式等。这些信息对于海关确定货物的分类、计算关税和其他税费以及监管货物进出口至关重要。

认知识别2 在填制报关单之前，需要准备好与进口货物相关的各种信息和单证，包括合同、发票、装箱单等。这些单证将作为填制报关单和海关审核的依据。进口货物报关单的填制内容如下：

（1）进口口岸。详细填写货物入境的口岸名称。

（2）运输方式。根据实际情况选择并填写货物的运输方式，如空运、水运、公路运输等。

（3）运输工具名称及航次/车次号。根据运输方式的不同，填写相应的信息，如空运需填写航班号，水运需填写船名及航次，公路运输需填写车牌号。

（4）国家/地区。指明货物的原产地和发货国家/地区。如果货物经过其他国家加工复制，以最后加工的国家为原产国。

（5）品名、规格。按照实际货物详细填写品名和规格。

（6）数量及单位、总价和币种。根据实际交易情况和合同规定填写货物的数量、单位、总价和币种。注意数量和单位的准确性，总价需按照实际交易价格填写。

（7）贸易方式（监管方式）。根据实际情况选择并填写贸易方式，如一般贸易、进料加工等。

（8）征免性质、征免比例/结汇方式等。根据实际情况填写相关信息。如果有特殊关系确认、价格影响确认或支付特许权使用费确认等栏目涉及的相关费用，应主动向海关申报。

（9）原产国（地区）/最终目的国（地区）。填写进口货物的生产、开采或制造的国家（地区）。如果货物经过其他国家加工复制，以最后加工的国家为原产国。

分析研判1 公司在运输工具申报进境之日起十四日内应向海关申请进口报关。2023年1月24日，货物到达中国东莞港并进行进口货物报关，根据采购合同（见图2-14）、信用证（见图2-16）以及提单信息（见图2-17），填入的运输方式为水路运输，运输工具名称及航次号为Venta Maersk/58199，启运港为桑托斯港（巴西），进口商品名称为阔叶浆，规格为800×800，数量为

17,881.99吨，总价为16,488,088.88美元，原产国为巴西，最终目的国为中国，入境目的地为东莞。

分析研判2　两步申报模式为非证、非检、涉税，表明该货物在报关时需要缴纳税款，但无需特殊的证件和检验。征免性质为一般征税，意味着该货物需要按照正常税率缴纳进口关税。

风险控制1　报关时应确保各项信息的准确性和一致性，特别是货物品名、规格型号、数量、单位等关键信息，确保所填资料与海关数据一致。

报关时应严格按照相关国家的报关规定和时间节点，确保资料及时提交，并与供应链中的各方保持紧密沟通，以便提前获取并准备进口货物所需的资料。

风险控制2　为确保货物顺利通关，必须对货物进行正确的海关归类，并准确无误地填写申报所有必要信息。如若不遵守海关法规、错误归类或漏报重要信息，海关可能会对此进行严厉处罚，甚至导致货物被退回或销毁。

二、海关进口增值税专用缴款书

进口货物在海关完成查验、审价等程序后，海关要求公司缴纳进口增值税。

【场景3–6】2023年1月25日，公司收到海关发来的进口增值税缴款书。根据报关单（见表3–3）填写相关数据，完税价格=合同金额×申报汇率（6.965），申请单位编号2100015278。进口增值税缴款书如图3–4所示。

海关进口增值税专用缴款书

收入系统：海关系统　　填发日期：2023年1月25日　　编号：220020230126597548–A01

<table>
<tr><td rowspan="3">收款单位</td><td>收入机关</td><td colspan="3">中央金库</td><td rowspan="3">缴费单位（人）</td><td>单位名称</td><td>珠江纸业股份有限公司</td></tr>
<tr><td>科目</td><td>进口增值税</td><td>预算级次</td><td>中央</td><td>账号</td><td>1901322412455631285</td></tr>
<tr><td>收款国库</td><td colspan="3">国家金库东莞市中央金库</td><td>开户银行</td><td>中国工商银行股份有限公司长安支行</td></tr>
<tr><td>税号</td><td>货物名称</td><td>数量</td><td>单位</td><td colspan="2">完税价格</td><td>税率</td><td>税率金额（元）</td></tr>
<tr><td>91441900MA3CCA2C89</td><td>阔叶浆</td><td>17,881.99</td><td>吨</td><td colspan="2">114,839,539.05</td><td>13%</td><td>14,929,140.08</td></tr>
<tr><td>金额人民币（大写）</td><td colspan="5">壹仟肆佰玖拾贰万玖仟壹佰肆拾元零捌分</td><td>合计</td><td>14,929,140.08</td></tr>
<tr><td>申请单位编号</td><td>2100015278</td><td>报关单编号</td><td colspan="2">49192023012545914</td><td colspan="2">填制单位</td><td>收款国库（银行）</td></tr>
<tr><td>合同（批文）号</td><td>HT20221223001</td><td>运输工具（号）</td><td colspan="2">VENTA MAERSK/58199</td><td colspan="2" rowspan="2"></td><td rowspan="3"></td></tr>
<tr><td>缴款期限</td><td></td><td>报关单编号</td><td colspan="2">49192023012545914</td></tr>
<tr><td>备注</td><td colspan="4">一般贸易（0110）一般征税（101）2023–01–25
国际代码：320103100001988 JPY1.0000</td><td colspan="2">制单人：
复核人：</td></tr>
</table>

从填发缴款书之日起限15日内缴纳（期末遇法定节假日顺延），逾期按日征收税额总额万分之五的滞纳金。

图 3–4　海关进口增值税专用缴款书

认知识别　海关进口增值税专用缴款书是海关对进口货物征收增值税时出具的专用缴款凭证，用于进口商依据此凭证向海关指定的银行缴纳相应的进口增值税款。缴款书通常包含进口货物的详细信息，如货物名称、数量、价值、税率、税款金额等，以及海关的缴款通知日期、缴款期限等关键信息。

分析研判1 2023年1月25日，由海关系统填发海关进口增值税专用缴款书，企业缴纳的增值税收入国家金库东莞市中央金库。

分析研判2 纳税单位为珠江纸业股份有限公司，税号为91441900MA3CCA2C89，进口的货物为阔叶浆，数量为17,881.99吨，完税价格为114,839,539.05元，增值税税率为13%，应缴纳的增值税金额为14,929,140.08元。

分析研判3 公司为增值税一般纳税人，一般纳税人销售货物、提供加工修理修配劳务以及进口货物适用13%的增值税税率。进口货物增值税=完税价格×税率，完税价格=合同金额（见图2–14）×申报汇率（6.965），即完税价格=16,488,088.88（美元）×6.965=114,839,539.05元，进口货物增值税=114,839,539.05×13%=14,929,140.08元。

风险控制 海关进口增值税专用缴款书具有法律效力，缴款期限是从填发缴款书之日起限15日内缴纳（节假日顺延），逾期将按日征收总税额万分之五的滞纳金。

三、托运计划单

公司与国内承运人在进口货物海关放行前，签订委托运输协议。

【场景3–7】 在收到海关的放行通知书之前，公司根据签订的运输协议提前向承运人发送托运计划单，承运时间为1月28日，托运单价为9.16895元/吨，托运数量为报关通知书（见表3–3）所记载数量。托运计划单如表3–4所示。

表3–4 托运计划单

承运人：东莞飞速运输服务有限责任公司　　编号：TYJHD20230125001　　日期：2023年1月25日

承运日期	送达日期	起运地	到达地	货物名称	单位	数量	单价（元）	备注
2023年1月28日	2023年1月28日	东莞港	广东省东莞广麻大道258号	阔叶浆	吨	17,881.99	9.16895	

日期	部门	岗位	人员	意见	备注
2023年1月25日	采购中心	经理	卢云茜	同意	
2023年1月25日	总经办	财务总监	钟淮敏	同意	

认知识别 托运计划单是采购过程中一个重要的物流安排文件，主要用于提前告知承运人货物的运输计划，确保货物能够准时、准确、安全地送达目的地。在采购活动中，托运计划单通常由采购方根据与供应商或承运人签订的运输协议进行编制，并发送给承运人，以便承运人提前了解货物的托运时间、托运数量、运输单价等相关信息，从而做好相应的运输准备。

分析研判 公司在收到海关放行通知书之前，已经根据签订的运输协议向承运人发送了托运计划单，并明确承运时间为2023年1月28日，表明承运人已被告知并按照这一日期进行运输准备，有助于确保货物按时送达。

风险控制　确保托运计划单上的信息准确无误，包括托运时间、托运数量、运输单价等关键信息，避免信息错误或遗漏导致的物流延误或运输成本增加。

四、放行通知书

进口货物在海关检验和审查通过后获得放行许可。

【场景3-8】 缴纳进口增值税后，收到海关开具的放行通知书，相关数据从报关单（见表3-3）和开证申请表（见表2-17）获取，运输方式为水路运输。放行通知书如图3-5所示。

通关无纸化进口放行通知书

珠江纸业股份有限公司：

你公司以通关无纸化方向海关发送下列电子报关电数据业经海关审核放行，请携带本通知书及相关单证至港区办理装货/提货手续。

东莞海关海关审单中心

2023年1月28日

预录入编号：49192023012545914　　海关编号：49192023012545914

进口关别		备案号		进口日期		申报日期	2023-01-28 00：00：00
收发货人		运输方式（2）		运输工具名称及航次号		提运单号	
珠江纸业股份有限公司		水路运输		VENTA MAERSK/58199		VENTA MAERSK/58199	
消费使用单位	91441900MA3CCA2C89 珠江纸业股份有限公司	监管方式（0110）一般贸易		征免性质		征税比例	
许可证号		启运国（地区）（QGB）		经停港		境内目的地	
		巴西					
批准文号		成交方式	运费	保费		杂费	
合同协议号		件数	包装种类	毛重（吨）		净重（千克）	
				17,881.99			
集装箱号		随附单证				生产厂家	
项号	商品名称	数量	单位	单价		币制	
1	阔叶浆	17,881.99	吨	922.05		USD	

兹申明，以上通知由我公司根据海关电子回执打印，保证准确无讹。

珠江纸业股份有限公司

图3-5　放行通知书

认知识别 海关放行通知书是海关在完成对进口货物的查验、审价、征税等程序后，确认货物符合相关法律法规要求，并允许其进入国内市场流通的官方文件。海关放行通知书通常包含货物的提单号、报关单号、货物描述、数量、价值、原产地等关键信息，以及海关的放行日期和放行章。

分析研判1 2023年1月28日，货物获得“通关无纸化进口放行通知书”，它标明了货物已通过海关审核并准予放行。

分析研判2 海关放行通知书具有法律效力，是货物合法进入国内市场的凭证。持有此通知书的货物可以在国内市场自由流通，无需再次接受海关的查验。

风险控制1 企业应确保在进口货物放行通知书中准确填写监管方式和征免性质，并充分了解相关政策和规定，以规避因填写错误而可能产生的额外税费和法律风险。

风险控制2 为确保进口货物质量符合要求，企业需了解商品检验要求，并在进口前委托专业机构进行检验，避免未通过检验或质量问题导致的退货和罚款风险。

五、质检报告

公司质检部门质检员对进口货物进行质量检验。

【场景3-9】公司收到货物后由质检员赵青进行入库质检，检测项目：打浆度、抗张指数、白度等，检测依据：QB/T1678-2007。产品质检报告如图3-6所示。

珠江纸业股份有限公司产品质检报告

报告编号：ZJBG20230128001 送货单号：SITGYUHPG3702 检验日期：2023年1月28日

序号	产品名称	规格型号	数量	供应商	检验项目	检验依据	检测结果
1	阔叶浆	800×800	17,881.99	Santos Pulp Company of Brazil	打浆度、抗张指数、白度……	QB/T1678-2007	合格

质检员：赵青

日期	部门	岗位	人员	意见	备注
2023年1月28日	质量管理中心	经理	卢思云	同意	

图3-6 产品质检报告

分析研判 参考场景——一般验收入库的质检报告

风险控制 在国际贸易中，质检报告具有法律效力，特别是当双方合同中有明确约定时。如果货物质量不符合质检报告中的要求，进口商有权要求退货、换货或索赔。

六、入库单

公司仓库保管员对质检合格的货物进行入库登记。

【场景3-10】公司保管员李江东对质检合格的货物进行入库登记，填写入库单，相关数据根据质检单（见图3-6）填写，入库单价为6,590元/吨，入库数量与购入数量一致。验收入库单如表3-5所示。

表 3-5　　验收入库单

日期：2023年1月28日　　入库编号：RKD20230128001

类别	材料名称	规格型号	单位	购入	入库	单价（元）	金额（元）
原料	阔叶浆	800×800	吨	17,881.99	17,881.99	6,590	117,842,314.1

日期	部门	岗位	人员	意见	备注
2023年1月28日	质量管理中心	验收员	赵青	同意	
2023年1月28日	进出口部	采购员	江美	同意	

保管员：李江东

分析研判　参考场景——一般验收入库的入库单

风险控制　在填写入库单时，应注意确保信息的准确性和完整性，避免漏填或错填。同时，应加强对入库单的保管工作，防止丢失或损坏。此外，还应定期对入库单进行审查和归档，以便后续审计和查询。

任务小结

进口验收入库是国际贸易采购流程中的关键一环，它涵盖了从进口货物报关到货物最终入库的全过程。在这个过程中，企业需确保采购的进口商品在质量、数量、规格等方面均符合采购合同和国内外相关法律法规的要求。一旦货物经海关放行，企业需与承运人紧密合作，确保货物能准时、准确地送达指定仓库。在入库前，还需进行严格的验收程序，包括对货物的数量、质量、规格等进行逐一核对，以确保所收货物与合同和报关单上的信息完全一致。这一过程不仅关乎企业的经济利益，也体现了对消费者权益的尊重和保护。

任务发布

结合本次课程学习内容，请同学们完成“托运计划单”的填写。

任务3 委托加工验收入库

【教学重点】委托加工验收入库流程。

【教学难点】委托加工验收过程中常见问题的识别、处理与风险控制。

任务导入

从前期采购执行中可知，2023年2月26日公司采购员卢宛玲根据采购计划与广东韶关北衡浆纸有限公司签订4,000吨的阔叶浆委托加工协议。

【场景3-11】2023年3月20日，广东韶关北衡浆纸有限公司送来完工的4,000吨阔叶浆并附送货单，相关信息从合同获取，甲方收货人：于小小。送货单如表3-6所示。

表3-6 送货单

编号：SHD-CG20230320115

收货单位：珠江纸业股份有限公司　日期：2023年3月20日　地址：广东省东莞广麻大道258号　电话：1367782××××

产品	规格型号	品牌或厂家	单位	数量	不含税单价（元）	金额（元）	实收数量
阔叶浆	800×800	—	吨	4,000	4,175	16,700,000	4,000

收货人：于小小　送货单位：广东韶关北衡浆纸有限公司　送货人：李文　制单：李文

认知识别1 委托加工原材料的入库流程是指将加工完成的产品从加工厂入库到委托加工单位的流程。为了保证产品的质量和安全，入库流程也非常重要。

加工厂进行产品的包装、标识和出库操作时，需严格按照相关规定操作。入库人员应当对产品进行验收、上架和入库记录，确保入库数据的准确性和完整性。同时，还需对产品进行质量检验，确保产品符合相关标准和要求。具体流程如图3-7所示。

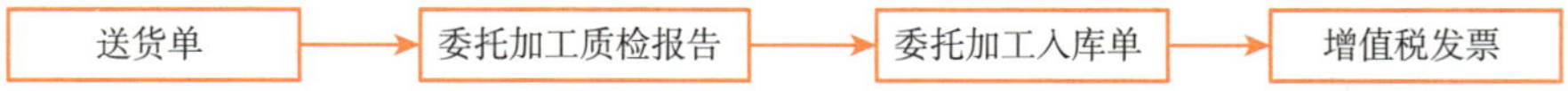

图3-7 委托加工验收入库流程

认知识别2 委托加工物资是指企业委托外单位加工的各种材料、商品等物资。与材料或商品销售不同，委托加工材料发出后，其保管地点发生位移时仍属企业存货范畴。经过加工，材料或商品的实物形态、性能和使用价值将发生变化，加工过程中需要消耗其他材料，发生加工费、税费等加工成本。因此，加强委托加工物资的合同管理和准确完整核算加工成本，是企业委托加工物资会计核算监督的主要任务。

风险控制　建立送货单管理制度，明确单据的填写、审核、传递、归档等流程；采用电子化管理手段，提高单据管理的效率和安全性；定期对单据进行盘点和检查，确保单据的完整性和准确性。

任务实施

一、质检报告

公司收到货物后，由质检员检测并出具质检报告。

【场景 3-12】公司收到货物后，由质检员赵青检测并出具质检报告，检验项目：打浆度、抗张指数、白度，检验依据：QB/T 1678—2007，检验结果：合格，以上检测报告由卢思云审批。产品质检报告如图 3-8 所示。

珠江纸业股份有限公司产品质检报告

报告编号：ZJBG-CG202303200482　　检验日期：2023 年 3 月 20 日

序号	产品名称	规格型号	数量	供应商	检验项目	检验依据	检验结果
1	阔叶浆	800 × 800	4,000	广东韶关北衡浆纸有限公司	打浆度、抗张指数、白度……	QB/T1678—2007	合格

质检员：赵青

日期	部门	岗位	人员	意见	备注
2023 年 3 月 20 日	质量管理中心	经理	卢思云	同意	

图 3-8　质检报告

认知识别　产品质检报告填写需要注意检验项目的选择、检验依据的标准、相关人员的审批意见及签章，且要与送货单的产品名称、规格型号、数量等保持一致。

分析研判　在委托加工原材料的出入库流程中，需要特别注意以下事项：

（1）严格执行出入库操作规程，加强仓库管理，确保出入库数据的准确性和完整性。

（2）加强对原材料和产品的质量管理，确保产品符合相关标准和要求。

（3）做好出入库记录的管理和保存工作，便于日后追溯和核对。

二、入库单

公司保管员签收验收合格的货物并开具入库单。

【场景 3-13】公司保管员李江东签收验收合格的货物并开具入库单，根据合同填写相关数据，原料价格1,215.47元/吨，计划单价6,590元/吨，入库金额26,360,000（4,000×6,590）元，由赵青、卢宛玲审批。委托加工入库单如表3-7所示。

表3-7 委托加工入库单

日期：2023年3月20日　　　　编号：RKD-CG20230320661

类别	材料名称	规格型号	单位	委外加工数量	入库数量	原料消耗	原料价格（元）	不含税加工费（元）	金额（元）	计划单价（元）
原料	阔叶浆	800×800	吨	4,000	4,000	5,200	1,215.47	4,175	26,360,000	6,590
备注										

保管员：李江东

日期	部门	岗位	人员	意见	备注
2023年3月20日	质量管理中心	验收员	赵青	同意	
2023年3月20日	采购中心	采购员	卢宛玲	同意	

认知识别 对委托加工品进行分类、标记、记录入库，并确保信息的实时更新。注意与供应商建立合作关系，确保质量和供应稳定；注重信息的实时更新，避免出现误差。

分析研判 在现代生产过程中，委托加工半成品出入库管理是非常重要的一环。通过有效的管理，可以实现生产过程的高效运转，保证产品质量，提升企业的生产效率和利润。

风险控制 财务部门在委托加工过程中，需要对委托加工合同、加工费发票、产品验收合格证明、委外协作领料单、委外协作入库单进行核对，确保数据真实准确。财务部门应定期与外协单位进行对账，并由双方对核对结果进行签认，以减少财务结算风险。

知识拓展 对于因质量问题或其他原因需要退换货的货物，验收人员应及时与送货单位联系，并办理相关手续。对于入库后发现的异常情况或问题，验收人员应及时向上级汇报，并协助相关部门进行处理。

任务小结

委托加工验收入库是一个涉及多个环节和部门的复杂流程。在实际操作中，需要各方密切配合，确保流程高效、准确进行。需双方充分沟通、明确合同条款、统一质量标准、把牢验收工作并规范库存管理，确保合作顺利进行并保障产品质量。同时，通过信息化手段的应用，如委托加工原材料出入库流程管理系统，可以进一步提高工作效率和管理的精准度，控制委托加工验收入库风险。

任务发布

结合本次课程学习内容，请同学们完成《产品质检报告》的填写。

任务4 办公耗材及设备验收入库

【教学重点】办公耗材及设备的验收入库流程。
【教学难点】办公耗材及设备验收入库单的编制。

任务导入

【场景3-14】根据办公用品公开招标的相关要求，公司确定办公耗材及设备中标单位为东莞晨采商贸有限公司，并向其发送发货通知单，在收到货后核定实际采购数量进行验收入库操作。2023年2月26日，公司向中标单位东莞晨采商贸有限公司发出发货通知单（见表3-8），东莞晨采商贸有限公司收到发货通知单后开始送货。

表3-8 发货通知单

采购类型：集中采购　　合同编号：DT-CGHT-20230201　　日期：2023年2月26日
供应商：东莞晨采商贸有限责任公司　　部门：采购中心　　交货地址：珠江纸业股份有限公司仓库
结算方式：验收合格后3个月后　　付款方式：电汇　　编号：FHTZ20230226001
运费：费用由供应商承担　　运输方式：汽车运输　　税率：0.13
备注：
单位：元

序号	存货名称	规格型号	单位	数量	单价（元）	金额（元）	品牌	质量要求	计划到货日期
1	笔记本	惠普HP星14青春版	台	20	4,350	87,000	惠普	行业标准	2023年3月1日
2	打印机	佳能2900	台	20	1,550	31,000	佳能	行业标准	2023年3月1日
3	条码机	力码560A	台	20	880	17,600	力码	国家标准	2023年3月1日
4	电脑	联想M4650	台	15	3,280	49,200	联想	行业标准	2023年3月1日
5	显示器	联想LI2032wA	台	15	800	12,000	联想	国家标准	2023年3月1日
6	交换机	华三S5720S-28P-SI-AC	台	15	3,300	49,500	华三	国家标准	2023年3月1日
7	路由器	Lan*42.4GHz	台	10	150	1,500	—	国家标准	2023年3月1日
8	……	……	……	……	……	……	……	……	……
合计（元）						837,875			

续表

日期	部门	岗位	人员	意见	备注
2023年2月26日	采购中心	副经理	蒋芸	同意	
2023年2月26日	采购中心	副经理	曹坤	同意	

注：完整发货通知单扫码获取。

分析研判1 公司向中标单位东莞晨采商贸有限公司发出发货通知单后的固定资产和办公耗材的验收入库流程如图3-9所示。

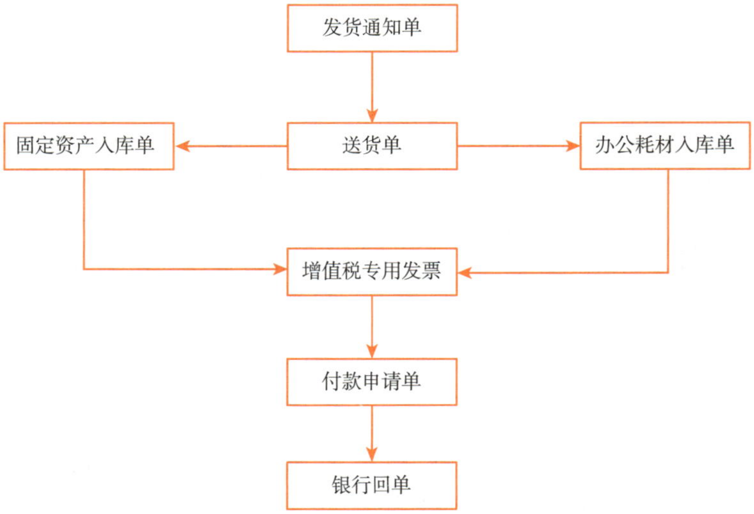

图3-9 固定资产和办公耗材验收入库流程图

分析研判2 公司收到东莞晨采商贸有限公司发来的货物后对照发货通知单进行核验，将收到的资产分为固定资产和办公耗材，分两张入库单填写。

风险控制 发货通知单上的信息应该确保无误，如产品型号、数量、单价、总价、发货地址、收货方信息等，以免影响交货进度和客户满意度。

任务实施

一、送货单

送货人根据发货通知单组织送货并填写送货单，送货数据应与发货通知单一致。

【场景3-15】2023年2月27日，东莞晨采商贸有限责任公司钱忠根据发货通知单FHTZ20230226001组织送货并填写送货单（见表3-9），送货数据与发货单一致。

表 3-9　　送货单

收货单位：珠江纸业股份有限公司　　电话：1822370××××　　编号：SHD20230227001

日期：2023年2月27日　　地址：广东省东莞广麻大道258号

单位：元

产品	规格	品牌或厂家	单位	数量	含税单价（元）	金额（元）	实收数量
笔记本	惠普HP星14青春版	惠普	台	20	4,350	87,000	20
打印机	佳能2900	佳能	台	20	1,550	31,000	20
条码机	力码560A	立码	台	20	880	17,600	20
电脑	联想M4650	联想	台	15	3,280	49,200	15
显示器	联想LI2032wA	联想	台	15	800	12,000	15
交换机	华三S5720S-28P-SI-AC	华三	台	15	3,300	49,500	15
路由器	Lan*42.4GHz	TP-LINK	台	10	150	1,500	10
鼠标	无	联想	个	50	70	3,500	50
内存	2G1333DDR3	三星	个	10	120	1,200	10
无线网卡	150Mbps	TP-LINK	台	50	45	2,250	50
电源	先马坦克430	先马坦克	个	10	160	1,600	10
硬盘	西数WD10EZEX1T	西数	个	10	420	4,200	10
长毛夹	常规规格	得力	个	500	15	7,500	500
签字笔芯	常规规格	得力	支	5,000	0.5	2,500	5,000
档案盒	常规规格	得力	个	500	6.5	3,250	500
小白方便文件袋	常规规格	得力	个	5,000	1.2	6,000	5,000
铁锁	常规规格	得力	个	100	25	2,500	100
档案袋	常规规格	得力	个	15,000	2	30,000	15,000
2号电池	常规规格	得力	对	300	11	3,300	300
……							
合计							837,875

收货人：刘春雨　　送货单位：东莞晨采商贸有限责任公司　　送货人：钱忠　　制单：李力

注：完整送货单扫码获取。

分析研判　送货单是销售方与买货方（客户）之间的销售物品凭证，送货单是证明收货人签收货物的重要凭证。送货单一般由客户名称、送货单号、送货日期、货品名称、规格、单位、数量、单价、金额、送货人、签收人等字段组成。送货单一般可分为单联、两联、三联，或者多联。

风险控制　货物的名称、型号、规格、单价、数量、质量等级等都是双方交易标的物的具体属性，送货方需要认真填写，这些属性标注的越清楚，越能在诉讼中占据有利地位。

单价尤为重要，特别是双方没有书面合同的情况下，送货单上的单价将会成为认定价格的直接证据，如果送货单上没有填写，法院很有可能按市场价格来认定货品的单价，而受时间、地区及市场价格波动的影响，认定出的价格与实际约定价格可能相差悬殊，往往会给送货人带来很大损失。因此，货物名称、规格、单价等务必填写清楚。

二、固定资产入库单

仓库保管员对划分为固定资产的办公设备进行入库登记，并入库到设备仓。

【场景3-16】2023年2月27日，保管员龚誉学对划分为固定资产的办公设备进行入库登记，并入库到设备仓。公司固定资产验收入库单如表3-10所示。

表3-10 公司固定资产验收入库单

日期：2023年2月27日　　编号：RKD20230227002

类别	材料名称	规格型号	单位	购入	入库	单价（不含税）（元）	不含税金额（元）
固定资产	笔记本	惠普HP星14青春版	台	20	20	3,849.56	76,991.15
固定资产	打印机	佳能2900	台	20	20	1,371.68	27,433.63
固定资产	条码机	力码560A	台	20	20	778.76	15,575.22
固定资产	电脑	联想M4650	台	15	15	2,902.65	43,539.82
固定资产	交换机	华三S5720S-28P-SI-AC	台	15	15	2,920.35	43,805.31
合计							207,345.13

保管员：龚誉学

审批日志

日期	部门	岗位	人员	意见	备注
2023年2月27日	党政办公室	验收员	刘春雨	同意	
2023年2月27日	采购中心	采购员	卢宛玲	同意	

认知识别 固定资产入库单

固定资产入库单是企业固定资产管理的重要工具之一。它是企业在购买固定资产后，将固定资产入库并进行登记的一种单据，其作用是记录固定资产的数量、型号、规格、价格等信息，以便企业进行固定资产的管理和使用。

分析研判 编制固定资产入库单

公司保管员对划分为固定资产部分的办公设备进行入库登记，入库到设备仓并编制固定资产入库单。在编制时应注意以下几点：

（1）填写入库单的基本信息，包括入库单号、入库日期、入库人员等，填写时准确无误；

（2）填写固定资产的详细信息，包括固定资产的名称、型号、规格、数量、单价、总价等。

三、办公耗材入库单

公司保管员对划分为耗材的办公耗材进行入库登记。

【场景3–17】2023年2月27日，保管员李博对划分为耗材部分的办公耗材进行入库登记，并入库到党政办公室耗材仓。验收入库单如表3–11所示。

表 3–11　　公司办公耗材验收入库单

日期：2023年2月27日　　编号：RKD20230227001

类别	材料名称	规格型号	单位	购入	入库	单价（不含税）（元）	金额（元）
办公耗材	显示器	联想 LI2032wA	台	15	15	707.96	10,619.47
办公耗材	路由器	Lan*42.4GHz	台	10	10	132.74	1,327.43
办公耗材	鼠标	无	个	50	50	61.95	3,097.35
办公耗材	内存	2G1333DDR3	个	10	10	106.2	1,061.95
办公耗材	无线网卡	150Mbps	台	50	50	39.82	1,991.15
办公耗材	电源	先马坦克430	个	10	10	141.59	1,415.93
办公耗材	硬盘	西数WD10EZEX1T	个	10	10	371.68	3,716.81
办公耗材	长毛夹	常规规格	个	500	500	13.27	6,637.17
办公耗材	签字笔芯	常规规格	支	5,000	5,000	0.44	2,212.39
……	……	……	……	……	……	……	……
合计							534,137.17

保管员：李博

审批日志

日期	部门	岗位	人员	意见	备注
2023年2月27日	党政办公室	验收员	刘春雨	同意	
2023年2月27日	采购中心	采购员	卢宛玲	同意	

注：完整珠江纸业办公耗材验收入库单扫码获取。

认知识别　办公耗材入库单

办公耗材入库单是商家和商家之间互相调货的凭证，用于记录办公耗材的入库信息，包括入库时间、耗材的型号、价格及商家的名称等。办公耗材入库单是对采购实物入库数量的确认，也是企业内部管理和控制的重要凭证，有助于监控采购人员和供应商的行为，防范采购人员与供应商串通舞弊，虚报采购量或发生实物短少的风险。

正确使用和填写办公耗材入库单，可有效跟踪和管理办公用品，从而更有效地管理办公资源。

分析研判　用Excel制作入库表格

打开Excel工作表并制作表单。首先，设置表单的框架，输入日期、商品名称、进货数据、出库数据和剩余库存。其次，为剩余库存数量设置公式，即剩余库存=入库数量–出库数量，剩余库存数量将自动计算。最后，在底线中设置总额，用来计算本月的入库数量、出库数量和剩余库存数量。

风险控制　仓库管理人员在接收耗材后，应该按照采购单上的信息进行验收，核对耗材的数量和品质，对于数量和质量不合格的耗材，应当及时通知采购人员，协商处理方式。

任务小结

办公耗材及设备验收入库的风险控制主要从资产的类别、名称、规格型号、入库数量和入库金额进行严格把控，仓管人员在收到货物后应按照采购单上的信息对入库资产进行一一核对验收。

任务发布

结合本次课程学习内容，请同学们完成“办公耗材及设备验收入库单”的填写。

任务5　退货

【教学重点】退货的业务流程及单据填制。

【教学难点】退货过程中的风险控制。

任务导入

因之前订购的谷壳物料中有部分物料不符合公司收货标准，公司决定予以退货处理。2023年3月10日，公司根据调解协议退回质量不合格货物1.5吨。退回质量不合格货物的交接签收单如表3-12所示。

表3-12　珠江纸业股份有限公司货物交接签收单

编号：CKD20230310001

发货单位：珠江纸业股份有限公司　　日期：2023年3月10日

材料名称	规格型号	单位	数量	等级	备注
谷壳	100kg/袋	吨	1.5	/	按照东字20230308008号 调解协议退回有质量问题货物

运输车（船）号：湘F-31510　　签收人：中兴粮业集团有限公司　　发货人：江春东

日期	部门	岗位	人员	意见	备注
2023年3月10日	仓储部	原材料仓库组主管	李敏捷	同意	
2023年3月10日	总经办	财务总监	钟淮敏	同意	
2023年3月10日	采购中心	经理	卢云茜	同意	
2023年3月10日	总经办	副总经理	赵云飞	同意	

认知识别　退货是指购买者因为产品质量、数量、交货期等问题而要求退回产品的情况。国家关于退货的法律规定主要体现在《中华人民共和国消费者权益保护法》和《中华人民共和国产品质量法》中。根据法律规定，如果经营者提供的商品或者服务不符合质量要求，被有关行政部门认定为不合格或符合七日无理由退货条件，购买者均可要求退货。其流程如图3-10所示。

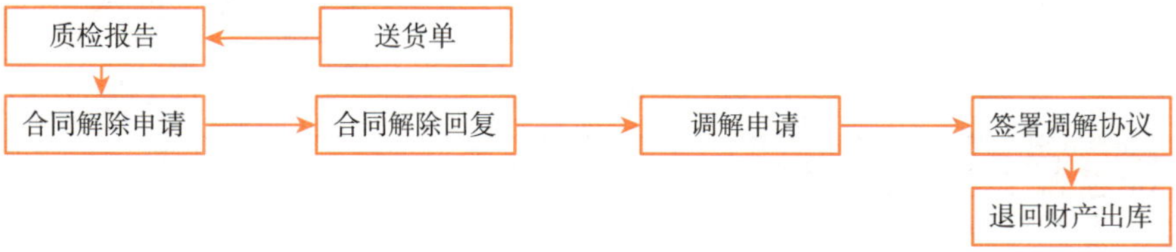

图3-10　退货流程图

分析研判

1. 退货的原因

在购买产品后，出现了以下情况之一，购买者可以选择退货：

（1）产品质量问题：产品本身存在质量问题或者包装运输过程中导致产品出现损伤等问题。

（2）产品型号不符或功能故障：购买者收到的产品型号与订单不符或者产品存在功能故障，无法正常使用。

（3）产品数量有误：购买者收到的产品数量与订单不符或者产品存在漏发等问题。

（4）超出交货期：产品未能按照合同约定的时间交付，导致购买者耽误了生产计划。超出交货期也是购买者退货的原因之一。

公司从中兴粮业集团有限公司购买的谷壳中1.5吨货物有质量问题是公司退货的主要原因。

2. 退货的时间

一般情况下，购买者在收到产品之后的7天内可以选择退货处理。如果产品存在质量问题，购买者可以在收到产品之后的15天内进行退货处理。

风险控制　因质量原因产生的退货，企业应分析是否会涉及其他批号，若可能会涉及其他批号时，所涉及批号的产品应同时进行退货处理。企业需要退货时，应仔细审查采购合同中有关退货的条款，包括退货条件、流程、时限、费用负担等。同时对退货应产生的成本进行预算和控制，避免造成财务损失。

任务实施

一、产品质检报告

质检部门检测员对采购收到的物资进行检测，检查购入产品的数量、品种、规格、质量等是否符合合同要求，并出具相应的产品质检报告，提交有关部门审批。

【场景3-18】2023年3月6日，公司收到中兴粮业集团有限公司发来的物资，由质检部门质检员赵青出具检测报告（见表3-13），检测结果如下。

表 3-13　　珠江纸业股份有限公司产品质检报告

报告编号：ZJBG20230306015　　送货单编号：SHD20230228017　　检验日期：2023年3月6日

序号	产品名称	规格型号	数量	供应商	检验项目	检验依据	检测结果
1	谷壳	100kg/袋	3,609.93	中兴粮业集团有限公司	色泽、气味、含水量、含油量	GB/T 5497—85标准	不合格，1.5吨货物含水量达到14%。

质检员：赵青

审批日志

日期	部门	岗位	人员	意见	备注
2023年3月6日	质量管理中心	经理	卢思云	同意	

分析研判　公司收到物资后分别对其色泽、气味、含水量、含油量进行质检，发现含水量达到14%，不符合GB/T 5497—85，产品质检结果不合格，同时出具产品质检报告，准备退货。

风险控制　对于采购入库前质检时发现的不合格产品，应当及时处理，以免错过退货时间，给企业造成损失。

二、发出合同解除申请

对于采购入库过程中发现的不合格产品，需要退货或争取相应赔偿的，公司应当首先向供应商发出合同解除申请，进行协商。合同解除申请应当根据产品质检报告，对照采购合同有关条款进行编制。

【场景3-19】 2023年3月6日，公司根据质检报告和合同相关协议，向中兴粮业集团有限公司发送解除合同通知书，要求解除不达标货物的合同，并要求贵方按照不合格货物货款的1%赔偿经济损失，并请贵方于3日内收回不合格货物。解除合同通知书如图3-11所示。

解除合同通知书

编号：JCHT20230306001

中兴粮业集团有限公司：

我单位与贵单位2023年2月26日签订了谷壳采购协议书，合同编号HT20230226015，合同中有如下约定：谷壳含水量应不超过12%，若超出标准购买方有权拒收退回不达标货物，并由销售方承担由此产生的全部费用。因合同履行中出现1.5吨货物含水量达到14%。现根据合同约定通知贵单位于2023年3月6日解除质量不合格部分的标的物合同权利及义务，并要求贵方按照不合格货物货款的1%赔偿经济损失，并请贵方于3日内收回不合格货物。

特此通知

日期：2023年3月6日

供应商回复：________________________

日期	部门	岗位	人员	意见	备注
2023年3月6日	监审法务部	经理	戴莉珺	同意	
2023年3月6日	质量管理中心	经理	卢思云	同意	

图 3-11　解除合同通知书

分析研判

1. 合同解除

合同解除，是指合同当事人一方或者双方依照法律规定或者当事人的约定，依法解除合同效力的行为。合同一旦签约，有国家法律保护。合同解除包括约定解除和法定解除。

2. 约定解除

民法典承认了约定解除（《民法典》第562条第2款），约定解除包括协议解除和约定解除权两种情况。协议解除是指在合同成立后、未履行或未完全履行合同义务时，当事人双方通过协商解除合同，从而使合同效力消灭的行为。协议解除是在合同成立以后通过双方协商解除合同，因此又称为事后解除。约定解除权是指当事人双方在合同中约定，在合同成立以后，没有履行或没有完全履行合同义务之前，由当事人一方在某种解除合同的条件成就时享有解除权，并可以通过行使合同解除权使合同关系消灭。

风险控制 在签订采购合同时，双方应当对质量问题如何处理、未按约定时间交货如何处理等事项达成一致，以书面形式在合同中进行约定，以免产生纠纷。企业作为一个市场主体，为了适应复杂多变的市场情况，当事人有必要把合同条款规定得更细致、更灵活、更有策略性，其中应包括保留解除权的条款，使自己处于主动而有利的地位。

三、合同解除回复

企业发出解除合同申请后，需要等待供应商回复，协商一致方可解除；如果协商不成，可以提起诉讼或申请仲裁。

【场景3-20】2023年3月6日，公司收到中兴粮业集团有限公司回复的通知书（见图3-12），回复内容如下。

解除合同通知书

编号：JCHT20230306001

中兴粮业集团有限公司：

我单位与贵单位于2023年2月26日签订了谷壳采购协议书，合同编号HT20230226015，合同中有如下约定：谷壳含水量应不超过12%，若超出标准购买方有权拒收退回不达标货物，并由销售方承担由此产生的全部费用。因合同履行中出现1.5吨货物含水量达到14%。现根据合同约定通知贵单位于 2023年3月6日 解除质量不合格部分的标的物合同权利及义务，要求贵方按照不合格货物货款的1%赔偿经济损失，并请贵方于3日内收回不合格货物。

特此通知

日期：2023年3月6日

供应商回复：货物交付后出现质量问题，我方不予承担相关责任

图3-12 回复通知书

分析研判1 根据《中华人民共和国产品质量法》规定，消费者购买的产品应当符合质量要求，如发现产品存在质量问题，消费者有权要求退款退货。一般情况，买卖双方达成协议完成退

货，无需走法律程序。场景中供应商拒绝退货需承担相关责任，因此公司将对供应商提起诉讼或申请仲裁。

分析研判2 协议解除程序

协议解除程序，是指当事人双方经过协商同意，将合同解除的程序。由于协议解除程序是采取合同的方式，所以要使合同解除有效成立，也必须有要约和承诺。这里的要约，是解除合同的要约，其内容是要消灭既存的合同关系，甚至包括已经履行的部分是否返还、责任如何分担等问题。它必须是向既存合同的对方当事人发出，并且要在既存合同消灭之前提出。这里的承诺，是解除合同的承诺，是完全同意上述要约的意思表示。

风险控制 有些合同的解除除双方协商一致外，还需要经过有关部门批准。在合同解除需经有关部门批准时，有关部门批准解除的日期即为合同解除的日期。在合同解除不需有关部门批准时，双方当事人协商一致之时就是合同解除生效之时，或者由双方当事人商定解除生效的日期。

四、调解申请

合同双方无法对协议解除合同达成一致的，任何一方当事人均可向人民法院提起诉讼或者请求仲裁机构进行仲裁。

【**场景3–21**】因供应商不同意解除货物质量不合格部分的合同，公司决定通过提请仲裁的方式解决合同纠纷，调解事项为经济纠纷，受理机构为东莞市仲裁委员会。调解申请如表3–14所示。

表3–14 调解申请

编号：TJSQ2023020000000020

申请单位基本信息			
申请单位	珠江纸业股份有限公司	联系人	卢宛玲
统一社会信用代码	91441900MA3CCA2C89	联系电话	1367782××××
单位地址	广东省东莞广麻大道258号		
被申请单位信息			
被申请单位	中兴粮业集团有限公司	联系人	唐绍眉
统一社会信用代码	91110000101100414N	联系电话	1568334××××
单位地址	北京市朝阳区朝阳门南大街82号		
申请调解事项类别	经济纠纷		
事实和理由	1.5吨货物含水量达到14%		
调解请求	要求贵方按照不合格货物货款的1%赔偿经济损失，并请贵方于3日内收回不合格货物		
申请日期	2023年3月7日		
受理机构	东莞市仲裁委员会		
资料准备	营业执照、合同/协议、相关主张证明材料		

认知识别 经济仲裁

经济仲裁是一种和平解决经济纠纷的方法，指经济合同的当事人双方发生争议时，如通过协商不能解决，当事人一方或双方自愿将争议的事项或问题提交给双方同意的第三者，依照专门的仲裁规则进行裁决，由其作出对双方均有约束力的裁决。该第三者为双方选定的仲裁人（亦称公断人），或为仲裁机构。

风险控制 仲裁的自愿性、保密性使当事人之间通常没有激烈的对抗，且商业秘密不必公之于世，对今后当事人之间的商业机会影响较小。

五、签署调解协议

仲裁开庭首先要进行开庭调查，依申请人、被申请人以及其他仲裁参与人的顺序，进行事实调查。调查完结后，征求当事人是否愿意调解，调解成功即可签订调解协议书；调解不成则仲裁庭对合同纠纷进行评议，并作出裁决意见。

【场景3-22】经过仲裁委调解，合同双方达成调解协议：（1）由被申请人中兴粮业集团有限公司承担不合格产品的运输费用。（2）对于产品质量不合格所造成的交货数量不足，申请人公司不再要求被申请人作出经济补偿。调解协议书如图3-13所示。

调解协议书

东字TJXY20230308008号

申请人：　珠江纸业股份有限公司

被申请人：　中兴粮业集团有限公司

本委主持调解，双方本着平等、自愿、公平的原则，经友好协商一致，对2023年2月26日签订的谷壳采购协议中所产生的货物质量不达标，含水量超过12%的纠纷达成以下协议。

1. 由被申请人承担不合格产品的运输费用。

2. 对于产品质量不合格所造成的交货数量不足，申请人不再要求被申请人作出经济补偿。

上述协议经本委审查，予以确认。

申请人：　珠江纸业股份有限公司

被申请人：　中兴粮业集团有限公司

调解员：　李行

调解机构：　东莞市仲裁委员会

日期：　2023年3月9日

日期	部门	岗位	人员	意见	备注
2023年3月9日	监审法务部	经理	戴莉珺	同意	
2023年3月9日	总经办	副总经理	赵云飞	同意	

图3-13 调解协议书

分析研判

1. 一裁终局制

我国仲裁法实行一裁终局制度。仲裁机构对于双方当事人提请仲裁的案件作出的裁决具有终局的法律效力，任何一方都不得要求该仲裁机构或其他仲裁机构再次裁决或向人民法院起诉，也不得向其他机关提出变更仲裁裁决的请求。裁决作出后，当事人就同一纠纷申请仲裁或者向人民法院起诉的，仲裁机构或者人民法院不予受理。

2. 不服经济仲裁裁决处理

对经济仲裁裁决不服，认为裁决错误的，可以在收到裁决书之日起六个月内向人民法院申请撤销。超过六个月期限的，法院将不再受理审查。

风险控制 企业应当注意防范申请的仲裁不在仲裁机构受理范围内，没有订立仲裁协议或者协议无效，选定的仲裁机构没有管辖权，或者不能举证证明本人主张等仲裁风险。

六、退货

供应商同意退货的产品，企业应当根据协议安排产品出库退货。

【场景3-23】 2023年3月10日，公司根据调解协议退回质量不合格货物1.5吨。退货的货物交接签收单如表3-15所示。

表 3-15 珠江纸业股份有限公司货物交接签收单

编号：CKD20230310001

发货单位：珠江纸业股份有限公司　　日期：2023年3月10日

材料名称	规格型号	单位	数量	等级	备注
谷壳	100kg/袋	吨	1.5	—	按照东 字 20230308008 号 调解协议退回有质量问题货物

运输车（船）号：湘F-31510　　签收人：中兴粮业集团有限公司　　发货人：江春东

日期	部门	岗位	人员	意见	备注
2023年3月10日	仓储部	原材料仓库组主管	李敏捷	同意	
2023年3月10日	总经办	财务总监	钟淮敏	同意	
2023年3月10日	采购中心	经理	卢云茜	同意	
2023年3月10日	总经办	副总经理	赵云飞	同意	

分析研判1 退货相关会计处理

针对不同情形下的退货，企业应当分情况进行处理，退货有关处理逻辑图如图3-14所示。

分析研判2 在本业务中，由于供应商中兴粮业集团有限公司并未开具增值税发票，且购买方公司未付款也未进行账务处理。因此，公司无需做特别账务处理，仅需将不合格货物退还给中兴粮业集团有限公司即可。

风险控制 加强退货相关票据管理以避免税务风险

根据税法规定，货物销售后发生退货时，若购买方未做财务处理，应将原发票联和抵扣联主动退还销售方，不得认证抵扣增值税进项税额。若已经认证抵扣，则必须作进项税额转出的处理，并在重新购进货物时按实际购入数、单价等再要求供货商重新开具增值税专用发票。退货过程中，应当处理好与增值税有关的票据，以免产生涉税风险。在退货过程中，应注意妥善包装退货商品，以免在运输过程中受损。退货时务必保留好退货凭证，以便在退货过程中查询退货状态。

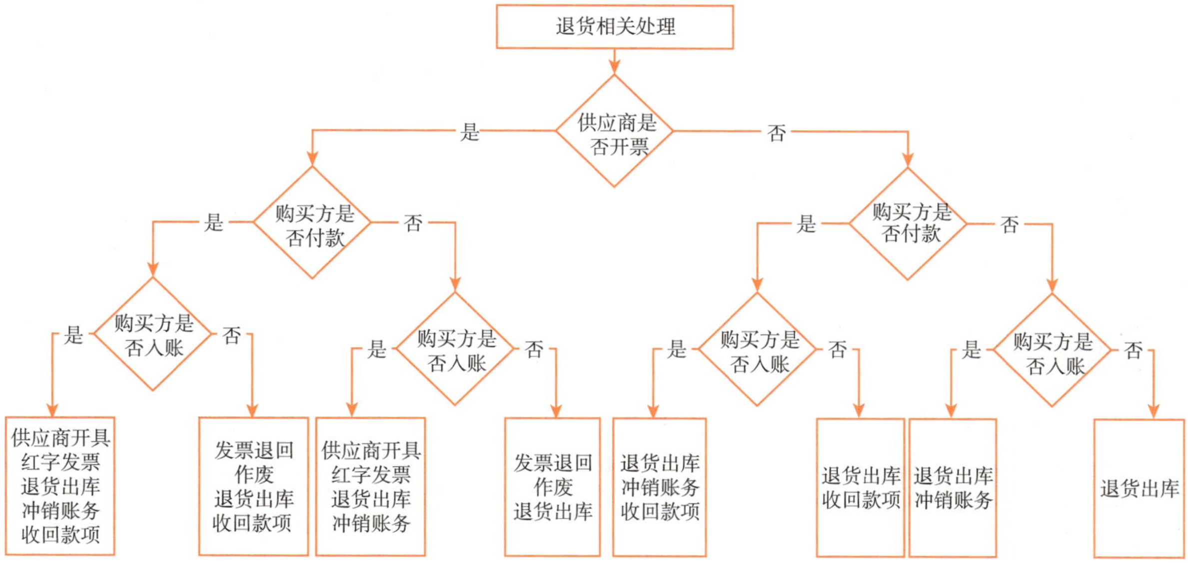

图 3–14　退货处理逻辑图

思维拓展　退货给企业带来的影响是多方面的，不仅涉及经济成本，还包括企业的搜索排名、客户关系和品牌形象，企业应该加强哪些方面从而降低客户退货率呢？

任务小结

由于运输不当、产品本身不达标、自然灾害等原因，退货无法完全避免，退货前应先对产品进行质检，出具质检报告，再发出合同解除申请，对方回复后进行调节协商，达成一致即可办理退货出库流程。实务中，企业应该通过细致合同约定、及时提出退货申请、做好退货业务处理等措施，尽量与供应商协商解决退货事项，从而达到降低退货风险、减少经济损失的目的。

任务发布

根据本次课程所学内容，请同学们完成“单笔经济业务的退货处理”。

任务 6　支付结算

【教学重点】支付结算的方式。

【教学难点】如何规避支付结算中的风险。

采购的材料经过质检，进入仓库后即可启动支付结算流程，本书将支付结算分为一般材料入库的支付结算与进口业务验收入库的支付结算。

子任务 1　一般材料入库的支付结算

【教学重点】一般材料入库的结算方式。

【教学难点】一般材料入库支付结算的风险控制。

任务导入

【场景3-24】公司采用银行承兑汇票方式支付货款，按标准填写付款申请单，并对供应商湖南林生材料科技有限公司进行付款（见表3-16）。

表 3-16　（银行承兑汇票）付款申请单

单位：珠江纸业股份有限公司

申请部门	采购中心	申请人		卢宛玲		日期	2023年4月8日
收款单位	湖南林生新材料科技有限公司					付款内容：货款	
付款方式	银行承兑汇票						
开户银行	招商银行大同支行						
账号	432588762348961××××						
付款金额（大写）	人民币	叁佰贰拾万玖仟捌佰柒拾壹元陆角柒分	付款金额（小写）（元）	3,209,871.67		付款类型	应付款

日期	部门	岗位	人员	意见	备注
2023年4月8日	总经办	副总经理	赵云飞	同意	
2023年4月8日	财务部	材料会计	王云飞	同意	
2023年4月8日	财务部	财务经理	胡洋	同意	
2023年4月8日	总经办	财务总监	钟淮敏	同意	
2023年4月8日	财务部	出纳	唐伯瑞	同意	

认知识别　付款申请单

付款申请单是向供货单位申请付款的书面单据，为了用明细表明付款的各项内容（如日期、部门、申请项目、申请金额、用途、审批人、经办人、部门经理、财务负责人、总经理），需进行内部审批，财务再按照付款申请单付款。

分析研判　在一般资产验收入库后，销货方开具增值税发票给采购方，采购方根据对账单核对无误后填写付款申请单申请支付货款，流程如图3-15所示。

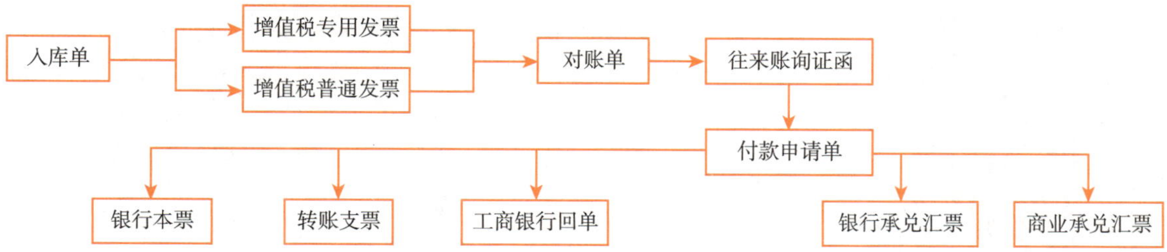

图 3-15　一般材料验收入库付款申请流程图

风险控制　在填写付款申请单时，需要注意确保付款信息的准确性，如供应商名称、发票号码、订单号、付款方式、付款金额。精准填写，确保内容，包括日期、部门、申请项目、申请金额、用途等明细项准确无误。

任务实施

公司保管员对一般材料验收入库后，采购中心提出付款申请，付款方式可分为银行承兑汇票、电汇、网上支付、商业承兑汇票等，财务将根据付款申请单进行支付。

【场景3-25】 2023年4月8日，公司对湖南林生新材料科技有限公司以银行承兑汇票的方式支付货款（见图3-16、图3-17）。

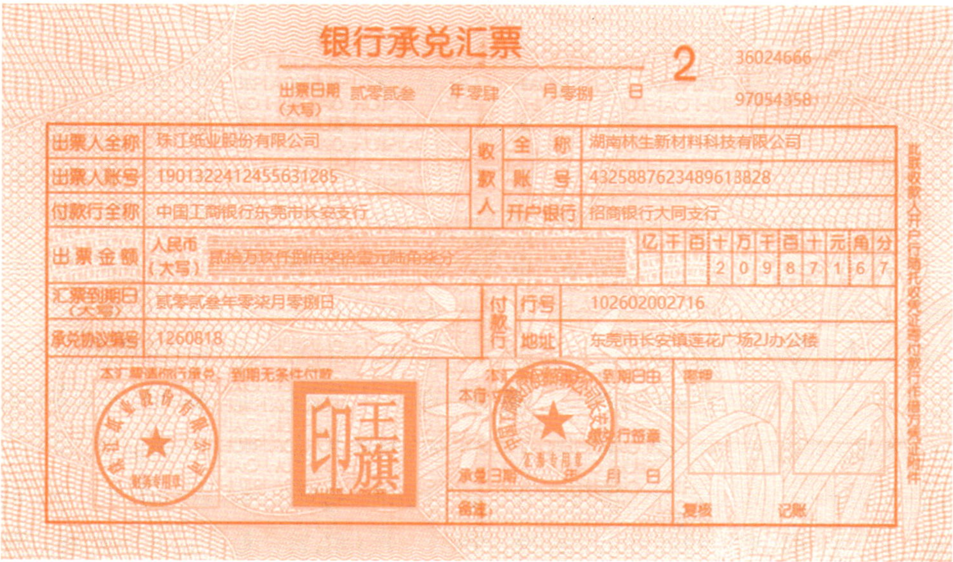

银行承兑汇票　2　36024666　97054358

出票日期（大写）　贰零贰叁　年零肆　月零捌　日

出票人全称	珠江纸业股份有限公司	收款人	全　称	湖南林生新材料科技有限公司
出票人账号	1901322412455631285		账　号	4325887623489613828
付款行全称	中国工商银行东莞市长安支行		开户银行	招商银行大同支行
出票金额	人民币（大写）贰拾万玖仟捌佰柒拾壹元陆角柒分		亿千百十万千百十元角分	2 0 9 8 7 1 6 7
汇票到期日（大写）	贰零贰叁年零柒月零捌日	付款行	行号	102602002716
承兑协议编号	1260818		地址	东莞市长安镇莲花广场2J办公楼

本汇票请你行承兑，到期无条件付款

王旗印

本汇票已经承兑，到期日由本行付款　承兑行签章

承兑日期　年　月　日

备注：

密押

复核　记账

此联收款人开户行随托收凭证寄付款行作借方凭证附件

图 3-16　银行承兑汇票

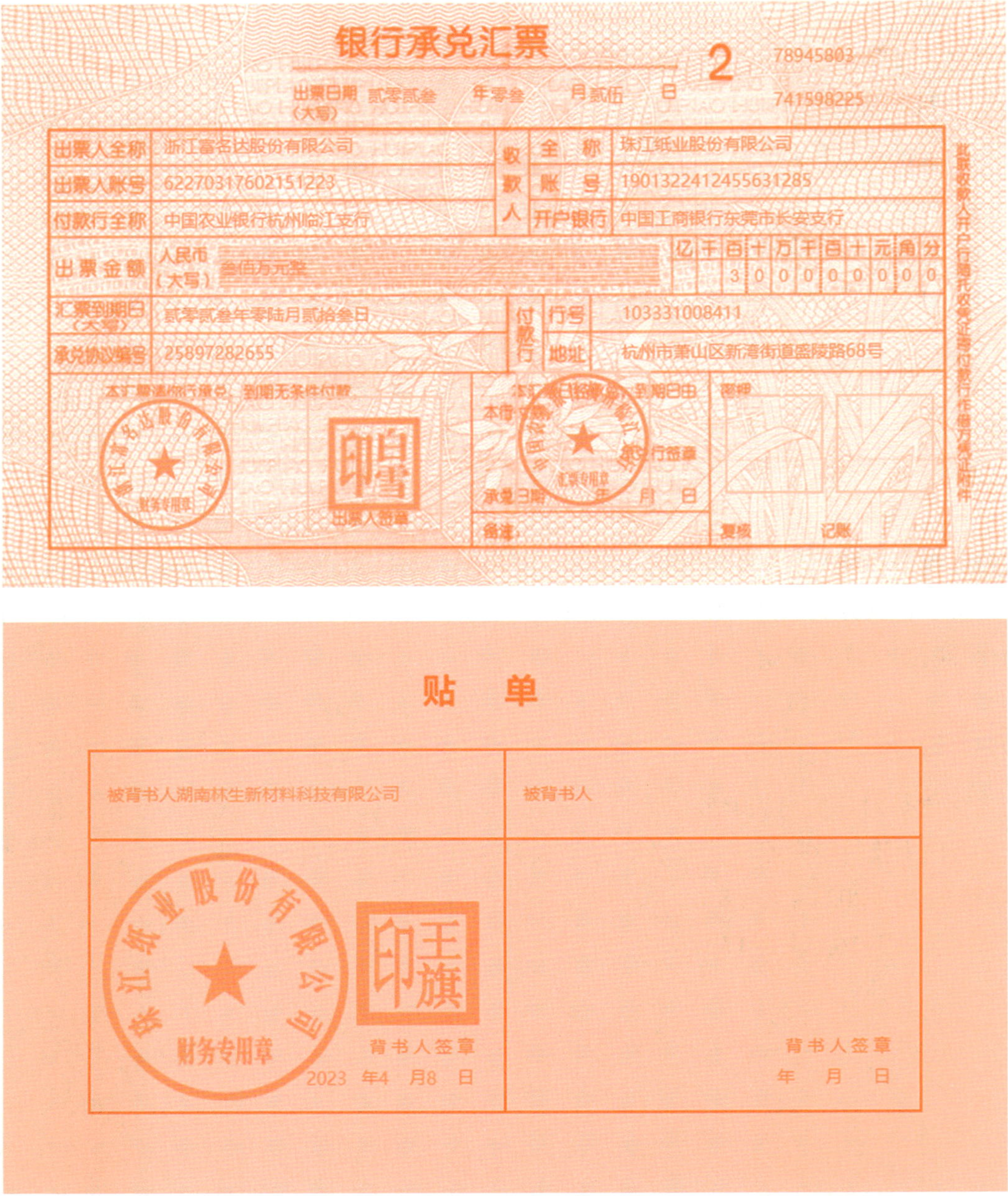

银行承兑汇票　2　78945803
出票日期（大写）贰零贰叁年零叁月贰伍日　741598225

出票人全称	浙江富名达股份有限公司	收款人	全称	珠江纸业股份有限公司
出票人账号	62270317602151223		账号	1901322412455631285
付款行全称	中国农业银行杭州临江支行		开户银行	中国工商银行东莞市长安支行
出票金额	人民币（大写）叁佰万元整		亿千百十万千百十元角分	3 0 0 0 0 0 0 0 0
汇票到期日（大写）	贰零贰叁年零陆月贰拾叁日	付款行	行号	103331008411
承兑协议编号	25897282655		地址	杭州市萧山区新湾街道盛陵路68号

本汇票请你行承兑，到期无条件付款。　出票人签章
本汇票已经承兑，到期日由本行付款。　承兑行签章　承兑日期　年　月　日
备注：　密押　复核　记账
此联收款人开户行随托收凭证寄付款行作借方凭证附件

贴　单

被背书人湖南林生新材料科技有限公司	被背书人
背书人签章　2023年4月8日	背书人签章　年　月　日

图 3-17　背书转让的银行承兑汇票

认知识别　银行承兑汇票

银行承兑汇票是商业汇票的一种。由在承兑银行开立存款账户的存款人签发，向开户银行申请并经银行审查同意承兑的，保证在指定日期无条件支付确定的金额给收款人或持票人的票据。对出票人签发的商业汇票进行承兑是银行基于对出票人资信的认可而给予的信用支持。

分析研判　由于银行承兑汇票可以背书转让，在场景3-25中，除了公司自身出具的一张金额为209,871.67元（见图3-16）的银行承兑汇票，还有一张背书转让给湖南林生新材料科技有限公司，金额为3,000,000元（见图3–17）的银行承兑汇票，付款总金额与付款申请单一致。

风险控制　企业使用银行承兑汇票进行结算时，应优先选择管理规范、实力雄厚的国有商业银行。在接收银行承兑汇票时，应仔细检查票面是否有瑕疵，包括但不限于票据伪造、变造、恶意公示催告等问题，以避免权益受损。

知识拓展　支付结算方式除了银行承兑汇票外，还有电汇、网上支付、商业承兑汇票、银行本票和转账支票等方式，下面我们将一一进行举例说明。

【场景3–26】2023年1月31日，公司对广东升平化学试剂有限公司以电汇方式支付货款，银行回单如图3–18所示。

ICBC 中国工商银行　业务回单（付款）凭证

日期：2023年01月31日　回单编号：038362604

收款人户名：广东升平化学试剂有限公司　收款人开户行：中国银行广州天河东路支行

收款人账号：620023501425

付款人户名：珠江纸业股份有限公司　付款人开户行：中国工商银行东莞市长安支行

付款人账号：1901322412455631285

金额合计（大写）：壹仟伍佰肆拾陆万伍仟玖佰伍拾壹元玖角捌分　小写：15465951.98

业务（产品）种类：网银互联　凭证种类：9129137　凭证号码：6953846647337

摘要：货款　用途：无　币种：人民币

交易机构：0190010180　记账柜员：00132　交易代码：52139　渠道：网上银行

附言：无

支付交易序号：13443662　报文种类：小额客户发起普通贷记业务　委托日期：2023-01-31 00:00:00

业务类型（种类）：普通汇兑　指令编号：HQP6953757810　提交人：0920101905200002.C.1901

最终授权人：无

本回单为第一次打印，注意重复　打印日期：2023-01-31 00:00:00　打印柜员：10　验证码：402Z8FEPHX171

图 3–18　电汇方式付款回单

分析研判　电汇

电汇是付款人将一定款项交存汇款银行，汇款银行通过电报或电话传给目的地分行或代理行（汇入行），指示汇入行向收款人支付一定金额的一种交款方式。

风险控制　在进行电汇结算时，可能面临着因资金被错误转入他人账户、银行系统故障等导致的操作失误风险。为了规避这一风险，买卖双方可以选择合作稳定、信誉良好的银行或支付机构，以降低操作风险的发生概率。

公司根据收到的运输发票填写付款申请单（见表3–16），付款方式为网上支付。

【场景3-27】公司根据收到的运输发票填写付款申请单，申请人江美，付款方式网上支付，付款内容：阔叶浆从港口到工厂运输费用，支付宝账号321585025@qq.com，付款回单如表3-17所示。

表 3-17 网上支付回单

单据编号 2023012970432840000

支付宝转账电子回单

回单生成时间 2023-01-28 13:48:52

付款方	账户名	珠江纸业股份有限公司
	账号	62750136@qq.com
	账号类型	支付宝账户
	开户机构：	支付宝（中国）网络技术有限公司
收款方	账户名	东莞飞速运输服务有限责任公司
	账号	321585025@qq.com
	账号类型	支付宝账户
	开户机构：	支付宝（中国）网络技术有限公司
支付宝流水号	2023012970432840000	
付款时间	2023-01-28 13：48：52	
付款金额（元）	小写	178,715.39
	大写	壹拾柒万捌仟柒佰壹拾伍元叁角玖分

注：①本《支付宝电子回单》仅证明用户在申请该电子回单时间之前通过其支付宝账户的支付行为。
②本《支付宝电子回单》有任何修改或涂改的，均为无效证明。
③本《支付宝电子回单》仅供参考，如与用户支付宝账户记录不一致的，以支付宝账户记录为准。

支付宝（中国）网络技术有限公司

业务凭证专用章盖章处

分析研判 网上支付

网上支付即网络支付，是指电子交易的当事人，包括消费者、厂商和金融机构，使用安全电子支付手段通过网络进行的货币支付或资金流转。公司将使用支付宝软件进行网上支付。

风险控制 防范网上支付风险

企业使用网上支付的方式可能会面临一系列风险，如网络安全风险、信用卡风险、个人隐私风险、操作风险等，企业应选择可信赖的支付平台，并采取适当的防范措施，如设置复杂的支付密码、定期检查账户活动记录、保护个人信息等措施避免风险。

公司向供应商河北新恒丝网制造有限公司以商业承兑汇票的方式支付货款。

【场景3–28】2023年4月5日，公司对河北新恒丝网制造有限公司于账期内支付货款，付款回单如图3–19所示。

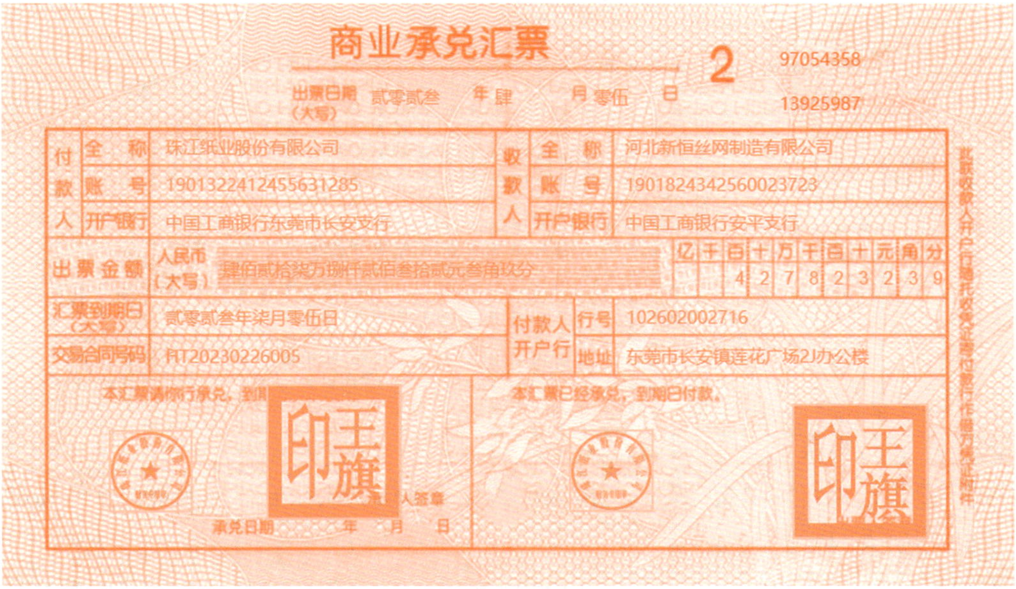

商业承兑汇票　2　97054358　13925987

出票日期（大写）　贰零贰叁　年　肆　月　零伍　日

付款人		收款人	
全称	珠江纸业股份有限公司	全称	河北新恒丝网制造有限公司
账号	19013224124556631285	账号	1901824342560023723
开户银行	中国工商银行东莞市长安支行	开户银行	中国工商银行安平支行

		亿	千	百	十	万	千	百	十	元	角	分
出票金额	人民币（大写）肆佰贰拾柒万捌仟贰佰叁拾贰元叁角玖分			4	2	7	8	2	3	2	3	9

汇票到期日（大写）	贰零贰叁年柒月零伍日	付款人开户行	行号	102602002716
交易合同号码	HT20230226005		地址	东莞市长安镇莲花广场2J办公楼

本汇票请你行承兑，到期……　承兑人签章　承兑日期　年　月　日

本汇票已经承兑，到期日付款。

王旗印　王旗印

图3–19　商业承兑汇票

分析研判　商业承兑汇票

商业承兑汇票是商业汇票的一种，是指收款人开出经付款人承兑，或由付款人开出并承兑的汇票。使用汇票的单位必须是在商业银行开立账户的法人，要以合法的商品交易为基础，且汇票经承兑后，承兑人（即付款人）便负有到期无条件支付票款的责任，同时汇票可以向银行贴现，也可以流通转让。

风险控制　企业在接受商业承兑汇票支付前，对承兑企业的信用及支付能力应进行充分调查和评估，尽量避免在关键时期使用商业承兑汇票支付，以减少丧失优先受偿权的风险，在必要时寻求专业的法律和财务建议，以应对可能出现的法律纠纷和财务问题。

公司向中国石油天然气集团公司东莞分公司以银行本票的方式支付货款。

【场景3–29】2023年4月5日，公司对中国石油天然气集团公司东莞分公司于账期内支付货款，付款回单如图3–20所示。

付款期限 壹 个月

ICBC 中国工商银行 本 票

2 东莞 B H 03 005587

出票日期（大写） 贰零贰叁 年 肆 月 零伍 日

收款人：中国石油天然气集团公司东莞分公司

申请人：珠江纸业股份有限公司

凭票即付 人民币（大写） 伍拾柒万玖仟叁佰贰拾壹元柒角壹分 ¥579321.71

转账 ☑ 现金 ☐

备注：中国工商银行东莞市长安支行

出票行签章

出纳唐佳妮 复核马天卿 经办刘国祥

图 3-20 银行本票

分析研判 银行本票

银行本票是申请人将款项交存银行，由银行签发的承诺自己在见票时无条件支付确定的金额给收款人或者持票人的票据。

风险控制 企业使用银行本票付款时，应注意本票必须记载“本票”的字样、无条件支付的承诺、确定的金额、出票日期、收款人名称等内容，否则无效。申请使用银行本票的单位或个人申请开立本票时，账户必须有足够的资金支付，避免因资金不足导致的支付问题。

公司对供应方张文东以转账支票的方式支付货款。

【场景 3-30】2023 年 2 月 3 日，公司对张文东于账期内支付货款，填写付款申请单（见图 3-21）。

中国工商银行 转账支票存根

附加信息

出票日期 2023 年 2 月 3 日

收款人：张文东

金额：¥131257.68

用途：采购原木货款

单位主管 会计

ICBC 中国工商银行 转账支票

出票日期（大写） 贰零贰叁年零贰 月零叁 日

付款行名称：珠江纸业股份有限公司

收款人：张文东

出票人账号：19013224124556З1285

人民币（大写） 壹拾叁万壹仟贰佰伍拾柒元陆角捌分

亿	千	百	十	万	千	百	十	元	角	分
			1	3	1	2	5	7	6	8

付款期限十天

用途 采购原木货款

密码 6024931

上列款项请从我账户内支付

行号 8751258816526

出票人签章

复核 记账

图 3-21 转账支票

分析研判 转账支票

转账支票是由单位签发的，通知银行从其账户上支取款项的凭证。转账支票只能用于转账，不能提取现金。

风险控制 企业使用转账支票进行支付结算时，应确保支票信息填写准确无误。在填写转账支票时，务必注意填写日期、金额、收款方名称和其他必要的信息，确保所有信息的准确性，以避免支付过程中的错误或延误支付。

任务小结

企业在交易中进行支付结算时，应仔细核实相关交易信息，按照对应的结算方式所规定的要求办理支付结算。针对不同的结算方式，应识别且把控好各风险点，确保操作的准确性，同时经办人员需小心谨慎，避免泄露个人和企业信息。

任务发布

结合本次课程学习内容，请同学们完成“转账支票”的填写。

子任务 2 进口业务验收入库的支付结算

【教学重点】进口业务验收入库的结算方式。

【教学难点】进口验收入库的风险控制。

任务导入

进口业务常以信用证方式结算。采购方与供应商签订购销合同后，由进口方（采购方）向银行提出开立信用证的申请书（见表3-18）。支付结算前需供应商先开具形式发票，付款方收到形式发票后，付款方银行出具对外付款承兑通知书，此时付款方填制信用证付款申请单予以付款，完成付款流程闭环。

表 3-18 不可撤销跟单信用证申请

IRREVOCABLE DOCUMENTARY CREDIT APPLICATION

TO：BANK OF CHINA

开证方式：

（简电开证）WITH BRIEF ADVICE BY TELETRANSMISSION

CONTRACT NO.（合同号）	HT20221223001
IRREVOCABLE DOCUMENTARY CREDIT NO.（信用证编号）	XYZ20221223001
DATE OF EXPIRY（交单截止日：年/月/日）	2023/1/22
PLACE OF EXPIRY（信用证效地）	BRAZIL

续表

APPLICANT	
NAME：	GUANGDONG ZHUJIANG PAPER CO.，LTD
ADDRESS：	258 GUANGMA AVENUE，DONGGUANG，GUANGDONG PROVINCE
TEL：	0769-8882××××　FAX：　0769-8882××××
BENEFICIARY	
NAME：	SANTOS PULP COMPANY OF BRAZIL
ADDRESS：	BRAZIL EXPIRITO SANTO BARRA DO RIACHO
TEL：	0055-3138987××××　FAX：　0055-3138987××××
ADVISING BANK：	The Hongkong and Shanghai Banking Corporation Limited Santos Quay Branch
SWIFT NO.：	BKNZ NZ22
L/C AMOUNT（信用证币别及金额）（USD）	16,488,088.88
……	

注：完整不可撤销跟单信用证申请扫码获取。

认知识别 形式发票也称为预开发票，是一种非正式发票，在国际贸易中发挥着重要作用。形式发票提供了出口货物的详细信息，包括产品描述、单价、数量、总金额、付款方式、包装、交货期等。形式发票的流程如图3-22所示。

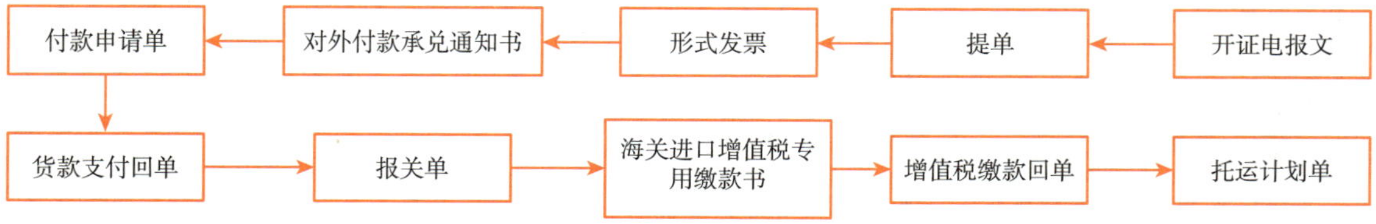

图3-22 形式发票流程

任务实施

一、形式发票

供应商在开具提单后，向公司开具了一张形式发票。

【场景3-31】供应商根据合同数据开立形式发票（见图3-23），相关数据从合同中获取。

分析研判 形式发票的内容包含客户基本信息、采购商品名称、数量、单价、每件商品出厂总价和采购总金额。

风险控制 在外贸业务中，有些不法分子可能会利用形式发票来进行虚假交易，一旦对方企业支付了款项，就会蒙受损失。因此，作为采购方应该仔细核实对方信息、选择信誉良好的供应商、签订明确合同等来规避风险。

SANTOS PULP COMPANY OF BRAZIL

	Commercial Invoice				
TO:	GUANGDONG ZHUJIANG PAPER CO., LTD			Invoice No.	CRCHI-999-001
NO.	258 GUANGMA AVENUE, DONGGUANG, GUANGDONG PROVINCE				
Contract No.	HT20221223001				
Tel:	0769-8882××××	FAX:	0769-8882××××	Date:	2022年12月23日

Item	Description	Quantity	Unit Price (CNY)	Total Price (CNY)

1	2	3	4	5
Item	Description	Quantity and Unit of Measurement	Unit Price (CIF)	Total EXW Priceper item
				3×4
101-1	COMMODITY: BLEACHED HARDWOOD PULP	17,881.99 tons	USD 922.05	16,488,088.88
Total Amount (USD)		17,881.99		16,488,088.88
Total Amount (USD):		16,488,088.88		

图 3-23 形式发票

二、对外付款承兑通知书

付款方收到供应商开来的形式发票后，付款方银行会开具对外付款承兑通知书给付款方。

【场景3-32】2023年1月4日，公司收到银行的承兑通知书（见图3-24），相关数据从合同、开证申请表、电报文、提单、形式发票、供应商档案中获取，截止日期为2023年3月20日。

对外付款 / 承兑通知书

银行业务编号：AB20230104001　　　　日期：2023年1月4日

结算方式	☑信用证 □保函 □托收 □其他	信用证/保函编号	XYZ20221223001		
来单币种及金额	USD16,488,088.88	开证日期	2022年12月23日		
索汇币种及金额	USD16,488,088.88	期限		到期日	2023年1月22日
来单行名称	The HongKong and Shanghai Banking Corporation limited Santos Quay Branch	来单行编号			
收款人名称	SANTOS PULP COMPANY OF BRAZIL				
收款人地址	BRAZIL EXPIRITO SANTO BARRA DO RIACHO				
付款人名称	珠江纸业股份有限公司				

王旗印

□对公 组织机构	□ □ □ □ □ □ □ □ □ □	□对公	个人身份证件号码
扣费币种及金额	USD16,488,088.88		□中国居民个人 □中国非居民个人
合同号	HT20221223001	发票号	CRCHI-999-001
提运单号	SITGYUHPG3702	合同金额	16,488,088.88

银行附言

上述信用证项下单据已到。按照信用证条款和国际商会《跟单信用证统一惯例》（2007年修订版）第600号出版物规定我行正在审核。如单证相符，我行将按规定对外承兑/付款；如单证不符，我行将另行通知。

请贵司准备资金，或保证指定账户余额足以支付。

珠江纸业股份有限公司 财务专用章

申报号码				实际付款币种及金额	USD16,488,088.88
付款编号	AB20201120001			若为购汇支出，则购汇汇率	
收款人常驻国家（地区）名称及代码	巴西			本笔款项是否为保税货物项下付款	否
是否为预付货款	是	外汇局批件号/备案表号/业务编号			
付款币种及金额	USD16,488,088.88		金额大写	美元壹仟陆佰肆拾捌万捌仟零捌拾捌元捌角捌分	
其中 购汇金额	16,488,088.88		账号	602973000	
其中 现汇金额			账号		
其中 其他金额			账号		
交易编码	121010	相应币种及金额	USD16,488,088.88	交易附言	一般贸易项下支付货款
提运单号		合同金额			

珠江纸业股份有限公司

☑同意即期付款 □同意承兑并到期付款 □申请拒付	付款人印鉴（银行预留印鉴）	银行业务
联系人：唐伯瑞		
联系人电话：1378205××××		
申报日期：2023年1月4日		经办　复核　负责人

图 3-24　银行承兑通知书

认知识别 对外付款承兑通知书是一种通知，主要用于国际贸易中，特别是在承兑交单或远期信用证方式下的交易。当进口地银行收到出口商寄送的托收单据后，系统会通知进口商前往赎单，同时生成一份对外付款/承兑通知书。这份通知的内容由银行自动生成，进口商只需根据不同的支付方式，在“同意即期付款”或“同意承兑并到期付款”前的“□”打“√”即可。在承兑交单方式下，必须选择“同意承兑并到期付款”；而在付款交单方式下，则必须选择“同意即期付款”。

风险控制 对外付款承兑通知书涉及的风险主要包括信用风险、操作风险、欺诈风险、流动性风险、利率风险、法律风险等。付款银行应将承兑申请人限定在银行熟悉的客户群中，并按照贷款的同等条件管理出票人，核准企业营业执照、贷款卡的有效性，按照客户信用等级收取保证金，设立保证金专户并实行封闭管理。除此之外，应加强票据审核和查询查复手续，防止外部欺诈。

三、付款申请单

付款方收到银行的承兑通知书后，选择信用证的付款方式与供应商进行结算。

【场景 3-33】2023 年 4 月 7 日，公司进出口部江美根据收到的承兑通知书填制付款申请单（见表 3-19）。

表 3-19 （信用证）付款申请单

单位：珠江纸业股份有限公司

<table>
<tr><td>申请部门</td><td>进出口部</td><td>申请人</td><td colspan="2">江美</td><td>日期</td><td>2023年1月4日</td></tr>
<tr><td>收款单位</td><td colspan="4">SANTOS PULP COMPANY OF BRAZIL</td><td colspan="2" rowspan="4">付款内容：
浆板付款</td></tr>
<tr><td>付款方式</td><td colspan="4">信用证</td></tr>
<tr><td>开户银行</td><td colspan="4">The Hongkong and Shanghai Banking Corporation Limited Santos Quay Branch</td></tr>
<tr><td>账号</td><td colspan="4">6029730000</td></tr>
<tr><td>付款金额（大写）</td><td>美元</td><td>壹仟陆佰肆拾捌万捌仟零捌拾捌元捌角捌分</td><td>付款金额（小写）</td><td>16,488,088.88</td><td>付款类型</td><td>预付款</td></tr>
</table>

日期	部门	岗位	人员	意见	备注
2023年1月4日	总经办	副总经理	赵云飞	同意	
2023年1月4日	财务部	出纳	唐伯瑞	同意	
2023年1月4日	财务部	材料会计	王云飞	同意	
2023年1月4日	财务部	经理	胡洋	同意	
2023年1月4日	财务部	总监	钟淮敏	同意	

分析研判 对外结算方式有信用证、保函、托收和汇款等。在国际贸易活动中，买卖双方可能存在互不信任的情况。买方可能会担心预付货款后，卖方不按合同要求发货；而卖方也可能会担心在发货或提交货运单据后，买方不付款。为了解决这种信任问题，银行作为担保方，通过信

用证这一工具为买卖双方提供信用担保。因此，公司采用了信用证结算。

风险控制 采用信用证结算时，进口商需要对出口方的资信进行调查，并选择信用良好的运输单位和质检部门以降低这一风险。进口方收到银行转来的单据后，需要由有经验的人员对单据的真伪进行鉴别来降低风险。

思维拓展 随着金融科技的不断创新，企业支付结算领域也涌现出许多新的解决方案，例如区块链技术具有去中心化、不可篡改等特点，可应用于跨境支付、供应链金融等领域，提高支付效率和安全性。此外，大数据、人工智能等技术也可用于支付风险管理和客户服务优化等方面。除此之外，你还了解过哪些支付结算方式呢？

任务小结

企业在进行对外贸易支付结算时，应选择适当的结算方式，在使用信用证结算时应遵循信用证付款的流程，即按形式发票、对外付款承兑通知书、付款申请单的顺序进行结算。

任务发布

结合本次课程学习内容，请同学们完成“付款申请单”的填写。

任务7 供应商对账

【教学重点】确定供应商对账对象，制作对账单，制作询证函；发函询证并及时获取询证结果。

【教学难点】制作对账单，发函询证过程中的风险控制。

任务导入

【场景3-34】2023年1月末，公司采购中心与各供应商之间就本月产生的应付账款往来、1月期初未付货款余额以及1月31日累计未付货款总额数据进行账目核对。

公司以“东莞市信德消泡剂有限公司”为例进行对账，依据增值税采购发票（见图3-25）获取采购货物明细与金额，依据应付账款明细账单（见表3-20）得到与供应商的往来款情况，据此编制供应商对账单和往来账项询证函。

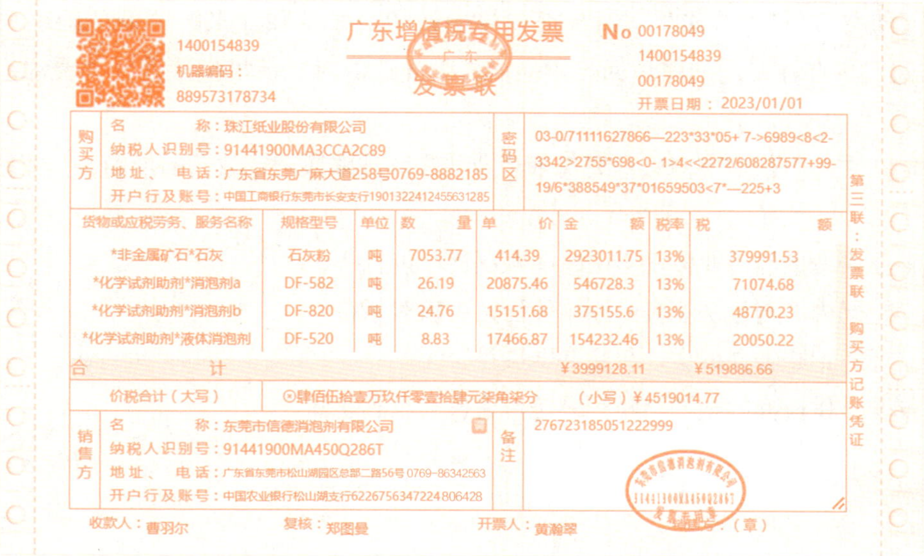
广东增值税专用发票

No 00178049

1400154839
机器编码：
889573178734

1400154839
00178049
开票日期：2023/01/01

发票联

购买方	名　　称：珠江纸业股份有限公司 纳税人识别号：91441900MA3CCA2C89 地 址、电 话：广东省东莞广麻大道258号0769-8882185 开户行及账号：中国工商银行东莞市长安支行19013224124556312 85	密码区	03-0/71111627866—223*33*05+ 7->6989<8<2-3342>2755*698<0- 1>4<<2272/608287577+99-19/6*388549*37*01659503<7*—225+3

货物或应税劳务、服务名称	规格型号	单位	数量	单价	金额	税率	税额
*非金属矿石*石灰	石灰粉	吨	7053.77	414.39	2923011.75	13%	379991.53
*化学试剂助剂*消泡剂a	DF-582	吨	26.19	20875.46	546728.3	13%	71074.68
*化学试剂助剂*消泡剂b	DF-820	吨	24.76	15151.68	375155.6	13%	48770.23
*化学试剂助剂*液体消泡剂	DF-520	吨	8.83	17466.87	154232.46	13%	20050.22
合计					￥3999128.11		￥519886.66
价税合计（大写）	⊙肆佰伍拾壹万玖仟零壹拾肆元柒角柒分				（小写）￥4519014.77		

销售方	名　　称：东莞市信德消泡剂有限公司 纳税人识别号：91441900MA450Q286T 地 址、电 话：广东省东莞市松山湖园区总部二路56号0769-86342563 开户行及账号：中国农业银行松山湖支行622675634722480642 8	备注	276723185051222999

收款人：曹羽尔　复核：郑图曼　开票人：黄瀚翠　销售方：（章）

第三联：发票联　购买方记账凭证

图 3–25　增值税专用发票

表 3–20　2202– 应付账款 – 东莞市信德消泡剂有限公司明细账

科目名称	日期	凭证号	摘要	借方	贷方	余额方向	余额（元）
应付账款	2023 年 1 月 1 日		期初余额	0	0	贷	10,263,660.19
应付账款	2023 年 1 月 1 日		本期合计	0	4,519,014.77	贷	14,782,674.96
应付账款	2023 年 1 月 31 日		本年累计	0	0	贷	14,782,674.96

认知识别　供应商对账是指企业与供应商之间进行交易后，对提供的产品或服务进行核实，对所欠款项进行核对的流程。该流程的主要目的是确保企业和供应商之间的账目准确无误，及时结算货款，维护双方的合作关系，保证供应链的持续运作。开展供应商对账的流程如图 3–26 所示。

图 3–26　供应商对账流程

分析研判　供应商对账的流程

（1）准备对账单。企业财务部门统一制定对账单格式，由采购部门负责编制并传递给供应商。

（2）制作往来账项询证函。企业财务部门依据对账单编制并传递询证函给供应商。

（3）供应商传递对账单和往来账项询证函。供应商在规定时间内传递对账单和往来账项询证函给企业财务部门。

（4）采购负责人回传对账单。财务部门将确认的对账单和往来账项询证函统一递交采购部门，采购部门将存在疑问的账单回传供应商，无异议的对账单根据采购合同要求，安排付款时间。

风险控制 在进行供应商对账前要保证企业往来款项账簿记录数据的准确性、完整性。控制要点如下：

（1）企业是否按照经济业务发生的时间顺序逐项进行登记。

（2）账簿记录内容与经济业务的原始凭证是否核对相符。

（3）经济业务记账方向、会计科目、金额是否无误。

（4）本期与该供应商的全部交易记录是否完整、没有遗漏。

任务实施

一、供应商对账单

供应商对账单是指企业与供应商之间进行交易后，按照一定格式制作的账单，它记录了企业购买商品或服务的详细内容，包括数量、单价、金额、货款支付情况等。供应商对账单可确保企业和供应商之间的账目准确无误，方便企业及时结算货款、维护双方的合作关系，保证供应链的持续运作。采购员根据采购发票填写对账清单并与企业会计核对货款支付情况后向供应商发送本月采购的对账单，要求供应商在核对无误后，在相应日期前签字回传。

【场景3-35】公司采购员2023年1月末共向7家供应商发出7份对账单。以东莞市信德消泡剂有限公司的对账单为例，采购员卢宛玲填写对账单（见表3-21），与供应商东莞市信德消泡剂有限公司高鸣核对往来款项账单，根据账簿期初余额可知上月欠款金额为10,263,660.19元，本月应付款为收到发票的欠款金额为4,519,014.77元，根据本月付款申请单可知本公司本月付款为0元，则累计欠款金额=本月应付金额+上月欠款金额－本月付款金额=14,782,674.96元。

分析研判

1. 供应商对账单中包含的基本信息

供应商对账单是企业与供应商之间进行财务对账的重要文件，它包含一系列基本信息，以便双方确认交易细节和状态。以下是供应商对账单中常见的基本信息：

（1）供应商和客户信息：供应商名称、地址、联系人、联系电话和邮箱，以及客户名称、地址、联系人、联系电话和邮箱。这些信息用于标识双方的身份和联系方式。

（2）对账单编号和日期：对账单编号使得每张对账单具有唯一性，此单号便于对财务账单进行追踪和管理。对账单日期则是记录对账单的制作日期。

（3）交易明细：货物或服务的名称、规格、单价、数量和金额。这些信息详细记录了每笔交易的具体内容。

（4）总计金额：计算所有货物或服务的金额总和，通常以大写金额同步表示。

表 3-21　　供应商对账单

对账单

客户名称：东莞市信德消泡剂有限公司
联系人：高鸣
联系电话：1553980××××
传真：0769-8634××××
联系地址：广东省东莞市松山湖园区总部二路56号

公司名称：珠江纸业股份有限公司
联系人：卢宛玲
联系电话：1367782××××
传真：0769-8882××××

对账清单

日期	货物名称	规格型号	单位	数量	不含税单价（元）	不含税金额（元）	价税合计（元）	发票号
2023年1月1日	石灰	石灰粉	吨	7,053.77	414.39	2,923,011.75	3,303,003.28	00178049
2023年1月1日	消泡剂a	DF-582	吨	26.19	20,875.46	546,728.30	617,802.98	00178049
2023年1月1日	消泡剂b	DF-820	吨	24.76	15,151.68	375,155.60	423,925.83	00178049
2023年1月1日	液体消泡剂	DF-520	吨	8.83	17,466.87	154,232.46	174,282.68	00178049
合计								
本月应付金额（元）				4,519,014.77				
上月欠款金额（元）				10,263,660.19				
本月付款金额（元）				0				
累计欠款金额（元）				14,782,674.96				
人民币大写金额（元）				壹仟肆佰柒拾捌万贰仟陆佰柒拾肆元玖角陆分				

此对账单核对无误后，请于5日内签字回传，未回传则视为贵公司认可，深表歉意！

客户确认（盖章）：

日期	部门	岗位	人员	意见	备注
2023年1月31日	成本核算组	材料会计	王云飞	同意	制表
2023年1月31日	采购中心	一般员工	卢宛玲	同意	确认
2023年1月31日	成本核算组	主管	王亚南	同意	审核

（5）备注：用于填写与对账单相关的其他信息或说明，如特殊情况、额外费用等。

（6）双方签名：供应商和客户双方在对账单上签字或盖章，以确认对账单的内容无误。

（7）附件：对账单可附有货物或服务清单、交付证明、验收合格证明等附件，以提供更详细的交易记录。

上述信息可能会根据不同企业的具体需求和行业标准有所变化，但通常都会包含上述基本要素。在实际操作中，企业应根据自身情况制定合适的对账单模板，并确保信息的准确性和完整性。

2. 供应商对账单的填制方法

分别填列客户及公司的相关登记信息，同时在对账清单表格处根据经济业务发生取得的发票，顺序填写业务日期、货物名称、规格型号、单位、数量、不含税单价、不含税金额、价税合计、发票号，由成本核算组材料会计、采购中心采购员、成本核算主管分别签字确认，最后加盖填制单位公章。

知识拓展 为了确保供应商对账单的信息准确性，提高工作效率，在编制对账单的过程中，可以使用自动化工具，如利用专门的供应商管理系统或其他财务管理软件来自动化核对账单的生成、发送、接收和核对等流程，减少人为错误。

风险控制 供应商对账单是企业遵守法规和内部政策的重要工具，它确保了所有交易都符合财务审计要求，防止潜在的欺诈行为。通过对账，企业能证明其财务操作的透明度，降低法律风险，提高整体的业务合规性。

如果对账单的信息不准确可能会导致财务数据失真，进而影响企业的财务决策。例如，对账单上的金额与实际交易不符，可能会导致企业支付过多或过少的款项，而如果对账单上的项目名称、规格型号、单价和金额等信息与实际交易不符，可能会增加发生争议纠纷的机率。为了避免这些风险，企业应该建立严格的对账流程，确保对账单的准确性和完整性。同时，企业应定期与供应商进行对账，及时发现并处理任何差异或错误。

二、往来账项询证函

往来账项询证函通常由企业的财务部门在检查往来款项时向供应商发出，目的是确认与供应商之间的应付账款的准确性。往来账项询证函也用于审计过程，由第三方的审计人员在进行财务报表审计时发出，用于核实企业之间往来账目的真实性，验证企业财务报表中相关信息是否可靠。

【场景3–36】2023年1月末，公司财务部门向7家供应商发出往来账项询证函，以东莞市信德消泡剂有限公司的往来账项询证函为例（见图3–27）：截至2023年1月31日，结合对账单，公司累计欠供应商东莞市信德消泡剂有限公司14,782,674.96元，东莞市信德消泡剂有限公司梁洲醉同意该欠款，并于2023年2月3日签字确认询证函中所列欠款信息证明无误。

往来账项询证函

致：东莞市信德消泡剂有限公司

为了加强企业的财务管理工作，确保企业往来款项准确无误。我公司将与贵公司的往来款项进行核对。下列信息出自本公司账簿记录，如与贵公司记录相符，请在本函下端“信息证明无误”处签章证明；如有不符，请在“信息不符”处列明不符项目。

如存在与本公司有关的未列入本函的其他项目，也请在“信息不符”处列出这些项目的金额及详细资料。

地址：广东省东莞市松山湖园区总部二路56号　　邮编：523000

电话：1553980××××　　传真：0769–8634××××

1.本公司与贵公司的货款往来账项　　单位：元

截止日期	贵公司欠	欠贵公司（元）	备注
2023年1月31日		14,782,674.96	

2. 其他事项

本函仅为复核账目之用，并非催款结算。若款项在上述日期之后已经付清，仍请及时复函为盼。

公司（盖章）
2023 年 1 月 31 日

结论

1. 信息证明无误	2. 信息不符，请列明不符项目及具体内容。
日期：　　2023 年 2 月 3 日	日期：
经办人：　　梁洲醉	经办人：

图 3–27　往来账项询证函

分析研判

1. 往来账项询证函的内容

（1）发送方信息：发送方的名称、地址、联系方式等。

（2）接收方信息：接收方的名称、地址、联系方式等。

（3）账目明细：列出双方往来账目的具体数额，包括应付账款或应收账款等，并注明截止日期。

（4）其他事项：可能包括对账目的补充说明或其他需要澄清的事项。

（5）结论：接收方对账目信息的确认，可以是“信息证明无误”或“信息不符，请列明不符项目及具体内容”。

2. 填写往来账项询证函

（1）列明账目明细。首先，在询证函中列出所有与对方单位的往来账目明细，包括项目名称、金额、以及相关的备注信息。如果是应收账款，列出对方单位所欠金额；如果是应付账款，列出欠对方单位的金额。

（2）注明截止日期。在每一项账目明细后面，注明相应的截止日期，表示账目明细中的金额是截至该日期的状态。

（3）提供联系方式。在询证函中提供回函的联系方式，包括地址、电话、传真号码以及联系人姓名，以便对方单位在发现账目不符时，能够及时联系。

（4）明确函证目的。在询证函中明确指出该函证是用于复核账目，并非催款结算。如果款项在截止日期之后已经付清，仍然希望对方单位及时函复确认。

（5）签名盖章。在询证函的最后，需要单位负责人签名并加盖单位公章。如果账目明细与对方单位的记录相符，对方单位也需要在相应位置签名盖章确认。

（6）注意时效性。确保在发送询证函后，给予对方单位足够的时间进行核查和回复。通常建议在发送后的一定时间内（如5个工作日）等待对方的回复。

知识拓展 处理供应商对账单中出现的差异

如果对账单经供应商核对后，与供应商的收发货信息或货款支付情况不一致，应妥善处理，避免风险。处理供应商对账单中的差异通常涉及以下步骤：

（1）确认差异原因。首先需要分析对账单中的差异来源，可能是数据录入错误、计算失误、沟通不畅或系统问题等原因造成的。通过审查原始凭证和账簿记录，识别问题所在。

（2）沟通协调。与供应商进行积极沟通，讨论差异的具体情况，并寻找解决方案。如果差异是误解或沟通不足造成的，可以通过澄清事实和重新确认数据来解决问题。

（3）调整账目。根据差异的性质和原因，进行必要的账目调整。如果是企业自身的错误，应当按照实际情况进行调整。如果是供应商的错误，可以要求供应商进行修正。

（4）更新系统记录。在确认差异已被解决后，应及时更新企业的财务系统记录，确保账目反映的是最新和准确的信息。

在处理对账单差异时，保持耐心和专业的态度是非常重要的，确保所有的问题都能得到妥善解决，以维护企业的财务健康和与供应商的良好关系。在沟通过程中，企业要保持冷静和理性，避免情绪化的表达和行为，充分听取供应商的意见和建议，共同寻找解决问题的最佳方案。

风险控制 如果供应商对账差异处理不当，可能会损害企业与供应商之间的关系，影响企业的商业信誉。如对账单上的信息不准确，可能会导致供应商怀疑企业的诚信度，影响双方的长期合作。

任务小结

进行对账流程时，通常应先制作供应商对账单，随后根据不同供应商的明细往来款项，编制对应不同供应商的往来账项询证函，以此对照本单位与对方单位账款是否存在异常情况。与供应商对账，是企业采购管理中的一个重要环节，企业应当定期与供应商就往来款项进行核对。通过定期进行往来款项对账，可以帮助企业优化管理流程，及时发现问题和差错，以便采取措施排除风险，保障企业资金的安全，完善企业管理制度，提高管理水平。保持对账的准确性和及时性，可以增加企业的信用度，为企业的发展打下良好的基础。

任务发布

结合本次课程学习内容，请同学们完成“供应商对账单”的填写。

项目总结

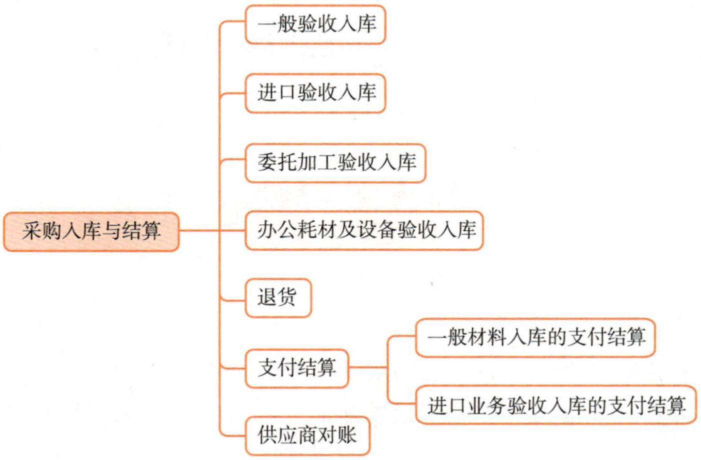
采购入库与结算
一般验收入库
进口验收入库
委托加工验收入库
办公耗材及设备验收入库
退货
支付结算
一般材料入库的支付结算
进口业务验收入库的支付结算
供应商对账

项目 4　采购业务核算

学习目标

知识目标

1. 了解入库核算的原理和流程，能够进行采购入库及支付的基本核算；
2. 掌握支付结算的种类和方式，根据企业的具体情形灵活运用不同的支付结算方式；
3. 了解支付核算相关的法律法规和政策规定。

技能目标

1. 能够熟练运用入库核算的基本原理，依据具体业务场景灵活设置适用于采购业务核算的账户体系，进而准确完成采购入库流程及支付款项的账务记录与处理工作；
2. 能够根据具体业务情形和实际需求，灵活选择并应用最适合的支付结算方式；
3. 能够识别采购业务核算工作中的潜在风险并运用适当方法加以控制。

素质目标

1. 具备爱国情怀、社会担当和勇于奉献的精神；
2. 具备良好的沟通能力和团队协作能力；
3. 具备法治意识，做到遵纪守法、廉洁自律；
4. 具备严谨细致的工匠精神，具备材料物资核算岗位人员的基本素养。

在采购业务核算中，企业需要考虑所有与采购相关的成本费用，而入库核算和支付核算是两个关键环节，这两个环节通常需要紧密协作，以确保采购流程的顺畅和财务记录的准确性。

一、采购成本的定义

采购成本是指企业经营中因采购物料而发生的费用，具体包括购买、包装、装卸、运输、存储等环节所支付的人力、物力、财力的总和。

二、采购成本的分类

采购成本有多种分类方法，以下是几种常见的分类。

1. 直接采购成本和间接采购成本

直接采购成本是指能够直接计入具体材料的采购费用，如购买价款、运输费等。而间接采购成本则是指不能直接计入具体材料的采购费用，如采购部门的人员工资、办公费用等。

2. 固定采购成本和变动采购成本

固定采购成本是指不随采购数量的变化而变化的费用，如采购人员的工资、办公费用等。而变动采购成本则是指随着采购数量的变化而变化的费用，如购买价款、运输费等。

3. 显性采购成本和隐性采购成本

显性采购成本是指能够直接观察和计量的采购费用，如购买价款、运输费、检验费等。而隐性采购成本则是指无法直接观察和计量的采购费用，如部分质量成本、缺货成本等。

4. 采购前成本、采购中成本和采购后成本

采购前成本是指为准备采购而发生的成本，如确定需求、分析供应市场、评选供应商等费用。采购中成本是指在采购过程中发生的全部成本，如购买价款、运输费、检验费等。而采购后成本则是指在采购行为发生后与采购相关的所有成本，如合同管理、供应商管理、库存管理等费用。

任务 1　入库核算

【教学重点】原材料、委托加工物资、周转材料和进口货物等存货验收入库的会计处理。

【教学难点】原材料、委托加工物资、周转材料和进口货物等存货采购成本的计算。

子任务 1　原材料入库核算

【教学重点】原材料验收入库的会计处理。

【教学难点】原材料采购成本的计算。

任务导入

【场景 4–1】公司为增值税一般纳税人，采用计划成本对原材料进行核算。其中，2023 年 2 月 1 日，公司赊购一批原木，计划单价 751.59 元，数量 174.64 吨，取得的增值税普通发票上注明的价款为131,257.68元，发票账单已收到。材料于当天验收入库，送货单、产品质检报告、验收入库单、增值税普通发票如表4–1、图4–1、表4–2、图4–2所示。请以公司制单会计的身份完成原材料入库核算。

表 4–1 送货单

收货单位：珠江纸业股份有限公司　　电话：1362675××××　　编号：SHD20230126008

日期：2023年1月26日　　地址：广东省东莞广麻大道258号

产品	规格	品牌或厂家	单位	数量	不含税单价（元）	金额（元）	实收数量
原木	杨树木1,220mm×2,440mm×2~30mm	—	吨	174.64	751.59	131,257.68	174.64

收货人：江春东　　送货单位：张文东　　送货人：张文东　　制单：张文东

珠江纸业股份有限公司产品质检报告

报告编号：ZJBG20230201008　　送货单编号：SHD20230126008　　检验日期：2023年2月1日

序号	产品名称	规格型号	数量	供应商	检验项目	检验依据	检测结果
1	原木	杨树木1,220mm×2,440mm×2mm~30mm	174.64	张文东	尺寸、材质、外观、湿度、环保要求	GB 4814—84	合格

质检员：赵青

审批日志

日期	部门	岗位	人员	意见	备注
2023年2月1日	质量管理中心	经理	卢思云	同意	

图 4–1 产品质检报告

表 4–2 验收入库单

日期：2023年2月1日　　编号：RKD20230201008

类别	材料名称	规格型号	单位	购入	入库	计划单价（元）	计划金额（元）
原料	原木	杨树木1,220mm×2,440mm×2~30mm	吨	174.64	174.64	751.59	131,257.68
备注							

保管员　江春东

审批日志

日期	部门	岗位	人员	意见	备注
2023年2月1日	质量管理中心	验收员	赵青	同意	
2023年2月1日	采购中心	采购员	韩美	同意	

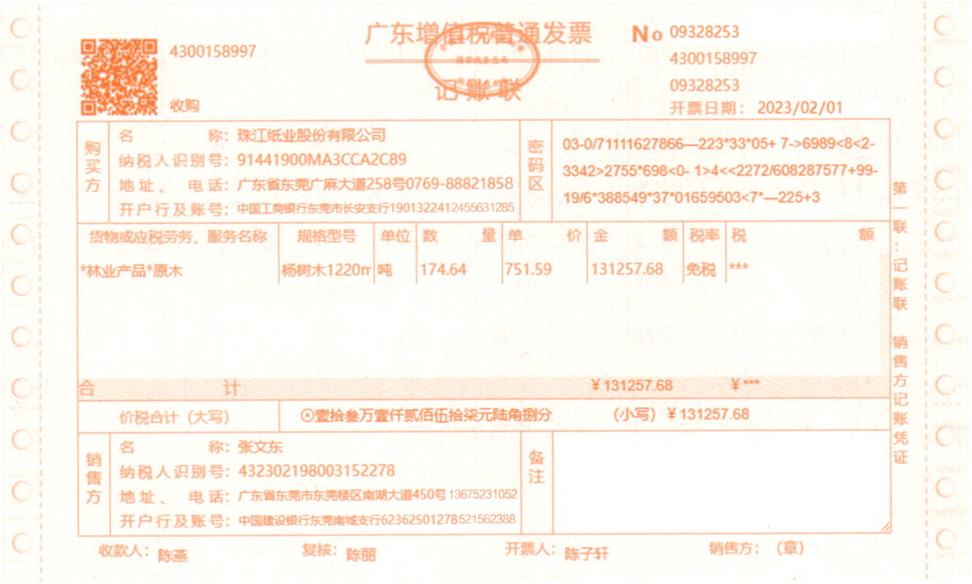
广东增值税普通发票
记账联
4300158997
No 09328253
4300158997
09328253
开票日期：2023/02/01
收购

购买方	名　　称：珠江纸业股份有限公司 纳税人识别号：91441900MA3CCA2C89 地 址、 电 话：广东省东莞广麻大道258号0769-88821858 开户行及账号：中国工商银行东莞市长安支行1901322412455631285				密码区	03-0/71111627866—223*33*05+ 7->6989<8<2-3342>2755*698<0- 1>4<<2272/608287577+99-19/6*388549*37*01659503<7*—225+3	
货物或应税劳务、服务名称	规格型号	单位	数　量	单　价	金　额	税率	税　额
*林业产品*原木	杨树木1220㎡	吨	174.64	751.59	131257.68	免税	***
合　计					¥131257.68		¥***
价税合计（大写）	⊗壹拾叁万壹仟贰佰伍拾柒元陆角捌分				（小写）¥131257.68		
销售方	名　　称：张文东 纳税人识别号：432302198003152278 地 址、 电 话：广东省东莞市东莞楼区南湖大道450号 13675231052 开户行及账号：中国建设银行东莞南城支行62362501278521562388				备注		

收款人：陈燕　复核：陈丽　开票人：陈子轩　销售方：（章）

第一联：记账联　销售方记账凭证

图 4–2　增值税普通发票

认知识别　企业原材料的核算分为实际成本核算和按计划成本核算两种方法，核算方法不同，入库核算所使用的账户名称也不同。制单会计的工作职责之一是根据审核无误的原始凭证编制记账凭证（这里以会计分录代替记账凭证），记账凭证的核心内容是会计分录。会计分录的要素包括记账方向（记账符号）、账户名称（会计科目）、金额和摘要。这些要素共同构成了完整的会计分录，为会计核算和监督提供了重要的依据。原材料入库核算有关单据传递流程如图 4–3 所示。

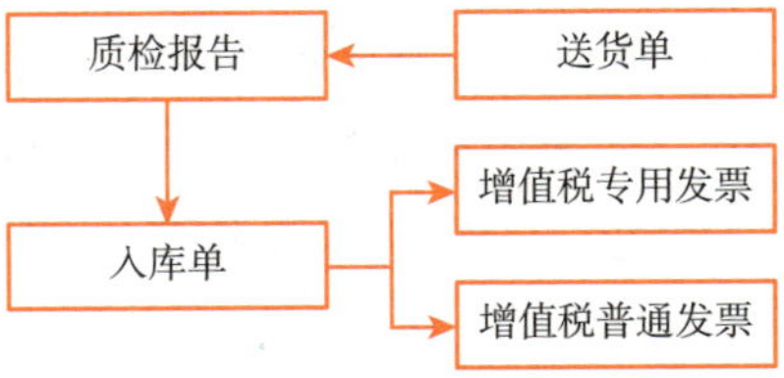

图 4–3　原材料单据传递流程

分析研判

1. 识别成本差异

公司原材料按照计划成本进行核算，其计划成本为131,257.68元，购买方取得自产自销的免税农产品销售发票，可以按9%计算抵扣进项税额，故实际成本为131,257.68×（1–9%）=119,444.49元，实际成本与计划成本之差=119,444.49–131,257.68=–11,813.19元。企业可使用计划成本法进行预算控制和成本预测，通过比较实际成本和计划成本，识别成本差异的原因改进成本。

2. 审核原始凭证

原始凭证审核的要点包括真实性、合法性、合理性、完整性和正确性。验收入库环节的主要原始凭证有采购合同、送货单、增值税发票、验收入库单等。

风险控制 建立验收入库流程

企业应建立严格的验收入库流程，确保验收工作的规范性和有效性。验收人员应根据采购合同和物资要求，对物资的数量、规格、质量等进行逐一核对，制定明确的验收标准和方式，包括抽检比例、点数方式等。对于技术性强、大宗物资、新型物资、特殊物资，应进行专业测试，必要时可委托具有检验资质的机构或聘请外部专家协助验收。

异常处理：对验收中存在的异常情况，应及时与供应商进行沟通并作记录。对不符合要求的物资，应拒绝入库，并要求供应商进行更换或退货处理。

任务实施

根据审核无误的原始凭证，如送货单、入库单和增值税发票等，确认账户名称、计算材料采购成本，编制原材料入库的记账凭证（会计分录）。

【场景4–2】2023年1月26日，张文东根据发货通知单FHTZ20230126008组织送货并填制送货单（详见表4–1送货单）。

分析研判 公司向供应商张文东采购的原木数量为174.64吨，不含税买价为131,257.68元，该物料已于2023年的1月26日发货，与合同约定一致。

风险控制 供应商延迟交货的负面影响

企业未及时收到材料，将会产生不利影响。首先，企业可能需支付额外费用，如运输费、存储费或违约金。其次，如因材料延迟导致生产中断，企业可能会损失销售收入和利润。此外，材料价格还可能因市场波动发生变化，企业可能因不能及时锁定价格面临成本上升的风险。因此，企业应与多个供应商建立合作关系，确保在一个供应商出现问题时能够有其他备选；同时，还应与供应商保持密切联系，及时了解他们的生产状况和交货计划，以便在出现问题时能够及时解决。

【场景4–3】2023年2月1日，公司收到张文东发来物资，送货单编号SHD20230126008，按各材料要求进行检验（详见图4–1产品质检报告）。

分析研判 2023年2月1日，公司质量管理中心质检员赵青出具产品检测报告，质量管理中心经理卢思云审批。经检测，公司采购的174.64吨原木的尺寸、材质、外观、湿度、环保要求等与合同标的一致。

风险控制 采购与验收业务相分离

采购人员在执行采购业务的全过程中，应对采购物资的质量及采购活动的经济效益承担责任，验收部门负责对采购物资的质量进行检测并出具验收报告，闭环形成对采购业务的监督。然而，当两种职务合并执行时，存在潜在风险，即采购人员可能会出于个人利益，降低对采购物资的质量要求，从而在交易过程中不当获利。因此，所有采购与验收业务必须分离。

【场景4–4】2023年2月1日，保管员江春东对已出具验收报告ZJBG20230201008且合格的产品按计划成本法进行入库登记（详见表4–3验收入库单）。

分析研判1 2023年2月1日，公司采购员韩美采购的174.64吨原木由赵青验收，江春东保管。采购数量与入库数量相符，这批材料的计划单位成本是751.59元/吨，计划总成本是131,257.68元。说明这批材料的采购不额外产生运费、装卸费等费用，也不存在入库前挑选整理费、运输途中的合理损耗等。

分析研判2 编制会计分录

制单会计根据“送货单”和“验收入库单”编制如下会计分录和记账凭证（见图4–4）。

借：原材料——原料——原木　　131,257.68

　　贷：材料采购——原料——原木　　119,444.49

　　　　材料成本差异——原料——原木　　11,813.19

凭证字 记　凭证号 155　日期 2023-02-01　附单据 2 张

摘要	会计科目	借方金额	贷方金额
材料入库	140301 原材料-原料-原木	13125768	
材料入库	140401 材料成本差异-原料-原木		1181319
材料入库	140101 材料采购-原料-原木		11944449
合计：壹拾叁万壹仟贰佰伍拾柒元陆角捌分		13125768	13125768

图4–4　材料入库记账凭证

实际工作中，材料成本差异可以入库时逐笔结转，也可月末集中一次结转。

风险控制

1. 加强验收入库的风险管控

《会计基础工作规范》规定“购买实物的原始凭证，必须有验收证明。”物资采购验收入库的风险管控是确保企业采购物资质量、数量及规格符合合同要求，从而保障企业正常运营的重要环节。

2. 物资信息应及时入库登记并实时更新

仓库收到验收合格的物资后，应立即进行入库登记操作。登记人员应对物资进行编号，记录物资的名称、规格、数量、入库时间等基本信息。同时，将物资信息录入公司的库存管理系统中，实现物资信息的实时更新和查询。

【场景4–5】 2023年2月1日，供应商张文东根据合同数据开具增值税普通发票（详见图4–2增值税普通发票）。

分析研判1 2023年2月1日，公司收到供应商张文东开具的增值税普通发票，发票中列明公司购买免税农产品原木174.64吨，买价131,257.68元。

分析研判2 编制会计分录

根据现行增值税政策规定，2019年4月1日后，纳税人购进农产品，在购入当期，应遵从农产品抵扣的一般规定，按照9%计算抵扣进项税额。如果购进农产品用于生产或者委托加工13%税率货物，则在生产领用当期，再加计抵扣1个百分点。

纳税人购进农产品，取得一般纳税人开具的增值税专用发票或海关进口增值税专用缴款书，以增值税专用发票或海关进口增值税专用缴款书上注明的增值税额为进项税额；按照简易计税方法，依照3%征收率计算缴纳增值税的小规模纳税人取得的增值税专用发票，以增值税专用发票上注明的金额和9%的扣除率计算进项税额；取得（开具）农产品销售发票或收购发票的，以农产品销售发票或收购发票上注明的农产品买价和9%的扣除率计算进项税额。

制单会计根据增值税普通发票和有关规定计算如下。

允许抵扣的进项税额=131,257.68×9%=11,813.19（元）

采购成本=131,257.68−11,813.19=119,444.49（元）

编制如下会计分录和记账凭证（见图4–5）。

借：材料采购——原料——原木　　119,444.49

　　应交税费——应交增值税（进项税额）　　11,813.19

　　贷：应付账款——张文东　　131,257.68

凭证字 记　凭证号 157　日期 2023-02-01　附单据 1 张

摘要	会计科目	借方金额													贷方金额												
		佰	十	亿	千	百	十	万	千	百	十	元	角	分	佰	十	亿	千	百	十	万	千	百	十	元	角	分
采购材料	140101 材料采购-原料-原木						1	1	9	4	4	4	4	9													
采购材料	22210101 应交税费-应交增值税-进项税额							1	1	8	1	3	1	9													
采购材料	2202 应付账款-张文东																			1	3	1	2	5	7	6	8
合计：壹拾叁万壹仟贰佰伍拾柒元陆角捌分							1	3	1	2	5	7	6	8						1	3	1	2	5	7	6	8

图4–5　材料采购记账凭证

风险控制　农产品收购发票的开具规定及要求

设定农产品收购发票的开具规定和要求是为了确保农产品交易的合法性和真实性，也是税务部门对农产品收购行为的监管措施。根据国家税务总局的相关规定，对于农产品收购销售行为，必须开具相应的发票。农产品收购发票的开具除规定发票种类、开票单位、开票内容、发票编码、发票填开时间外，在发票真实有效、发票保存与归档、发票报备与申报、发票使用范围限制、发票查验与监管等方面也做了规定。企业在使用农产品收购发票时，应当严格遵守相关法律法规，确保交易的真实性，避免因违规行为而面临严重的法律后果。例如，违规企业可能需要退回已抵扣的税款，并支付相应的罚金；违规行为被公示后，企业的信誉可能受到损害，影响其市场形象和商业机会；企业可能因为违规行为而受到业务限制。

任务小结

原材料入库核算涉及对原材料从采购到入库各个环节的成本计算和记录，在核算的过程中，可能面临价格波动、供应中断、质量问题等风险，因此，企业要建立严格的验收入库流程，制定明确的验收标准和方式，还应与多个供应商建立合作关系，确保原材料及时入库，避免增加额外成本。所有采购与验收业务必须分离，降低舞弊风险。编制原材料入库核算报告，分析原材料成本结构，为成本控制和决策提供依据。

任务发布

结合本次课程所学内容，请同学们采用计划成本法对2023年1月无机化学原料重钙进行入库核算并编制会计分录。

子任务 2　委托加工入库核算

【教学重点】委托加工业务中的入库核算原理、流程以及相应的会计处理方法。

【教学难点】委托加工入库核算涉及的会计科目和会计处理方法。

任务导入

【场景 4–6】公司采用计划成本核算委托加工材料。2023年3月20日，公司委托加工的一批阔叶浆验收入库，发票账单已收到，加工费尚未支付。送货单、产品质检报告、委托加工入库单、增值税专用发票分别如表3–6、图3–8、表3–7、图4–6所示。请以公司制单会计的身份进行委托加工材料的入库核算。

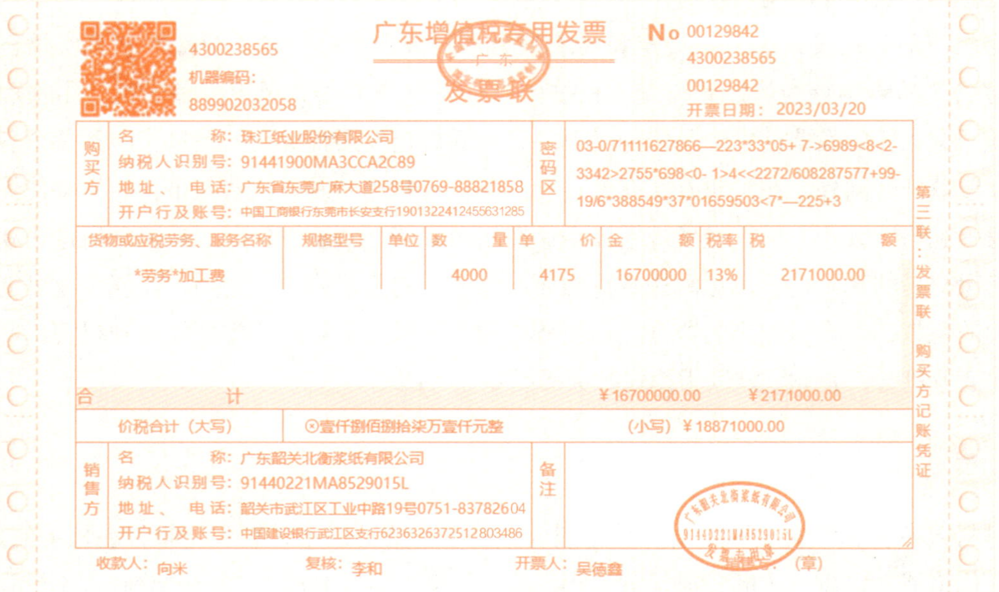
广东增值税专用发票
发票联
4300238565
机器编码:
889902032058
No 00129842
4300238565
00129842
开票日期：2023/03/20

购买方
名　　　称：珠江纸业股份有限公司
纳税人识别号：91441900MA3CCA2C89
地 址、 电 话：广东省东莞广麻大道258号0769-88821858
开户行及账号：中国工商银行东莞市长安支行1901322412455631285

密码区
03-0/71111627866—223*33*05+ 7->6989<8<2-
3342>2755*698<0- 1>4<<2272/608287577+99-
19/6*388549*37*01659503<7*—225+3

货物或应税劳务、服务名称	规格型号	单位	数量	单价	金额	税率	税额
*劳务*加工费			4000	4175	16700000	13%	2171000.00
合计					¥16700000.00		¥2171000.00

价税合计（大写） ⊗壹仟捌佰捌拾柒万壹仟元整　（小写）¥18871000.00

销售方
名　　　称：广东韶关北衡浆纸有限公司
纳税人识别号：91440221MA8529015L
地 址、 电 话：韶关市武江区工业中路19号0751-83782604
开户行及账号：中国建设银行武江区支行6236326372512803486

备注

收款人：向米　复核：李和　开票人：吴德鑫　销售方：（章）

第三联：发票联 购买方记账凭证

图 4-6　增值税专用发票

风险控制　签订明确的委托加工合同以保障双方权益

委托加工材料应签订明确的委托加工合同，在合同中明确约定加工材料的质量标准、数量、交货期等关键信息，确保双方权益得到保障。合同中还应包含违约条款，以便在受托方违约时追究其责任。此外，企业需建立严格的验收制度。

任务实施

根据审核无误的原始凭证（如送货单、入库单和增值税发票等），确认账户名称，计算材料采购成本，编制委托加工物资入库的记账凭证（会计分录）。

【场景 4–7】广东韶关北衡浆纸有限公司由李文发送完工的4,000吨阔叶浆并附送货单，详见表3–6送货单。

分析研判　根据表3–6可知，2023年3月20日，公司委托广东韶关北衡浆纸有限公司加工的4,000吨阔叶浆已送达，不含税加工费为16,700,000元。

风险控制　加强与受托方的沟通确保及时交货

采购部门应加强与受托方的沟通与协调，及时了解加工进度、物料使用情况等信息。对于交货期超过3个月以上的合同，应每月填写“委托加工材料完工统计表”，同时上报生产部门以监控外协生产进度并保证按期交货。

【场景 4–8】公司收到货物后，进行产品检测并出具质检报告（详见图3–8产品质检报告）。

分析研判　根据图3–8可知，2023年3月20日，公司质量管理中心质检员赵青对委托广东韶关北衡浆纸有限公司加工的4,000吨阔叶浆出具了合格的质检报告。

风险控制 加强委托加工物料的验收与日常管理

质量检验部门应按照合同约定的质量要求和验收标准进行检验，并出具验收证明。如有质量问题，应及时通知受托方进行整改。采购部门应定期对委托加工物料进行盘点，确保委托加工物料的安全完整、账实相符。对于超过交货期仍未交回的物料，应查实原因并采取相应的措施。

【场景4–9】保管员李江东签收验收合格的货物并开具入库单（详见表3–7委托加工入库单）。

分析研判1 根据表3–7可知，2023年3月20日，公司委托广东韶关北衡浆纸有限公司加工的4,000吨阔叶浆已验收入库。这批委托加工材料加工前发出的原材料数量为5,200吨，计划单价为1,215.47元，发出材料的计划总成本为6,320,444元；加工后的计划单价为6,590元，计划总成本为26,360,000元。

分析研判2 编制会计分录

制单会计根据“送货单”和“委托加工入库单”计算这批委托加工材料的实际总成本=6,320,444+16,700,000=23,020,444元，节约3,339,556元，编制如下会计分录和记账凭证（见图4–7）。

借：原材料——原料——阔叶浆　　26,360,000

　　贷：委托加工物资——原料——阔叶浆　　23,020,444

　　　　材料成本差异——原料——阔叶浆　　3,339,556

凭证字 记　凭证号 313　日期 2023-03-20　附单据 2 张

摘要	会计科目	借方金额（佰十亿千百十万千百十元角分）	贷方金额（佰十亿千百十万千百十元角分）
委托加工产品入库	140301 原材料-原料-阔叶浆	2636000000	
委托加工产品入库	140801 委托加工物资-原料-阔叶浆		2302044400
委托加工产品入库	140401 材料成本差异-原料-阔叶浆		333955600
合计：贰仟陆佰叁拾陆万元整		2636000000	2636000000

图4–7 委托加工产品入库记账凭证

【场景4–10】广东韶关北衡浆纸有限公司根据合同数据开具增值税专用发票（详见图4–6增值税专用发票）。

分析研判1 根据图4–6可知，2023年3月20日，公司收到广东韶关北衡浆纸有限公司开具的增值税专用发票，发票中列明应付加工费金额16,700,000元，税额2,171,000元；查阅合同知，已预付30%的加工费，余款尚未支付。

分析研判2 编制会计分录

公司为增值税一般纳税人，取得的增值税专业发票中列明的税额允许抵扣。

制单会计根据“增值税专用发票”编制如下会计分录和记账凭证（见图4–8）。

借：委托加工物资——原料——阔叶浆　　16,700,000

　　应交税费——应交增值税（进项税额）　　2,171,000

　　贷：预付账款——广东韶关北衡浆纸有限公司　　18,871,000

凭证字 记　凭证号 314　日期 2023-03-20　附单据 1 张

摘要	会计科目	借方金额													贷方金额													
		佰	十	亿	千	百	十	万	千	百	十	元	角	分	佰	十	亿	千	百	十	万	千	百	十	元	角	分
结转委托加工款成本	22210101 应交税费-应交增值税-进项税额					2	1	7	1	0	0	0	0	0													
结转委托加工款成本	140801 委托加工物资-原料-阔叶浆				1	6	7	0	0	0	0	0	0	0													
结转委托加工款成本	1123 预付账款-广东韶关北衡浆纸有限公司																	1	8	8	7	1	0	0	0	0	0
合计：壹仟捌佰捌拾柒万壹仟元整					1	8	8	7	1	0	0	0	0	0				1	8	8	7	1	0	0	0	0	0

图 4–8　结转委托加工款成本记账凭证

任务小结

委托加工入库核算涉及发出给受托方的原材料成本、支付给受托方的加工费用、相关的运输和仓储费用等。企业应签订明确的委托加工合同，确保双方权益得到保障；加强对受托方的质量审核和监督；建立有效的沟通机制，确保信息传递的准确性和及时性，以此提高核算的准确性。

任务发布

请同学们结合本次课程所学内容完成委托加工入库核算的账务处理。

子任务 3　周转材料入库核算

【教学重点】周转材料验收入库的会计处理。

【教学难点】周转材料采购成本的计算。

任务导入

【场景4–11】公司购买的周转材料验收入库后，需对周转材料进行入库核算。2023年3月24日，公司购买的9套锥磨（转定子）验收入库，取得的增值税专用发票上注明的不含税价为476,100元，发票账单已收到，货款尚未支付，公司遵循计划成本核算法核算周转材料。送货单、产品质检报告、验收入库单、增值税专用发票如表4–3、图4–9、表4–4、图4–10所示。请以公司制单会计的身份进行周转材料的入库核算。

表 4–3　　送货单

收货单位：珠江纸业股份有限公司　　电话：1378564××××　　编号：SHD20230320001

日期：2023年3月20日　　地址：广东省东莞广麻大道258号

产品	规格	品牌或厂家	单位	数量	不含税单价（元）	金额（元）	实收数量
锥磨（转定子）	JC–02（NBR–02–SF）	博伦多	套	9	52,900	476,100	9

收货人：薛纹万　　送货单位：上海东帆设备制造有限公司　　送货人：李贤峒　　制单：李贤峒

珠江纸业股份有限公司产品质检报告

报告编号：ZJBG20230324001　　送货单编号：SHD20230320001　　检验日期：2023年3月24日

序号	产品名称	规格型号	数量	供应商	检验项目	检验依据	检测结果
1	锥磨（转定子）	JC–02（NBR–02–SF）	9	上海东帆设备制造有限公司	尺寸、转数、外观、形状、爬电距离、耐压、风叶、性能、绕组	JB/T 10221—2010	合格

质检员：康霖文

审批日志

日期	部门	岗位	人员	意见	备注
2023年3月24日	质量管理中心	经理	卢思云	同意	

图 4–9　产品质检报告

表 4–4　　验收入库单

日期：2023年3月24日　　编号：RKD20230324001

类别	材料名称	规格型号	单位	购入	入库	计划单价（元）	计划金额（元）
备品备件	锥磨（转定子）	JC–02（NBR–02–SF）	套	9	9	52,991.45	476,923.05
备注							

保管员：薛纹万

审批日志

日期	部门	岗位	人员	意见	备注
2023年3月24日	质量管理中心	验收员	康霖文	同意	
2023年3月24日	采购中心	采购员	汤雅燕	同意	

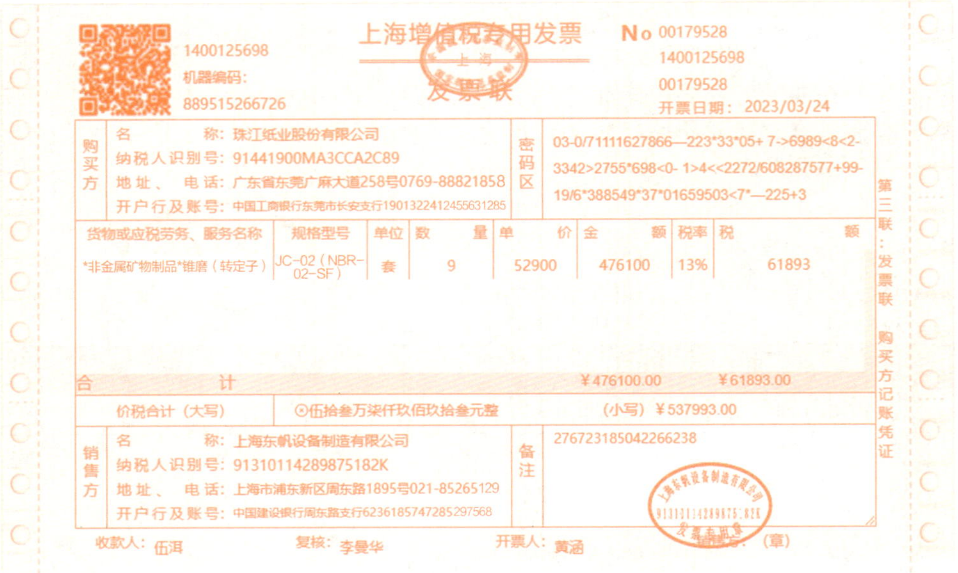

图 4-10 增值税专用发票

认知识别 周转材料是指企业能够多次使用、价值逐渐转移至成本中但不符合固定资产定义的低值、可重复利用的物品。企业的周转材料包括包装物和低值易耗品，以及小企业（建筑业）的钢模板、木模板、脚手架等。

分析研判 周转材料入库核算有关单据传递流程如图4-11所示。

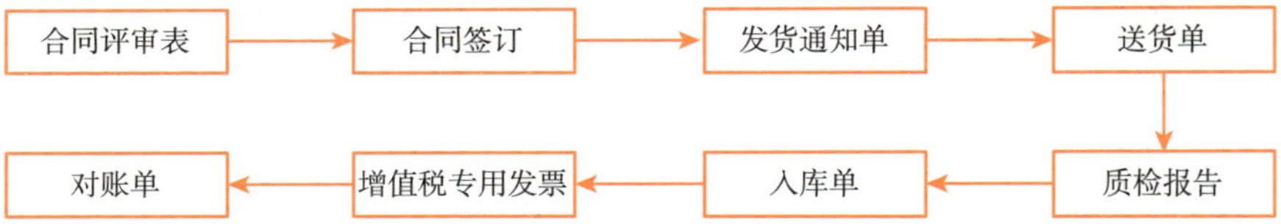

图 4-11 周转材料单据传递流程

风险控制 构建并执行严格的存货验收机制

采购周转材料验收入库的风险管控是一个系统性的工作，需要企业从制度、人员、流程等多个方面入手，建立完善的风险管控体系。通过严格执行验收制度、加强内部控制、遵循不相容职务相互分离的原则以及加强财务审核等措施，可以有效降低采购周转材料验收入库过程中的风险，确保企业的正常运营和稳健发展。

任务实施

根据审核无误的原始凭证，如送货单、入库单和增值税发票等，确认账户名称、计算材料采购成本，编制周转材料入库的记账凭证（会计分录）。

【场景 4-12】上海东帆设备制造有限公司李贤峒根据发货通知单FHTZ20230319001组织送货

并填制送货单（详见表4–3送货单）。

分析研判 2023年3月20日，公司自上海东帆设备制造有限公司采购的9套锥磨（转定子），不含税买价总计476,100元，已完成发货流程。

风险控制 构建供应商评价体系

企业应构建供应商评价体系，选择优秀的供应商建立长期合作关系，从源头上降低采购风险。

【场景4–13】 2023年3月24日，公司收到上海东帆设备制造有限公司发来物资，送货单编号SHD20230320001，公司按要求对各材料进行检验（详见图4–9产品质检报告）。

分析研判 2023年3月24日，公司质量管理中心质检员康霖文对向上海东帆设备制造有限公司购买的9套锥磨（转定子）出具了合格的质检报告。

风险控制 确立严谨的周转材料验收机制

企业应确立严谨的周转材料验收机制，指定专业机构或人员执行验收流程，并出具验证报告，严格核对入库单与合同细节的一致性，同时实施外观检验，确保材料完好无损，以维护资产完整与采购合规性。

【场景4–14】 2023年3月24日，保管员薛纹万对已出具验收报告ZJBG20230324001且合格的产品按计划成本法进行入库登记（详见表4–4验收入库单）。

分析研判1 2023年3月24日，公司向上海东帆设备制造有限公司购买的9套锥磨（转定子）已验收入库，计划总成本为476,923.05元。

分析研判2 编制会计分录

制单会计根据审核无误的“送货单”和“验收入库单”编制如下会计分录和记账凭证（见图4–12）。

借：周转材料——备品备件——锥磨（转定子） 476,923.05

贷：材料采购——备品备件——锥磨（转定子） 476,100.00

材料成本差异——备品备件——锥磨（转定子） 823.05

凭证字 记 凭证号 1 日期 2023-03-24 附单据 2 张

摘要	会计科目	借方金额													贷方金额												
		佰	十	亿	千	百	十	万	千	百	十	元	角	分	佰	十	亿	千	百	十	万	千	百	十	元	角	分
采购备品备件验收入库	141101 周转材料-备品备件-锥磨（转定子）						4	7	6	9	2	3	0	5													
采购备品备件验收入库	140105 材料采购-备品备件-锥磨（转定子）																			4	7	6	1	0	0	0	0
采购备品备件验收入库	140405 材料成本差异-备品备件-锥磨（转定子）																						8	2	3	0	5
合计：肆拾柒万陆仟玖佰贰拾叁元零伍分							4	7	6	9	2	3	0	5						4	7	6	9	2	3	0	5

图4–12 采购备品备件验收入库记账凭证

风险控制 强化单据审核与财产盘点

财务部门应对采购部门提交的各项原始凭证进行审核，确保单据和凭证齐备、内容真实、手续齐全、计算正确，并定期对账实相符情况进行检查，确保财务数据的准确性。

【场景4–15】 上海东帆设备制造有限公司开具增值税专用发票（详见图4–10增值税专用发票）。

分析研判1 2023年3月24日，公司收到上海东帆设备制造有限公司开具的增值税专用发票，发票中列明购买9套锥磨（转定子）的不含税买价476,100元，税额61,893元，款项尚未支付。

分析研判2 编制会计分录

公司为增值税一般纳税人，取得的增值税专业发票中列明的税额允许抵扣。

制单会计根据“增值税专用发票”编制如下会计分录和记账凭证（见图4–13）。

借：材料采购——备品备件——锥磨（转定子） 476,100.00

　　应交税费——应交增值税（进项税额） 61,893.00

　　贷：应付账款——上海东帆设备制造有限公司 537,993.00

凭证字 记　凭证号 2　日期 2023-03-24　附单据 3 张

摘要	会计科目	借方金额													贷方金额													
		佰	十	亿	千	百	十	万	千	百	十	元	角	分	佰	十	亿	千	百	十	万	千	百	十	元	角	分
采购材料	140105 材料采购-备品备件-锥磨（转定子）						4	7	6	1	0	0	0	0													
采购材料	22210101 应交税费-应交增值税-进项税额							6	1	8	9	3	0	0													
采购材料	2202 应付账款-上海东帆设备制造有限公司																			5	3	7	9	9	3	0	0
合计：伍拾叁万柒仟玖佰玖拾叁元整							5	3	7	9	9	3	0	0						5	3	7	9	9	3	0	0

图4–13 采购材料记账凭证

任务小结

周转材料入库核算是企业对用于生产过程中的辅助性材料或可重复使用材料的会计处理过程。通过建立严格的验收制度，可以确保周转材料的安全和完整，降低不必要的成本费用。财务部门应对采购部门提交的各项原始凭证进行审核，提高核算的准确性，确保企业的正常运营和稳健发展。此外，企业应定期审查入库核算流程，确保所有周转材料的入库核算流程符合相关法律法规和会计准则规定。

任务发布

请同学们结合本次课程所学内容完成周转材料入库核算的账务处理。

子任务 4　进口业务入库核算

【教学重点】进口业务入库核算账务处理。

【教学难点】进口材料成本计算。

任务导入

【场景 4–16】进口货物完成入库后，公司制单会计将对进口货物进行入库核算。2023 年 1 月 28 日，公司完成与供应商 Santos Pulp Company Of Brazil 阔叶浆的预付采购及入库验收流程。请根据采购合同（见图 2–14）、通关无纸化进口通知书（见图 3–5）、产品质检报告（见图 3–6）、验收入库单（见表 3–5）以及境内运费增值税专用发票（见图 4–14），对进口业务进行入库核算。

广东增值税专用发票

发票联

4300154406
机器编码：
889967562793

No 00695821
4300154406
00695821
开票日期：2023/01/28

购买方
名　　称：珠江纸业股份有限公司
纳税人识别号：91441900MA3CCA2C89
地 址 、 电 话：广东省东莞广麻大道258号0769-88821858
开户行及账号：中国工商银行东莞市长安支行1901322412455631285

密码区
03-0/71111627866—223*33*05+ 7->6989<8<2-
3342>2755*698<0- 1>4<<2272/608287577+99-
19/6*388549*37*01659503<7*—225+3

货物或应税劳务、服务名称	规格型号	单位	数量	单价	金额	税率	税额
*运输服务*运费			0	0	163959.07	0.09	14756.32
合计					¥163959.07		¥14756.32

价税合计（大写）⊗壹拾柒万捌仟柒佰壹拾伍元叁角玖分　（小写）¥178715.39

销售方
名　　称：东莞飞速运输服务有限责任公司
纳税人识别号：91441900MA451562Q
地 址 、 电 话：广东省东莞市中堂镇北王路中堂段50号 0769-8730568
开户行及账号：中国农业银行中堂镇分行62367203761527425317

备注
起运地：东莞港港口 到达地：东莞市东莞大道1218号 货物：阔叶浆 车号：见运输清单

收款人：向名　复核：王江　开票人：伍佰　销售方：（章）

第三联：发票联　购买方记账凭证

图 4–14　增值税专用发票

认知识别 1　当生产企业从国外进口原料时，首先需要确认进口货物的采购成本和应缴纳的税费。这通常包括货物的买价、运费、保险费以及按照《中华人民共和国增值税暂行条例》规定应缴纳的增值税。

进口材料入库核算有关单据流程如图 4–15 所示。

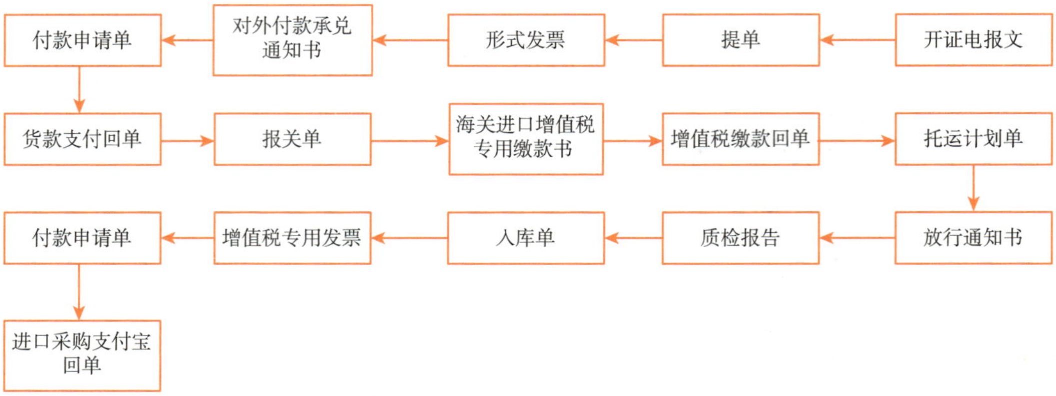

图 4-15 进口材料入库核算流程

认知识别2 进口材料成本计算

进口原材料成本的计算主要包括FOB进口货物成本、CFR进口货物成本以及CIF进口货物成本的计算。其中，FOB进口货物成本指在海外采购时，卖方只需负责将货物运到装运港口，而买方需要自行承担海外运输费用、保险费用、关税等费用，其计算公式为：

FOB=商品价格+内贸运费+海外运费

而CFR进口货物成本则是指货物在到达目的港口前，买方需承担货物从装货港到目的港的费用，其计算公式为：

CFR=FOB+海运费

对于含有保险的CIF进口货物成本，其计算公式则会加上保险费用，其计算公式为：

CIF=CFR+保险费

需要注意的是，海外运费、保险费、关税等其他费用，均需涵盖在进口材料成本中。

风险控制 进口原材料可能存在供应商不交货、交货不及时、交付不合格产品或伪造交单单据等信用风险。为防控进口原材料信用风险，应严格筛选评估供应商，建立信用档案；明确合同交货期、质量标准与违约责任；并采用安全支付方式如信用证、托收等，以降低货款支付风险。

三 任务实施

【场景4-17】2023年1月28日，公司获海关放行通知，采用水路运输方式接收货物，详见图3-5通关无纸化进口通知书。货物运抵公司后，公司质量管理中心质检员赵青出具了向供应商Santos Pulp Company Of Brazil购买的阔叶浆合格的质检报告（详见图3-6产品质检报告），并对质检合格的货物进行入库登记并填写入库单（详见表4-5验收入库单）。该批阔叶浆计划成本为117,842,314.1元。

表 4–5　　　　　　　　　　　　　　验收入库单

日期：2023年1月28日　　　　　　　　入库编号：RKD20230128001

类别	材料名称	规格型号	单位	购入	入库	单价（元）	金额（元）
原料	阔叶浆	800 × 800	吨	17,881.99	17,881.99	6,590	117,842,314.1

日期	部门	岗位	人员	意见	备注
2023年1月28日	质量管理中心	验收员	赵青	同意	
2023年1月28日	进出口部	采购员	江美	同意	

分析研判1　2023年1月28日，公司自供应商Santos Pulp Company Of Brazil采购的阔叶浆以零关税最惠国待遇顺利通关，经检验符合质量标准并入库，计划成本为117,842,314.1元。

分析研判2　制单会计根据“验收入库单”等编制如下会计分录和记账凭证（见图4–16）。

借：原材料——原料——阔叶浆　　117,842,314.10

　贷：材料采购——原料——阔叶浆　　115,267,307.54

　　材料成本差异——原料——阔叶浆　　2,575,006.56

凭证字 记　凭证号 65　日期 2023-01-28　　附单据 3 张

摘要	会计科目	借方金额（佰十亿千百十万千百十元角分）	贷方金额（佰十亿千百十万千百十元角分）
进口材料入库	1403 原材料-阔叶浆	1 1 7 8 4 2 3 1 4 1 0	
进口材料入库	140101 材料采购-原料-阔叶浆		1 1 5 2 6 7 3 0 7 5 4
进口材料入库	140401 材料成本差异-原料-阔叶浆		2 5 7 5 0 0 6 5 6
合计：壹亿壹仟柒佰捌拾肆万贰仟叁佰壹拾肆元壹角		1 1 7 8 4 2 3 1 4 1 0	1 1 7 8 4 2 3 1 4 1 0

图 4–16　进口材料入库记账凭证

风险控制　确保放行通知书中信息的准确性，如物资名称、数量、规格、目的地等，避免信息错误导致物流混乱。

风险控制　严把进口材料质量关

进口原材料质量不合格可能导致产品退货、索赔等损失。应设立严格的质量检验标准，对进口原材料进行全面检验；与供应商签订质量保证协议，明确质量标准、检验方法等条款；对供应商进行定期的质量评估，确保原材料质量稳定可靠。

【场景4–18】公司取得境内运费增值税专用发票（详见图4–14增值税专用发票）。

分析研判1　2023年1月28日，公司取得东莞飞速运输服务有限公司开具的进口阔叶浆的境内运费增值税专用发票，不含税价163,959.07元，款项尚未支付。

分析研判2　编制会计分录

制单会计根据“放行通知书”“形式发票”“采购合同”等编制如下会计分录和记账凭证（见图4-17）。

借：材料采购——原料——阔叶浆　　115,103,348.47

　　贷：预付账款——Santos Pulp Company Of Brazil　　115,103,348.47

凭证字 记　凭证号 62　日期 2023-01-28　附单据 2 张

摘要	会计科目	借方金额													贷方金额												
		佰	十	亿	千	百	十	万	千	百	十	元	角	分	佰	十	亿	千	百	十	万	千	百	十	元	角	分
支付进口浆板货款	140101 材料采购-原料-阔叶浆			1	1	5	1	0	3	3	4	8	4	7													
支付进口浆板货款	1123 预付账款-SANTOS PULP COMPANY OF BRAZIL																1	1	5	1	0	3	3	4	8	4	7
合计：壹亿壹仟伍佰壹拾万叁仟叁佰肆拾捌元肆角柒分				1	1	5	1	0	3	3	4	8	4	7			1	1	5	1	0	3	3	4	8	4	7

图 4-17　支付进口浆板货款记账凭证

制单会计根据“增值税专用发票”编制如下会计分录和记账凭证（见图4-18）。

借：材料采购——原料——阔叶浆　　163,959.07

　　应交税费——应交增值税（进项税额）　　14,756.32

　　贷：应付账款——东莞飞速运输服务有限公司　　178,715.39

凭证字 记　凭证号 60　日期 2023-01-28　附单据 1 张

摘要	会计科目	借方金额													贷方金额												
		佰	十	亿	千	百	十	万	千	百	十	元	角	分	佰	十	亿	千	百	十	万	千	百	十	元	角	分
采购阔叶浆运输费	0 应交税费-应交增值税-进项税额							1	4	7	5	6	3	2													
采购阔叶浆运输费	140101 材料采购-原料-阔叶浆						1	6	3	9	5	9	0	7													
采购阔叶浆运输费	2202 应付账款-东莞飞速运输服务有限责任公司																			1	7	8	7	1	5	3	9
合计：壹拾柒万捌仟柒佰壹拾伍元叁角玖分							1	7	8	7	1	5	3	9						1	7	8	7	1	5	3	9

图 4-18　采购阔叶浆运输费记账凭证

任务小结

进口业务入库核算涉及外汇价款、关税、增值税、运输费和保险费用等，任何计算错误或遗漏都可能导致成本信息不准确。因此，企业应对供应商进行严格的筛选和评估，建立供应商信用档案。确保放行通知书中信息的准确性，避免信息错误导致物流混乱。同时，加强企业内部控制，确保入库核算流程的透明性和规范性，及时准确地记录所有相关交易。

任务发布

结合本次课程所学内容，请同学们采用计划成本法对2023年1月进口针叶浆业务进行入库核算并编制会计分录。

任务2 支付核算

【教学重点】原材料的支付核算。
【教学难点】进口业务的支付核算。

子任务1 原材料支付核算

【教学重点】根据原始单据，填制记账凭证。
【教学难点】原始单据的审核。

任务导入

【场景4–19】公司2023年2月1日从张文东处赊购一批原木，材料于当天验收入库。2023年2月3日，公司对张文东合同编号为HT20230126008按账期内支付货款并进行会计核算。

认知识别 原材料支付核算是指企业依会计准则与税法规定，精确计量、记录并报告原材料采购成本，旨在保障成本准确性，支撑企业成本管理与决策，同时确保财务信息真实合规。支付方式涵盖银行转账、票据结算等金融手段。支付流程一般涉及发票审核、付款审批等环节。具体流程如图4–19所示。

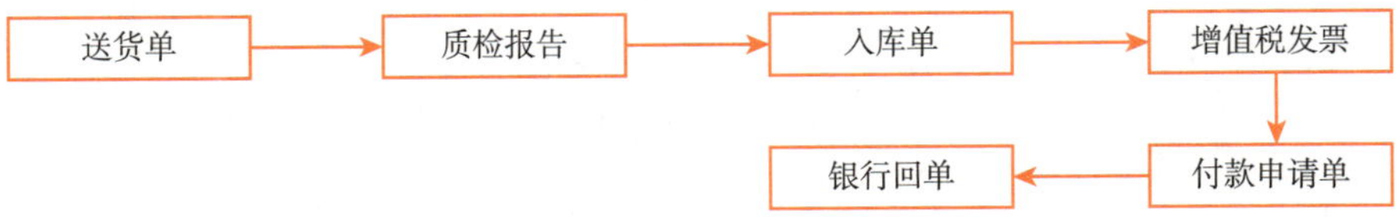

图4–19 原材料支付单据传递流程

分析研判 审核原始凭证

重点审核原始支出凭证的报销流程，涵盖采购合同、增值税发票、验收入库单及付款申请单等必要环节，确保凭证真实合法，防范欺诈与舞弊行为。

风险控制 建立健全风险管理制度

企业应建立规范的支付流程，确保支付安全、及时、准确。只有建立健全风险管理制度，加强内部控制，完善信息系统安全，建立合理的供应商管理机制，企业才能有效降低风险，避免经济损失，确保企业的财务安全和稳定运营。

任务实施

根据采购合同、验收入库单、付款申请单、往来账询证函、采购发票、银行回单等原始单据支付采购货款并进行账务处理。

【场景4–20】2023年2月3日，公司对张文东合同编号为HT20230126008按账期内支付货款。付款申请单、转账支票如表4–6、图4–20所示。

表4–6 付款申请单

单位：珠江纸业股份有限公司

申请部门	采购中心	申请人	韩美	日期	2023年2月3日
收款单位	张文东			付款内容： 采购原木货款	
付款方式	转账支票				
开户银行	中国建设银行东莞南城支行				
账号	6236250127852156××××				
付款金额（大写）	人民币	壹拾叁万壹仟贰佰伍拾柒元陆角捌分	付款金额（小写）（元） 131,257.68	付款类型	应付款

日期	部门	岗位	人员	意见	备注
2023年2月3日	总经办	副总经理	赵云飞	同意	
2023年2月3日	财务部	材料会计	王云飞	同意	
2023年2月3日	财务部	财务经理	胡洋	同意	
2023年2月3日	总经办	财务总监	钟淮敏	同意	
2023年2月3日	财务部	出纳	唐伯瑞	同意	

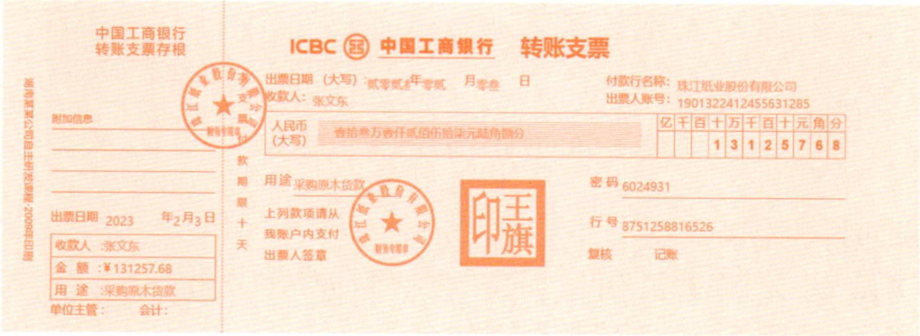
中国工商银行
转账支票存根
附加信息
出票日期 2023 年2月3日
收款人：张文东
金 额：¥131257.68
用 途：采购原木货款
单位主管： 会计：
ICBC 中国工商银行 转账支票
出票日期（大写）：贰零贰叁年零贰 月零叁 日
付款行名称：珠江纸业股份有限公司
收款人：张文东
出票人账号：19013224124556312 85
人民币（大写） 壹拾叁万壹仟贰佰伍拾柒元陆角捌分
亿 千 百 十 万 千 百 十 元 角 分
1 3 1 2 5 7 6 8
付款期限十天
用途 采购原木货款
上列款项请从我账户内支付
出票人签章
王旗印
密码 6024931
行号 8751258816526
复核 记账

图4–20 转账支票

分析研判　公司向张文东采购材料，合同总价款131,257.68元，与转账支票金额一致。制单会计根据“付款申请单”和“转账支票”编制如下会计分录和记账凭证（见图4–21）。

借：应付账款——张文东　　　　131,257.68

　　贷：银行存款——中国工商银行股份有限公司长安支行　　　　131,257.68

凭证字 记　凭证号 16　日期 2023-02-03　　票据池　附件　附单据 2 张

摘要	会计科目	借方金额													贷方金额												
		佰	十	亿	千	百	十	万	千	百	十	元	角	分	佰	十	亿	千	百	十	万	千	百	十	元	角	分
支付货款	2202 应付账款-张文东						1	3	1	2	5	7	6	8													
支付货款	100202 银行存款-人民币-中国工商银行股份有限公司长安 人民币 汇率:1 原币:131257.68 金额:131257.68																			1	3	1	2	5	7	6	8
合计：壹拾叁万壹仟贰佰伍拾柒元陆角捌分							1	3	1	2	5	7	6	8						1	3	1	2	5	7	6	8

图 4–21　支付货款记账凭证

风险控制　采购中心、进出口部须向财务部提交付款申请单，经由分管物资采购的副总签字后，由材料会计复核，财务经理审核，财务总监审批。付款完成后，出纳需在付款申请单上签字才允许入账。

知识拓展　转账支票填写注意事项

（1）支票有效期：支票应在有效期内使用，过期支票银行将不予受理。

（2）不得涂改：支票上的任何信息均不得涂改，涂改的支票无效。

（3）使用规定笔具：填写支票时应使用黑色或蓝色的钢笔或签字笔，不得使用铅笔或圆珠笔。

（4）核对信息：填写完毕后，应仔细核对各项信息是否准确无误，确保支票能够顺利兑现。

任务小结

原材料支付核算复杂且关键，面临发票管理漏洞、成本波动显著及支付风险等问题。需强化发票管理，健全成本预算与核算体系，提升支付安全及效率。同时，构建与供应商的稳固合作，优化采购策略，以降低成本。

任务发布

结合本次课程所学内容，请同学们完成“转账支票”的填写。

子任务 2　委托加工支付核算

【教学重点】委托加工业务中的支付核算原理、流程以及相应的会计处理方法。

【教学难点】委托加工支付核算涉及的会计科目和会计处理方法。

任务导入

【场景4-21】公司委托广东韶关北衡浆纸有限公司加工4,000吨（进口数量不足部分）的阔叶浆。结算方式为签订合同后5天内预付30%，尾款票到（或货到）月结30天，使用电汇或商业承兑汇票付款。现需要按照合同约定进行支付结算。

认知识别　委托加工支付核算流程如图4-22所示。

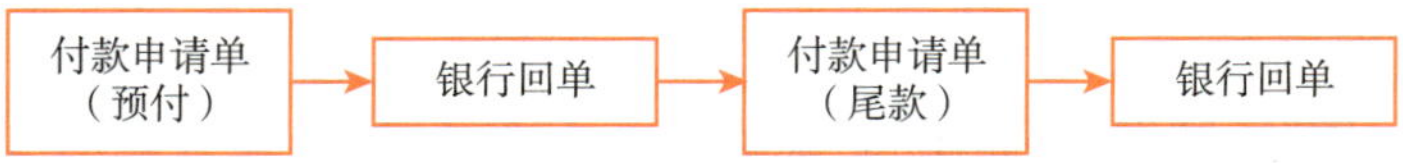

图 4-22　委托加工业务支付核算流程

分析研判　审核原始凭证

原始凭证审核的要点包括真实性、合法性、合理性、完整性和正确性。支付核算环节的主要原始凭证有采购合同、送货单、增值税发票、验收入库单、付款申请单、银行回单等。

风险控制

1. 加强委托加工物资成本分析

企业要对委托加工过程中的各项成本进行深入分析，包括原材料成本、加工费用、运输费用等。通过成本因素分析，企业可以找出成本控制的关键点，为后续的优化和降低成本提供依据。

2. 建立完善的内部控制体系并持续改进

有效的内部控制是确保委托加工支付核算准确性和合规性的重要保障。委托方应建立完善的内部控制体系，包括审批流程、监督机制、风险防范措施等，确保委托加工业务的合规性和规范性。同时，委托方还应定期对内部控制体系进行评估和改进，确保其有效性和适应性。

任务实施

根据委托加工合同、发料单、出库单、送货单、委托加工质检报告、委托加工入库单、增值税发票、付款申请单、对账单等原始单据支付委托加工费并进行账务处理。

【场景4–22】2023年3月1日，公司向供应商广东韶关北衡浆纸有限公司预付30%的委托加工费，付款申请单、预付货款银行回单如表4–7、图4–23所示。

表4–7 付款申请单

单位：珠江纸业股份有限公司

申请部门	采购中心	申请人	卢宛玲		日期	2023年3月1日
收款单位	广东韶关北衡浆纸有限公司				付款内容： 预付30%委托加工费	
付款方式	电汇					
开户银行	中国建设银行武江区支行					
账号	623632637251280××××					
付款金额（大写）	人民币	伍佰陆拾陆万壹仟叁佰元整	付款金额（小写）（元）	5,661,300	付款类型	预付款

日期	部门	岗位	人员	意见	备注
2023年3月1日	总经办	副总经理	赵云飞	同意	
2023年3月1日	财务部	材料会计	王云飞	同意	
2023年3月1日	财务部	财务经理	胡洋	同意	
2023年3月1日	总经办	财务总监	钟淮敏	同意	
2023年3月1日	财务部	出纳	唐伯瑞	同意	

ICBC 中国工商银行 业务回单付款 凭证

日期：2023年03月01日 回单编号：854426148

收款人户名：广东韶关北衡浆纸有限公司 收款人开户行：中国建设银行武江区支行

收款人账号：6236326372512803486

付款人户名：珠江纸业股份有限公司 付款人开户行：中国工商银行东莞市长安支行

付款人账号：1901322412455631285

金额合计（大写）：伍佰陆拾陆万壹仟叁佰元整 小写：5661300

业务（产品）种类：网银互联 凭证种类：2452 凭证号码：747833753

摘要：预付30%委托加工费 用途：预付款 币种：人民币

交易机构：0190010180 记账柜员：232 交易代码：52133 渠道：网上银行

附言：无

支付交易序号：56169454 报文种类：小额客户发起普通贷记业务 委托日期：2023-03-01 00:00:00

业务类型（种类）：普通汇兑 指令编号：HQP3506152411 提交人：0920101905200002.C.1901

最终授权人：无

本回单为第一次打印，注意重复 打印日期：2023-03-01 00:00:00 打印柜员：2 验证码：535Q8A2X5E476

图4–23 预付货款银行回单

分析研判 公司与供应商广东韶关北衡浆纸有限公司签订委托加工合同，合同总价款18,871,000元，预付30%货款，18,871,000×0.3=5,661,300元，与银行回单一致，支付金额核对无误，相关审批流程齐全。

具体会计处理和记账凭证如图4–24所示。

借：预付账款——广东韶关北衡浆纸有限公司　　5,661,300

　　贷：银行存款——人民币——中国工商银行股份有限公司长安支行　　5,661,300

凭证字 记　凭证号 239　日期 2023-03-01　附单据 2 张

摘要	会计科目	借方金额	贷方金额
预付委托加工货款	1123 预付账款-广东韶关北衡浆纸有限公司	566130000	
预付委托加工货款	100202 银行存款-人民币-中国工商银行股份有限公司长安支行 人民币 汇率：1 原币：0 金额：0		566130000
合计：伍佰陆拾陆万壹仟叁佰元整		566130000	566130000

图 4–24 预付委托加工货款记账凭证

【场景4–23】 2023年4月20日，公司根据委托加工合同、增值税发票金额支付尾款70%委托加工费，付款申请单、剩余货款银行回单如表4–8、图4–25所示。

表 4–8　　付款申请单

单位：珠江纸业股份有限公司

申请部门	采购中心	申请人	卢宛玲		日期	2023年4月20日
收款单位	广东韶关北衡浆纸有限公司				付款内容：支付尾款70%委托加工费	
付款方式	电汇					
开户银行	中国建设银行武江区支行					
账号	623632637251280××××					
付款金额（大写）	人民币	壹仟叁佰贰拾万玖仟柒佰元整	付款金额（小写）（元）	13,209,700	付款类型	应付款

日期	部门	岗位	人员	意见	备注
2023年4月20日	总经办	副总经理	赵云飞	同意	
2023年4月20日	财务部	材料会计	王云飞	同意	
2023年4月20日	财务部	财务经理	胡洋	同意	
2023年4月20日	总经办	财务总监	钟淮敏	同意	
2023年4月20日	财务部	出纳	唐伯瑞	同意	

ICBC 中国工商银行　业务回单 付款 凭证

日期：2023年04月20日　　回单编号：621548314

收款人户名：广东韶关北衡浆纸有限公司　　收款人开户行：中国建设银行武江区支行

收款人账号：6236326372512803486

付款人户名：珠江纸业股份有限公司　　付款人开户行：中国工商银行东莞市长安支行

付款人账号：1901322412455631285

金额合计（大写）：壹仟叁佰贰拾万玖仟柒佰元整　　小写：13209700

业务（产品）种类：网银互联　　凭证种类：2452　　凭证号码：654189315

摘要：支付尾款70%委托加工费　　用途：应付款　　币种：人民币

交易机构：0190010180　　记账柜员：15　　交易代码：36251　　渠道：网上银行

附言：无

支付交易序号：56164913　　报文种类：小额客户发起普通贷记业务　　委托日期：2023-04-20 00:00:00

业务类型（种类）：普通汇兑　　指令编号：HQP3506391405　　提交人：0920101905200002.C.1901

最终授权人：无

本回单为第一次打印，注意重复　　打印日期：2023-04-20 00:00:00　　打印柜员：4　　验证码：6255Q8A2X59470

图 4–25　剩余货款银行回单

分析研判 公司与供应商广东韶关北衡浆纸有限公司签订委托加工合同，合同总价款18,871,000元，在2023年3月1日已支付预付款5,661,300元，剩余货款18,871,000−5,661,300=13,209,700元。

具体会计处理和记账凭证如图4–26所示。

借：预付账款——广东韶关北衡浆纸有限公司　　13,209,700

　贷：银行存款——人民币——中国工商银行股份有限公司长安支行　　13,209,700

凭证字 记　凭证号 380　日期 2023-04-20　　票据池　附件　附单据 2 张

摘要	会计科目	借方金额													贷方金额													
		佰	十	亿	千	百	十	万	千	百	十	元	角	分	佰	十	亿	千	百	十	万	千	百	十	元	角	分
支付货款	1123 预付账款-广东韶关北衡浆纸有限公司				1	3	2	0	9	7	0	0	0	0													
支付货款	100202 银行存款-人民币-中国工商银行股份有限公司长安支 人民币 汇率：1 原币：13209700 金额：13209700																	1	3	2	0	9	7	0	0	0	0
合计：壹仟叁佰贰拾万玖仟柒佰元整					1	3	2	0	9	7	0	0	0	0				1	3	2	0	9	7	0	0	0	0

图 4–26　支付货款记账凭证

风险控制1 加强对加工费的审核以有效降低支付风险

在委托加工支付前对加工费进行审核是确保支付金额准确、降低财务风险的重要措施。通过合同条款审查、费用构成分析、损耗与费用对比、工序费用审核、成本测算验证、核算费用的准确性以及审核程序执行等方面的综合审核，可以有效降低加工费用支付的风险，确保委托加工业务的顺利进行。

风险控制2 委托加工业务涉及大量的资金往来和账务处理，因此必须保持往来账目的清晰和准确。委托方应建立专门的委托加工业务台账，详细记录每次委托加工业务的资金往来情况，包括收款、付款、预付款、尾款等。同时，委托方还应定期对账，确保双方账目一致，避免账目不清导致的纠纷和损失。

任务小结

委托加工支付核算涵盖了成本核算、费用结算、往来账目管理、法规遵守和内部控制等方面。企业需要遵循相关法规和会计准则，保证核算的准确性和结算的及时性，这样有助于企业实现委托加工业务的规范化管理，提高财务管理水平，为企业健康发展提供有力保障。

任务发布

请同学们结合本次课程所学内容完成委托加工支付核算的账务处理。

子任务3 周转材料支付核算

【教学重点】周转材料的支付核算流程及会计处理。

【教学难点】周转材料支付核算过程中常见问题的识别与处理。

任务导入

【场景4-24】公司需根据验收入库的周转材料进行支付核算。2023年3月24日，公司向上海东帆设备制造有限公司购买9套锥磨（转定子）验收入库，2023年4月23日，公司对上海东帆设备制造有限公司合同编号为HT20230317001按账期内支付货款。

认知识别 周转材料支付核算主要涵盖企业在生产经营过程中使用的各类周转材料的采购、入库、支付、领用、摊销及报废等全过程的经济活动。通过对这些环节的严格把控和精准核算，有助于企业更加合理地分配资源，优化成本控制。

分析研判　周转材料支付核算流程

采购中心须向财务部提交付款申请单，经由分管物资采购的副总签字后，由资产会计复核，财务经理审核，财务总监审批，付款完成后，出纳需在付款申请单上签字才允许入账。

风险控制　企业应建立健全的周转材料资产管理制度，包括采购、验收、入库、领用、报废等各个环节的管理规定。同时，应加强对周转材料使用情况的监督，确保资产的安全、完整和有效利用。此外，还应定期对周转材料进行盘点和清查，及时发现和处理资产管理中的问题确保账实相符。

任务实施

【场景 4-25】2023 年 4 月 23 日，公司对上海东帆设备制造有限公司，合同编号为 HT20230317001，按账期内支付货款。付款申请单、银行承兑汇票如表 4-9、图 4-27 所示。

表 4-9　　付款申请单

单位：珠江纸业股份有限公司

<table>
<tr><td>申请部门</td><td>采购中心</td><td>申请人</td><td colspan="2">汤雅燕</td><td>日期</td><td>2023 年 4 月 23 日</td></tr>
<tr><td>收款单位</td><td colspan="4">上海东帆设备制造有限公司</td><td colspan="2" rowspan="4">付款内容：
货款</td></tr>
<tr><td>付款方式</td><td colspan="4">银行承兑汇票</td></tr>
<tr><td>开户银行</td><td colspan="4">中国建设银行周东路支行</td></tr>
<tr><td>账号</td><td colspan="4">623618574728529××××</td></tr>
<tr><td>付款金额（大写）</td><td>人民币</td><td>伍拾叁万柒仟玖佰玖拾叁元整</td><td>付款金额（小写）（元）</td><td>537,993</td><td>付款类型</td><td>应付款</td></tr>
</table>

日期	部门	岗位	人员	意见	备注
2023 年 4 月 23 日	总经办	副总经理	赵云飞	同意	
2023 年 4 月 23 日	财务部	材料会计	王云飞	同意	
2023 年 4 月 23 日	财务部	财务经理	胡洋	同意	
2023 年 4 月 23 日	总经办	财务总监	钟淮敏	同意	
2023 年 4 月 23 日	财务部	出纳	唐伯瑞	同意	

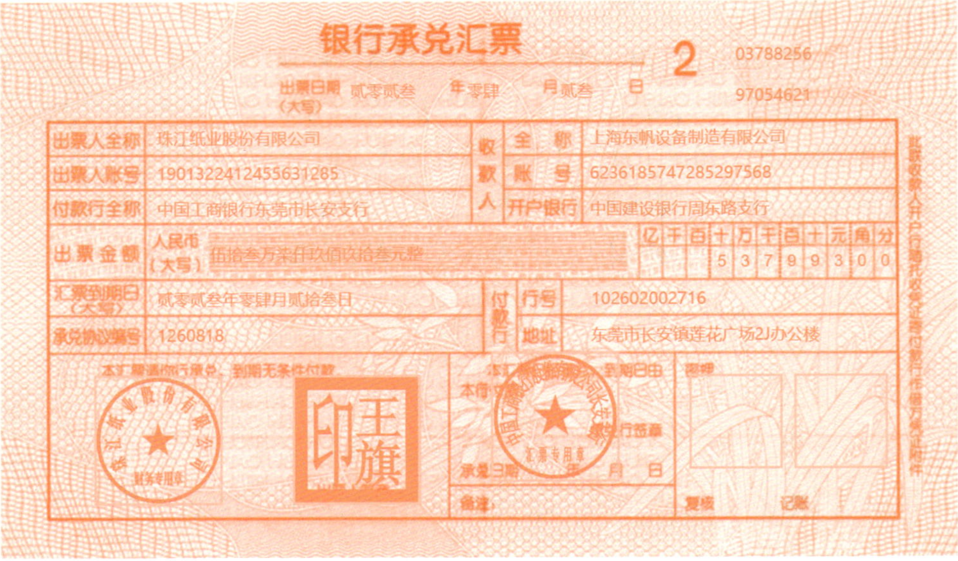
银行承兑汇票 2 03788256 97054621

出票日期（大写） 贰零贰叁 年 零肆 月 贰叁 日

出票人全称	珠江纸业股份有限公司	收款人	全称	上海东帆设备制造有限公司
出票人账号	1901322412455631285		账号	6236185747285297568
付款行全称	中国工商银行东莞市长安支行		开户银行	中国建设银行周东路支行
出票金额	人民币（大写） 伍拾叁万柒仟玖佰玖拾叁元整		亿千百十万千百十元角分	5 3 7 9 9 3 0 0
汇票到期日（大写）	贰零贰叁年零肆月贰拾叁日	付款行	行号	102602002716
承兑协议编号	1260818		地址	东莞市长安镇莲花广场2J办公楼

本汇票请你行承兑，到期无条件付款。 印 王旗

承兑日期 年 月 日 备注： 复核 记账

图 4–27 银行承兑汇票

分析研判 公司向上海东帆设备制造有限公司采购材料合同总价款537,993元，与银行承兑汇票金额一致。具体账务处理和记账凭证如图4–28所示。

借：应付账款——上海东帆设备制造有限公司　　537,993

　贷：应付票据——银行承兑汇票——上海东帆设备制造有限公司　　537,993

凭证字 记　凭证号 3　日期 2023-04-23　附单据 2 张

摘要	会计科目	借方金额	贷方金额
支付货款	2202 应付账款-上海东帆设备制造有限公司	53799300	
支付货款	220102 应付票据-银行承兑汇票-上海东帆设备制造有限公司		53799300
合计：伍拾叁万柒仟玖佰玖拾叁元整		53799300	53799300

图 4–28 支付货款记账凭证

知识拓展 银行承兑汇票填写规范

（1）双冠头票号：此为票据的唯一区别识别码。

（2）一致性要求：出票人和收款人的全称填写必须准确无误，不得涂改、错漏、多字。

（3）日期及期限：日期必需是大写，出票日期与到期日之间的相隔时间不得大于6个月。注意大小月、闰年月的变化。

（4）汇票的面额：出票金额大小写要一致。

（5）签章一致性：出票人印鉴是公章或财务专用章并加盖法人章，全称的简繁写必须与出票人一致。银行承兑人必须是汇票专用章，并带出票行的行号/有出票行经办人员签章（或签名）。

任务小结

通过建立完善的核算制度和流程，企业可以实现对周转材料成本的有效控制和管理，为企业的稳健发展提供有力保障。同时，企业还应根据实际情况不断优化核算流程和方法，提高核算的准确性和效率，更好地满足企业发展的需要。

任务发布

结合本次课所学内容，请同学们完成“银行承兑汇票”的填写。

子任务4 进口业务支付核算

【教学重点】进口业务支付核算账务处理。

【教学难点】进口环节增值税的计算。

任务导入

【场景4-26】公司需对从国外购买的商品和服务涉及的各项费用进行统计、计算和核查，确认无误后进行支付。2022年12月23日，公司与供应商Santos Pulp Company of Brazil签订阔叶浆采购合同（见图2-14）。采购数量为17,881.99吨，采购价格为922.05美元/吨，签订日汇率为6.981。根据采购合同约定，支付采购货款并进行会计核算。

认知识别 进口支付核算是指企业在从国外购买商品或服务的过程中，对其所涉及的各项费用进行统计、计算和核查的过程。这些费用包括采购成本、关税与税费、运输保险费用、进口税费附加项、银行及手续费、检验与公证费用、报关提货及运费以及其他费用等。支付流程一般涉及货款支付、进口环节增值税缴纳等环节。具体流程如图4-29所示。

图4-29 进口业务支付核算流程

分析研判 支付方式选择

企业需根据合同条款和实际情况选择合适的支付方式，如信用证支付、托收、电汇等，并确定支付的具体条件和期限。这有助于确保货款的及时、安全支付，降低支付风险。公司根据合同约定，采用信用证方式支付货款。

风险控制 企业应建立完善的信用管理制度，并加强汇率风险管理

进口业务支付核算过程中存在多种风险，如信用风险、汇率风险、税务风险等。企业应建立完善的信用管理制度，对供应商进行信用评估和管理，降低信用风险。同时，企业应关注汇率市场动态，采取合理的汇率风险管理措施。此外，企业还应加强税务合规管理，确保税费计算的准确性和支付的及时性。

任务实施

【场景4–27】 2023年1月4日，公司财务人员根据对外付款承兑通知书、付款申请单支付采购货款。对外付款承兑通知书如图3–24所示，付款申请单如表3–19所示。采购数量为17,881.99吨，采购价格为922.05美元/吨，签订日汇率6.981。国内支付业务收款回单如图4–30所示。

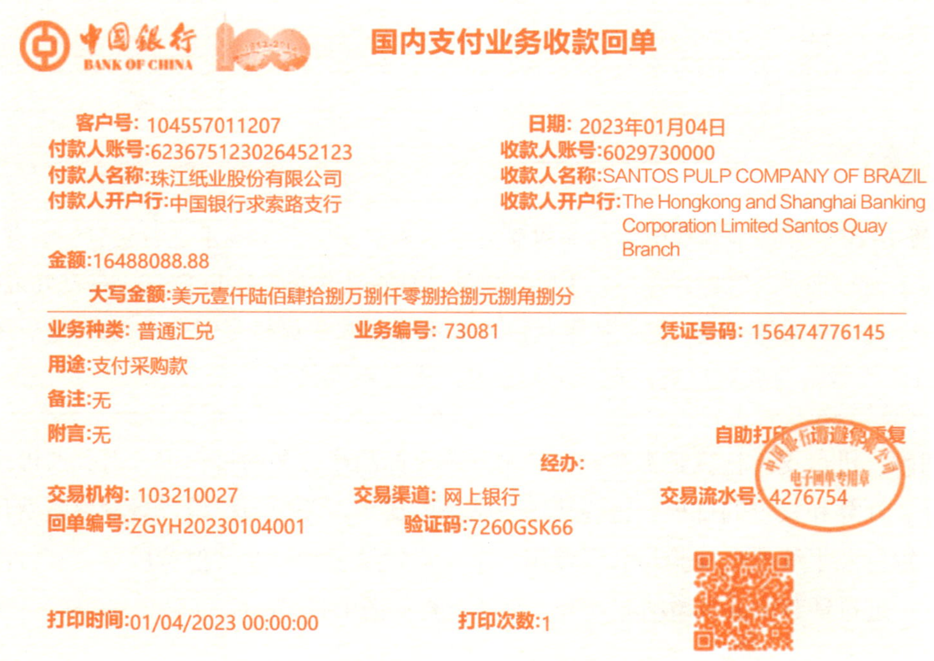

中国银行 BANK OF CHINA　国内支付业务收款回单

客户号: 104557011207　日期: 2023年01月04日
付款人账号:6236751230264521 23　收款人账号:6029730000
付款人名称:珠江纸业股份有限公司　收款人名称:SANTOS PULP COMPANY OF BRAZIL
付款人开户行:中国银行求索路支行　收款人开户行:The Hongkong and Shanghai Banking Corporation Limited Santos Quay Branch
金额:16488088.88
大写金额:美元壹仟陆佰肆拾捌万捌仟零捌拾捌元捌角捌分
业务种类: 普通汇兑　业务编号: 73081　凭证号码: 156474776145
用途:支付采购款
备注:无
附言:无
自助打印，请避免重复
经办:
交易机构: 103210027　交易渠道: 网上银行　交易流水号: 4276754
回单编号:ZGYH20230104001　验证码:7260GSK66
打印时间:01/04/2023 00:00:00　打印次数:1

图4–30　国内支付业务收款回单

分析研判 支付金额确定

合同采购价款16,488,088.88 USD，签订日汇率6.981。支付金额=合同采购价款 × 签订日汇率=16,488,088.88 × 6.981=115,103,348.471元。

具体会计处理和记账凭证如图4–31所示。

借：预付账款——Santos Pulp Company Of Brazil　　115,103,348.47

　贷：其他货币资金——信用证保证金　　115,103,348.47

凭证字 记　凭证号 51　日期 2023-01-04　附单据 1 张

摘要	会计科目	借方金额（佰十亿千百十万千百十元角分）	贷方金额（佰十亿千百十万千百十元角分）
向银行承兑预付信用证货款	1123 预付账款-SANTOS PULP COMPANY OF BRAZIL	11510334847	
向银行承兑预付信用证货款	101201 其他货币资金-信用证保证金		11510334847
合计：壹亿壹仟伍佰壹拾万叁仟叁佰肆拾捌元肆角柒分		11510334847	11510334847

图 4–31　向银行承兑预付信用证货款记账凭证

【场景4–28】2023年1月25日，公司根据海关进口增值税专用缴款书（见图3–4）缴纳进口环节增值税。支付税款银行回单如图4–32所示。

ICBC 中国工商银行　业务回单付款 凭证

日期：2023年01月25日　回单编号：84398666855

收款人户名：中央金库　收款人开户行：国家金库东莞市中央金库

收款人账号：27027011523456

付款人户名：珠江纸业股份有限公司　付款人开户行：中国工商银行东莞市长安支行

付款人账号：1901322412455631285

金额合计（大写）：人民币壹仟肆佰玖拾贰万玖仟壹佰肆拾元零捌分　小写：14929140.08

业务（产品）种类：网银互联　凭证种类：A-324-0　凭证号码：1711575428205

摘要：税款　用途：无　币种：人民币

交易机构：0190010180　记账柜员：00134　交易代码：52122　渠道：网上银行

附言：无

支付交易序号：8334762　报文种类：小额客户发起普通贷记业务　委托日期：2023-01-25 00:00:00

业务类型（种类）：普通汇兑　指令编号：HQP1914691403　提交人：0920101905200002.C.1908

最终授权人：无

本回单为第一次打印，注意重复　打印日期：2023-01-25 00:00:00　打印柜员：7　验证码：223R8JEOHG124

中国工商银行东莞市长安支行（001）

图 4–32　支付税款银行回单

分析研判　进口环节增值税

进口货物增值税＝完税价格 × 税率，完税价格＝合同金额（见图2–14）× 申报汇率（6.965），即完税价格=16,488,088.88美元×6.965=114,839,539.05元，进口货物增值税=114,839,539.05×13%=14,929,140.08元。

具体会计处理和记账凭证如图4-33所示。

借：应交税费——应交增值税——进项税额　　　　14,929,140.08

　贷：银行存款——人民币——中国工商银行股份有限公司长安支行　　　　14,929,140.08

凭证字 记　凭证号 57　日期 2023-01-25　　票据池　附件　附单据 1 张

摘要	会计科目	借方金额（佰十亿千百十万千百十元角分）	贷方金额（佰十亿千百十万千百十元角分）
缴纳增值税	22210101 应交税费-应交增值税-进项税额	1492914008	
缴纳增值税	100202 银行存款-人民币-中国工商银行股份有限公司长安支行 人民币 汇率:1 原币:0 金额:0		1492914008
合计：壹仟肆佰玖拾贰万玖仟壹佰肆拾元零捌分		1492914008	1492914008

图4-33　缴纳增值税记账凭证

风险控制　进口业务涉及多种税费，如关税、增值税、消费税等。要了解相关税费的计算方法和支付规定，确保按时足额缴纳税费。在计算税费时，应根据进口货物的种类、数量、价值以及税率等因素进行准确核算。在支付税费时，应按照税务部门的要求进行申报和缴纳，避免出现漏报、错报或逾期缴纳等情况。

【场景4-29】2023年1月28日，公司支付东莞飞速运输服务有限责任公司运输费用。付款申请单和支付宝转账电子回单如表4-10、图4-34所示。

表4-10　　付款申请单

单位：珠江纸业股份有限公司

申请部门	进出口部	申请人	江美		日期	2023年1月28日
收款单位	东莞飞速运输服务有限责任公司				付款内容：阔叶浆从港口到工厂运输费用，支付宝账号321585025@qq.com	
付款方式	网上支付					
开户银行	中国农业银行中堂镇分行					
账号	6236720376152742××××					
付款金额（大写）	人民币	壹拾柒万捌仟柒佰壹拾伍元叁角玖分	付款金额（小写）（元）	178,715.39	付款类型	应付款

续表

日期	部门	岗位	人员	意见	备注
2023年1月28日	总经办	副总经理	赵云飞	同意	
2023年1月28日	财务部	出纳	唐伯瑞	同意	
2023年1月28日	财务部	材料会计	王云飞	同意	
2023年1月28日	财务部	经理	胡洋	同意	
2023年1月28日	财务部	总监	钟淮敏	同意	

支付宝转账电子回单

回单生成时间 2023-01-28 13:48:52

付款方	账户名	珠江纸业股份有限公司
	账号	62750136@qq.com
	账号类型	支付宝账户
	开户机构：	支付宝（中国）网络技术有限公司
收款方	账户名	东莞飞速运输服务有限责任公司
	账号	321585025@qq.com
	账号类型	支付宝账户
	开户机构：	支付宝（中国）网络技术有限公司
支付宝流水号	2023012970432840000	
付款时间	2023-01-28 13:48:52	
付款金额（元）	小写	178715.39
	大写	壹拾柒万捌仟柒佰壹拾伍元叁角玖分

注：①本《支付宝电子回单》仅证明用户在申请该电子回单时间之前通过其支付宝账户的支付行为。
②本《支付宝电子回单》有任何修改或涂改的，均为无效证明。
③本《支付宝电子回单》仅供参考，如与用户支付宝账户记录不一致的，以支付宝账户记录为准。

支付宝（中国）网络技术有限公司
业务凭证专用章盖章处

图 4-34　支付宝转账电子回单

分析研判　具体会计处理和记账凭证如图4-35所示。

借：应付账款——东莞飞速运输服务有限责任公司　　178,715.39

　　贷：其他货币资金——支付宝　　178,715.39

凭证字 记 凭证号 1 日期 2023-01-28 附单据 1 张

摘要	会计科目	借方金额													贷方金额													
		佰	十	亿	千	百	十	万	千	百	十	元	角	分	佰	十	亿	千	百	十	万	千	百	十	元	角	分
支付阔叶浆运费	2202 应付账款-东莞飞速运输服务有限责任公司						1	7	8	7	1	5	3	9													
支付阔叶浆运费	101202 其他货币资金-支付宝																			1	7	8	7	1	5	3	9
合计：壹拾柒万捌仟柒佰壹拾伍元叁角玖分							1	7	8	7	1	5	3	9						1	7	8	7	1	5	3	9

图 4-35 支付阔叶浆运费记账凭证

任务小结

进口业务支付核算是进行国际贸易活动的重要一环。通过了解支付方式及选择、汇率与换算方法、货款结算流程、税费计算与支付等方面的内容，可以更加有效地进行进口业务支付核算工作。同时，还需关注进口支付核算的流程和风险点，提高业务水平和风险意识。在审查付款申请时，严格按照公司规定和流程进行审批，确保企业的资金安全和经营效益的稳定提升。

任务发布

结合本次课程所学内容，请同学们完成2023年1月进口针叶浆业务支付核算的账务处理。

项目总结

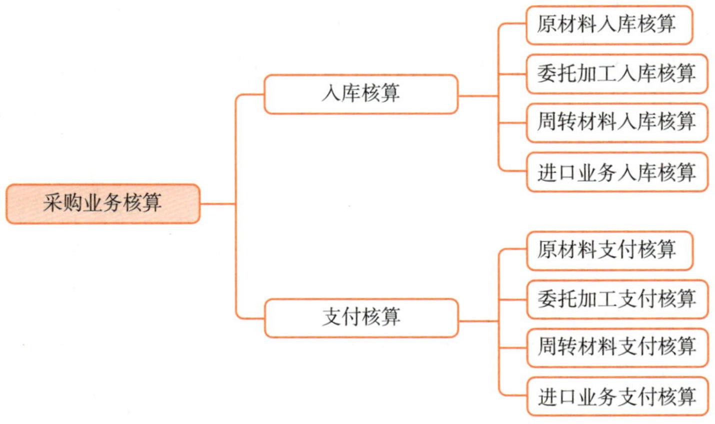

项目 5　供应商考核与采购绩效评价

学习目标

知识目标

1. 理解供应商的考核流程和方法，运用考核方法对供应商进行考核；

2. 掌握采购绩效管理的基本概念、原理和方法，能够紧密结合企业的实际运营情况，对采购中心的整体绩效、管理人员的工作成效以及一般员工的业绩表现进行全面、客观的评估与考核；

3. 了解采购业务流程、关键节点以及财税政策对采购绩效的影响。

技能目标

1. 能够科学地进行供应商考核，基于考核结果为企业提供具体、可行的决策支持与建议，以优化供应链管理。

2. 能够系统地运用科学方法，对采购绩效进行全面剖析，精准评估管理人员的工作成效以及一般员工的业绩表现，进而为企业提供数据支持和洞察，帮助企业做出基于事实的、有利于未来发展的战略与运营决策。

3. 能够识别供应商考核与采购绩效评价工作中的潜在风险并运用适当方法加以控制。

素质目标

1. 具备职业道德和责任感，在采购绩效管理工作中始终坚守诚信和公正。

2. 具备关注行业动态和政策变化的意识，不断更新个人知识与技能。

3. 弘扬团队协作精神，能够在跨部门、跨职能的采购活动中有效沟通与合作。

4. 培养分析问题以及解决问题的能力。

绩效考核和考评是企业管理者对企业经营运作情况的一个判断过程，在企业管理中不可缺少。只有进行科学、合理的绩效考评工作，才能保证企业的经营运作按既定的要求进行。

供应商是企业采购中不可或缺的一环，对供应商的考核直接影响着企业的采购成本和供应链的稳定性。因此，建立科学有效的供应商考核体系对企业来说至关重要。

采购绩效是指采购投入与产出之间的对比关系，它是对采购效率进行的全面整体的评价。做好采购绩效分析与评价工作的关键，一是要选择合适的绩效指标，二是绩效指标的目标值要合理。在构建采购绩效分析与评价指标体系时，应遵循科学性、可操作性和数据可得性等方面考虑。鉴于此，将所有指标都作为评价指标是不可取的，而应选择最能体现企业效益、对绩效评价起关键性作用的指标。

任务1　供应商考核

【教学重点】考核供应商的方法。

【教学难点】数据的收集与分析。

任务导入

供应商考核是对供应商的合同执行情况进行过程和结果的评价。通过对供应商的交货质量、交货能力、成本、服务进行比较考核，企业可以了解供应商的实际表现，做出合理的决策，以确保供应链的稳定性和可靠性。

【场景5-1】公司为了选择合格的供应商并对其进行持续监督，以确保其能为公司提供合格的产品与服务，制定了严格的供应商管理制度。其中，供应商的监督与考核表部分如表5-1所示。

表5-1　供应商的监督与考核表

<table>
<tr><td>考核对象和考核人</td><td colspan="4">供应商考核对象为所有供应商，由采购中心、仓储部、质量管理中心进行考核</td></tr>
<tr><td>考核内容与方法</td><td colspan="4">公司对供应商实行评分分级，供应商的考核项目包括质量、交期、服务、价格水平等方面的内容</td></tr>
<tr><td>考核频率</td><td colspan="4">对于重要的供应商至少每半年要进行一次等级评定，其他供应商至少每年要进行一次等级评定</td></tr>
<tr><td rowspan="6">考核评分标准</td><td>考核项目</td><td>权重</td><td>总分</td><td>评分标准</td></tr>
<tr><td>质量状况</td><td>30%</td><td>30分</td><td>15×（合格件数/抽样件数）+15×（1-退货率）</td></tr>
<tr><td>交付情况</td><td>20%</td><td>20分</td><td>10×（准时次数/总交货次数）+10×（期内实际交货量/期内应交货量）</td></tr>
<tr><td>服务质量</td><td>10%</td><td>10分</td><td>配合度、送样速度、纠正措施回复、超额运费</td></tr>
<tr><td>价格水平</td><td>30%</td><td>30分</td><td>平均价格比率：-1%≤平均价格比率≤1%为15分、1%<平均价格比率≤2%为12分、2%<平均价格比率≤3%为10分、3%<平均价格比率≤4%为8分
……</td></tr>
<tr><td>管理情况</td><td>10%</td><td>10分</td><td>管理制度是否完善，质量手册是否完整、全面</td></tr>
</table>

续表

<table>
<tr><td>考核评级</td><td><table><tr><th>等级</th><th>分数标准</th></tr><tr><td>A</td><td>85–100分</td></tr><tr><td>B</td><td>70–84分</td></tr><tr><td>……</td><td>……</td></tr></table></td></tr>
<tr><td>考核结果的运用</td><td>（1）考核结果等级为A的供应商，可加大采购量或给予一定的奖励；质量、逾期率为满分，经管理小组进一步考察、认定为特别优秀的供应商的物料可享受免检待遇；
（2）考核结果等级为B的供应商，合格供应商可正常采购
……</td></tr>
<tr><td>对合格供应商进行交期监督</td><td>采购人员应要求供应商准时交货，同时记录由供应商原因引起的分批发运造成的超额费用</td></tr>
<tr><td>对合格供应商进行质量监督</td><td>（1）质量管理部和采购部应保存合格供货方的供货质量记录，产品不合格时应对供应商提出警告，连续两批产品不合格则暂停采购，另选供应商，或待其提高产品质量后再行采购；
（2）对于不合格的供应商，应取消其供货资格，将其从“合格供应商名单”中删除</td></tr>
</table>

注：完整的供应商管理制度扫码获取。

认知识别 供应商的考核管理流程

（1）供应商评估。公司会对潜在供应商进行评估，包括对供应商的资质、信誉、技术能力等方面进行初步的筛选和评估。

（2）合同签订。公司与选定的供应商签订合同，明确双方的权责和要求。

（3）加工进度监控。公司定期对供应商的加工进度进行监控和评估，确保供应商按时交货。

（4）产品质量监督。公司对供应商提供的产品进行质量监督，包括进货验收、生产过程抽检、出货检验等环节的质量控制。

（5）售后服务评估。公司对供应商的售后服务进行评估，包括供应商对产品质量问题的处理能力、客户投诉的处理效率等方面进行评估。

（6）绩效考核结果。根据考核评分标准，公司对供应商进行考核与评级，确保与供应商的合作达到预期效果。

（7）持续改进。公司与供应商共同分析考核结果，面对考核中的不足，制定相关改进方案，并对供应商进行培训和指导，以提升其服务水平和产品质量。

分析研判 供应商的考核方法应综合考虑供应商的质量、交货能力、成本和服务等方面的表现。通过科学有效的考核方法，企业可以评估供应商的综合能力，为建立稳定可靠的供应链关系提供依据。同时，供应商也可以通过不断改进和提升自身的表现，提高与企业的合作机会和竞争力。

风险控制1 企业应定期和不定期对供应商提供的产品进行抽样检验，以确保产品质量的稳定性。

风险控制2 供应商和客户之间的沟通若存在问题，可能导致双方对交货时间、产品质量等方面的要求产生误解，从而造成供应商无法按时交货，客户也无法及时获得所需产品。

任务实施

一、编制供应商分析表

采购员对供货商的交货情况进行统计和分析，包括交货的质量情况、数量情况、准时率等关键信息，便于对供应商的交货工作进行监督管理。

【场景5-2】2023年第一季度末，对连云港湘云煤炭交易中心第一季度供货情况进行分析（见表5-2）。

表5-2 季度供货分析表

日期：2023年4月5日

供应商	期内供货平均价格（元/吨）	市场平均价格（元/吨）	市场最低价格（元/吨）	合格数量（吨）	总数量（吨）	退货次数	交货次数	准时次数	总交货次数	期内实际交货量（吨）	期内应交货量（吨）	期内未失信次数	期内合作总次数
连云港湘云煤炭交易中心	850	825	780	103,306.03	103,406.03	1	6	5	6	103,306.03	103,406.03	2	3

认知识别1 供应商分析的内容

（1）供应商基本信息：包括供应商的名称、地址、联系方式、经营范围、主要产品或服务等。

（2）质量评估：评估供应商的产品或服务质量，包括合格率、退货率、客户投诉等指标。

（3）价格评估：分析供应商的价格水平，包括报价、折扣、付款方式等，并与其他供应商进行比较。

（4）交货能力评估：评估供应商的交货准时率、交货周期、订单处理能力等，以确保供应商能够满足企业的需求。

（5）服务水平评估：评估供应商在售前、售中、售后等方面的服务水平，包括响应时间、解决问题的能力等。

（6）技术能力评估：评估供应商的技术水平、创新能力、研发能力等，以确保供应商能够持续提供符合企业需求的产品或服务。

（7）财务状况评估：了解供应商的财务状况，包括财务报表、信用记录等，以确保供应商具备稳定的经营能力和良好的信誉。

认知识别2 为了进行供应商绩效评估，企业需要收集供应商相关数据，并进行数据分析。对供应商数据进行抓取和分析的方法：

（1）内部系统：利用内部系统来收集供应链数据。这包括企业资源规划（ERP）系统、物流管理系统、仓储管理系统等。这些系统通常会记录和跟踪供应链中的关键数据，如订单信息、库存数据、交货记录等。

（2）外部数据源：利用外部数据源来获取供应链数据。这可以包括行业报告、市场数据、公开数据等。这些数据有助于了解市场趋势、竞争对手的表现等。

（3）调研和调查：进行供应链调研和调查，以了解供应链中的关键数据。这可以包括与供应链相关的市场调研、客户调研、供应商调研等。通过问卷调查、访谈等方式获取数据。

（4）数据采集工具和技术：利用数据采集工具和技术来收集供应链数据。这可以包括数据爬虫、自动化数据采集工具、传感器数据采集系统等。

分析研判1 连云港湘云煤炭交易中心2023年1月、2月和3月的供货平均价格为850元/吨，煤炭市场平均价格825元/吨，市场最低价格780元/吨，因此，连云港湘云煤炭交易中心的供货价高于市场平均价格。

分析研判2 连云港湘云煤炭交易中心2023年1~3月的供货合格数量为103,306.03吨（即期内实际交货量103,306.03吨），总采购数量103,406.03吨，共产生6次交货，其中产生1次退货，有1次未准时；按签订合同情况共合作3次，失信1次。因此，连云港湘云煤炭交易中心存在供货风险。

风险控制1 在收集供应商数据时，要确保数据的准确性、完整性和安全性。要与合作伙伴建立良好的数据共享机制，并遵守相关的数据保护和隐私规定。

进行供应商分析时，应确保评估标准的客观性和公正性，避免主观臆断和偏见。评估供应商时，应考虑到实际操作的可行性，确保评估过程简单明了、易于操作。

风险控制2 随着市场和企业需求的变化，供应商分析应具备一定的灵活性和可调整性，以便适应不同的采购场景和需求。

二、供应商分级

【场景5-3】 2023年第一季度末，因连云港湘云煤炭交易中心在第一季度存在退货情况，且存在供货风险，现结合《供应商管理制度》第一十三条考核评分标准（见表5-1）对其本季度供货情况进行分析和绩效评价，根据连云港湘云煤炭交易中心2023年第一季度供货分析表中相关数据，结合《供应商管理制度》第一十三条考核评分标准，经过计算得出供应商分级表相关数据，供应商分级表如表5-3所示。其中服务情况配合度询问相关人员得4分，管理情况得6分。

表5-3 供应商分级表

供应商名称	连云港湘云煤炭交易中心		联系人	郭成
地址	连云港市海州区朝阳东路125号		电话	1581613××××
考核项目	所占比例（分）	考核指标（分）	指标计算方法	得分
价格	30	平均价格比率（15）	（供应商的供货价格－市场平均价格）÷市场平均价格×100%	8
		最低价格比率（15）	（供应商的供货价格－市场最低价格）÷市场最低价格×100%	6

续表

考核项目	所占比例	考核指标	指标计算方法	得分
产品质量	30	质量合格率（15）	……	……
		退货率（15）	……	……
交货情况	20	交货准时率（10）	……	……
		按时交货量率（10）	……	……
服务情况	10	配合度（5）	出现问题时配合解决的速度	4
		信用度（5）	期内未失信次数/期内合作总次数 ×100%	3.33
管理情况	10	管理制度是否完善，质量手册是否完整、全面，结算账期等财务是否稳定		6
总分	100			73.14
所属等级	B			
得分分级				
等级	分数标准	相应措施		
A	85~100分	可加大采购量或给予一定的奖励；质量、逾期率为满分，经管理小组进一步考察、认定为特别优秀的供应商的物料可享受免检待遇。		
B	70~84分	合格供应商可正常采购		
……	……	……		
考核人名单				
考核人姓名	所属部门	考核项目	考核意见	签字确认
卢云茜	采购中心	价格	价格与市场平均价格基本持平	卢云茜
江春东	仓储部	交货情况	存在少货、未准时情况	江春东
卢思云	质量管理中心	产品质量	产品质量存在退货情况	卢思云

注：完整供应商分级表扫码获取。

认知识别 供应商分级

供应商分级的主要目的是根据供应商在质量、价格、交货期、服务等方面的表现，将其划分为不同的等级，以便企业能够针对不同等级的供应商采取不同的管理策略。

供应商分级不是一次性的活动，而是一个持续的过程。企业应定期对供应商的表现进行评估和更新，以便及时调整供应商的等级和采取相应的管理措施。

分析研判1 平均价格比率=（供应商的供货价格－市场平均价格）÷市场平均价格 ×100%=（850−825）÷825×100%=3.03%，查表5-1可得平均价格比率：3%<平均价格比率≤4%为8分。

分析研判2 最低价格比率=（供应商的供货价格－市场最低价格）÷市场最低价格 ×100%=（850−780）÷780×100%=8.97%，查表5-1可得最低价格比率：8%<最低价格比率≤10%为6分。

分析研判3 经计算得出连云港湘云煤炭交易中心的得分为73.14，评定等级为B，因此，是合格供应商可正常采购。

风险控制 供应商分级也有助于企业更好地控制供应链风险。通过识别出关键供应商和潜在风险点，企业可以采取相应的风险缓解措施，确保供应链的稳定性和安全性。

任务小结

在本次任务中，我们深入探讨了供应商考核评价的多个关键方面。如交货准时性、产品质量、成本效益、服务水平、技术能力水平和可持续性等，为供应商评价提供了具体的指标。数据的收集与分析是供应商考核的难点之一，需要掌握数据分析方法对数据进行处理和分析。对供应商实施分级管理，是企业在挑选合作伙伴时的一个核心策略。这一过程要求企业对供应商进行全面、系统且客观的评估与考核，以确保所选供应商能够符合企业的需求标准，进而推动采购业务的长期、稳定与可持续发展。通过分级管理，企业能够更好地识别、选择并管理优质的供应商资源，为企业的整体运营和发展奠定坚实的基础。

任务发布

结合供应商考核中供应商分级的学习内容，完成“供应商分级表”的填写。

任务2 采购绩效评价

【教学重点】确定采购绩效评价指标；

【教学难点】绩效评价量化考核、风险控制。

任务导入

采购绩效是指采购投入与产出之间的对比关系，它是对采购效率进行的全面整体评价。采购绩效评价是指通过建立科学、合理的评估指标体系，全面反映和评价采购政策功能目标和经济有效性目标实现程序的过程。

为确保采购目标的实现，有效控制采购过程，并为绩效改进提供依据，公司必须构建完整的采购绩效分析与评价体系。

绩效评价工作首先从部门层面展开，因为部门考核成绩将对后续个人考核结果产生影响。在完成部门考核后，对部门管理人员进行考核评价，以评估管理人员是否具备引领部门实现成功的能力。而后，应对公司全体采购人员进行绩效评价，进一步分析销售目标的完成情况，全面呈现公司采购人员的职业态度和业绩成果。因此，公司对采购中心部门、采购中心管理人员和采购中心员工进行测评，并根据测评结果进行企业日常管理活动。考核对象包括采购中心、采购中心管理人员和采购中心员工。考核周期分为月度考核和年度汇总。

【场景5–4】公司成立以分管人事副总为组长，采购中心为成员的公司绩效考核小组，考核小组办公室设在人力资源中心。具体考核安排如下：副总经理赵云飞、总经理王旗负责部门和管理人员的考核、审核工作。采购中心副经理蒋芸、经理卢云茜负责员工的考核、审核工作。其中采购中心绩效考核如表5–4所示、采购中心管理人员绩效考核如表5–5所示、采购中心员工绩效考核如表5–6所示、考核评级表如表5–7所示、月度考核结果运用如表5–8所示。

表5–4 采购中心绩效考核

序号	绩效指标	分值	绩效目标值	计分办法	完成情况	评分
1	采购计划完成率	15	100%	以各材料入库金额占总入库采购金额的比重作为权重，计算各材料实际入库数量与计划采购数量的比重与权重乘积之和。各材料Σ（实际入库数量 ÷ 计划采购数量 × 入库金额权重）。完成目标值得满分，未达到目标的每降低1%，扣1分		
2	采购成本降低率	15	15%	计算实际入库数量下计划成本减去实际成本后占计划成本的降低率。完成目标值得满分，未达到目标的每降低1%，扣1分，最多扣15分，每超过1%，加1分		
3	采购资金付现率	20	20%	计算当期采购支付金额占当期采购应付总金额的比重。不超过目标值得满分，每超过1%，扣1分，最多扣20分，每降低1%，加1分		
4	产品合格的供应商比率	20	90%	计算产品合格率100%的供应商数量占供应商总数量的比重。完成目标值得满分，未达到目标的每降低1%，扣1分，每超过1%，加1分		
5	采购效率	20	5,000,000	计算当期采购物料不含税成本总额 ÷ 当期采购总人数的效率值，到达目标值满分，未到达目标值每降低25万扣1分		
6	采购人员流动率	10	7%~15%	计算当期流失的采购人员 ÷ 当期采购人员的平均数量，当期采购人员的平均数量 =（期初数量 + 期末数量）÷ 2。达到目标值满分，未达到0分		
合计						
评级						

表 5–5　　采购中心管理人员绩效考核表

姓名：　　考核月度：　　编号：

考核项目	考核指标	分值	考核指标	得分
工作业绩	部门考核综合得分	30	根据部门考核综合得分占比计算个人得分，即个人得分 = 部门考核得分的百分比 × 此栏分值	
工作能力	决策能力	10	善于确定决策时机，得 10 分	
			能够确定决策时机，得 5 分	
			不能确定决策时机，得 0 分	
	计划能力	10	有极强的计划能力，得 10 分	
			能按要求制定相应计划，得 5 分	
			需要在帮助下制定相应计划，得 0 分	
	执行能力	10	工作效率高，得 10 分	
			能按时完成工作，得 5 分	
			工作效率低，得 0 分	
工作态度	主动性	10	工作积极性高，能主动完成工作，得 10 分	
			能主动考虑问题，提出解决办法，得 5 分	
			有一定的主动性，但需要监督，得 0 分	
管理能力	员工管理	20	部门员工绩效考核平均得分在 90 分以上，此项得满分，未达到 90 分的每降低 1 分，扣 1 分	
外部评价	供应商投诉	5	无投诉满分，投诉 1 次经查实属于采购中心责任扣 1 分	
	领导评价	5	上级领导评分	
考核得分总计				
评级				

表 5–6　　采购中心员工绩效考核表

姓名：　　考核月度：　　编号：

序号	工作内容		完成标准	分值	考评
1	工作纪律	按时上班，不迟到不早退，上班时不做与工作无关的事情	每天按时出勤，有事提前办理请假手续，无无故缺勤、早退	5	
2			工作时无扎堆聊天、上网浏览非工作网页、嬉戏等非工作事宜	5	
3	发票报销	每天整理采购发票、领借款单等交至财务部、登记流水账，包括记账日期、经办人、开票单位及内容、发票开具时间、付款金额、签收人等，跟进财务部的付款进度	每笔发票报销、领借款单均需记录详细台账，信息登记全面	10	
4			发票核对仔细，发票内容与入库单、实际支出费用相符，发票保存完整，交至财务部后由财务签字确认	10	
5			每天及时将各类报销、付款单据交至财务部，确保无付款原因影响采购到货	10	

续表

序号	工作内容		完成标准	分值	考评
6	账目核对	每月定期与各供应商对账，核对应付款、实际到货数目、发票开具情况等	对账及时，每笔账目核对仔细、清楚，无争议款项	10	
7		每月月初与财务对上月所有报销、领借款、待付款账目的核销对账	财务、供应商与流水账三方账目相符	10	
8	体系文件	体系文件中关于采购供应部信息的整理，按体系要求收集各原料供应商的生产能力资质证明、出厂合格证等各类相关材料	及时与相关供应商联系，收集资料符合体系文件审核要求，各类资料在规定时间内准备齐全	5	
9	沟通合作	与业务单位、内部同事配合融洽，沟通顺畅	出现问题能及时、合理地解决。工作无拖拉、拖欠。分配的工作无法按时完成，要及时汇报，并有原因分析	5	
10	合理建议	能以书面的形式，对本部门、公司的管理制度、工作流程等提出改善建议	该建议经实践证明，对提高工作质量、节约成本等有积极作用	5	
11	工作业绩	部门考核综合得分	根据部门业绩得分作为此项得分的计算比例部门考核得分比例 × 分值	25	
备注	以上日常工作必须有工作台账，未做台账、或台账不清，均扣除相应分数			考核分：	
评级					

表 5-7　　考核评级表

分档	绩效评价标准
A	分值[105，∞）
B	分值位于[90，105）
C	分值位于[80，90）
D	分值位于[60，80）
E	分值位于[-20，60）

表 5-8　　月度考核结果运用表

部门考核等级	管理层考核等级	绩效奖励标准	员工考核等级	绩效奖励标准	评选人次占比
A	A	绩效工资 ×120%	A	绩效工资 ×120%	10%
	B	绩效工资 ×115%	B	绩效工资 ×115%	70%
	C	绩效工资 ×100%	C	绩效工资 ×100%	20%
	D	绩效工资 ×80%	D	绩效工资 ×80%	0%
	E	绩效工资 ×50%	E	绩效工资 ×50%	0%

续表

部门考核等级	管理层考核等级	绩效奖励标准	员工考核等级	绩效奖励标准	评选人次占比
	A	绩效工资 ×120%	A	绩效工资 ×120%	0%
	B	绩效工资 ×115%	B	绩效工资 ×115%	60%
B	C	绩效工资 ×100%	C	绩效工资 ×100%	30%
	D	绩效工资 ×80%	D	绩效工资 ×80%	20%
	E	绩效工资 ×50%	E	绩效工资 ×50%	0%
……	……	……	……	……	……

注：完整的采购考核制度扫码获取。

认知识别　采购绩效分析与评价体系通常由一系列的指标和评估方法组成，旨在衡量采购部门或组织在采购过程中的表现，并提供改进的方向。其流程如图5–1所示。

图 5–1　采购绩效评价流程图

认知识别　采购绩效考核指标涵盖质量、交付时间、数量、价格与成本及其他指标。通过指标的计算，对采购业务进行综合评价，从而优化采购流程、提高效率、降低成本，并为公司整体发展做出贡献。这些指标也是激励和约束采购人员的手段，促进部门改进和持续发展。

分析研判　采购绩效评价指标的选取

绩效指标的选取应与部门目标、企业的战略目标形成有效对接，可量化、操作性强，使公司降低采购成本，控制采购用款支出，降低采购风险、提高资金运作效率。

风险控制1　针对个人月度考核排E档的员工，由部门负责人给予诫勉谈话；累计三次月度考核排E档的员工，安排转岗；年度考核排E档的员工，安排转岗。

风险控制2　采购中心员工考核等级之间应有明显的界限，针对不同的考评在工资、晋升、使用等方面应体现明显差别，使考评带有刺激性，激发员工努力学习业务、积极进取、力争上游的上进心和维护企业利益的责任心。

任务实施

一、采购中心考核

公司按照采购考核制度对本公司采购中心进行月度绩效考核，年度汇总。

【场景5–5】2023年3月5日对采购中心进行业绩考核，考核等级按绩效制度执行，考核人赵云飞，审核人王旗。考核结果如表5–9所示。

表 5-9　　采购中心绩效考核表

考核部门：采购中心　　考核月度：2023年2月　　编号：ZXKH-CG0305001

序号	绩效指标	分值	绩效目标值	计分办法	完成情况	评分
1	采购计划完成率	15	100.00%	以各材料计划采购金额占总计划采购金额的比重作为权重，计算各材料实际入库数量与计划采购数量的比重与权重乘积之和。各材料Σ（实际入库数量 ÷ 计划采购数量 × 计划金额权重）。完成目标值得满分，未达到目标的每降低1%，扣1分	100.00%	15
2	采购成本降低率	15	15.00%	计算实际入库数量下计划成本减去实际成本后占计划成本的降低率。完成目标值得满分，未达到目标的每降低1%，扣1分，最多扣15分，每超过1%，加1分	1.45%	1.45
3	采购资金付现率	20	20.00%	计算当期采购支付金额占当期采购应付总金额的比重。不超过目标值得满分，每超过1%，扣1分，最多扣20分，每降低1%，加1分	0.08%	39.92
4	产品合格的供应商比率	20	90.00%	计算产品合格率100%的供应商数量占供应商总数量的比重。完成目标值得满分，未达到目标的每降低1%，扣1分	100.00%	30
5	采购效率	20	5,000,000	计算当期采购物料成本总额 ÷ 当期采购总人数的效率值，到达目标值满分，未到达目标值每降低25万扣1分	2,540,422.64	10.16
6	采购人员流动率	10	7%~15%	计算当期流失的采购人员 ÷ 当期采购人员的平均数量，当期采购人员的平均数量=（期初数量+期末数量）÷2。达到目标值满分，未达到0分	0.00%	0
合计						96.53
评级						B

考核人：赵云飞　　日期：2023年3月5日

审核人：王旗　　日期：2023年3月5日

分析研判1　采购中心绩效考核指标的选取

企业选取采购计划完成率、采购成本降低率、采购资金付现率、产品合格的供应商比率、采购效率、采购人员流动率等6个指标对采购中心绩效进行考核。

分析研判2　采购中心2月采购资金付现率指标完成较好，得到额外加分，取得39.92分，但是，采购成本降低率和采购人员流动率两项指标未达标，综合各项指标得分，采购中心2月绩效考核总评分为96.53分，结合表5-7分析，考核评级为B。

风险控制　采购中心进行绩效考核时，应遵循科学的采购绩效评价体系。在厘清采购绩效评价体系之后，全面开展评价工作，并在绩效考核工作结束后，进一步展开绩效分析、绩效反馈与沟通、改进与提高等工作。

二、采购中心管理人员考核

【场景5-6】2023年3月对采购中心管理人员卢云茜进行2月的绩效考核，考核人赵云飞，审核人王旗，其中工作业绩等于部门考核得分比例乘以分值，其他项目由部门考核评分和供应商评价，考核结果如表5-10所示。

表 5-10　　采购中心管理人员绩效考核表

姓名：卢云茜　　考核月度：2023年2月　　编号：GLKH-CG03050011

考核项目	考核指标	分值	考核指标	得分
工作业绩	部门考核综合得分	30	通过部门考核得分的百分比计算个人得分，即个人得分=部门考核得分的百分比×此栏分值	28.96
工作能力	决策能力	10	善于确定决策时机，得 10 分	8
			能够确定决策时机，得 5 分	
			不能确定决策时机，得 0 分	
	计划能力	10	有极强的计划能力，得 10 分	9
			能按要求制订相应计划，得 5 分	
			需要在帮助下制订相应计划，得 0 分	
	执行能力	10	工作效率高，得 10 分	10
			能按时完成工作，得 5 分	
			工作效率低，得 0 分	
工作态度	主动性	10	工作积极性高，能主动完成工作，得 10 分	9
			能主动考虑问题，提出解决办法，得 5 分	
			有一定的主动性，但需要监督，得 0 分	
管理能力	员工管理	20	部门员工绩效考核平均得分在90分以上，此项得满分，未达到目标的每降低1分，扣1分	18.26
外部评价	供应商投诉	5	无投诉满分，投诉1次经查实属于采购中心责任扣1分	4
	领导评价	5	上级领导评分	5
考核得分总计				92.22
评级				B

考核人：赵云飞　　日期：2023年3月5日

审核人：王旗　　审核日期：2023年3月5日

分析研判 1　对采购中心管理人员进行综合能力考核。评估管理人员在团队协作中的表现，包括决策能力、执行能力和管理能力；关注管理人员在内部沟通、信息共享方面的能力，确保团队高效运转。

分析研判 2　在对采购中心管理人员进行绩效评价时可以从工作业绩、工作能力、工作态度、管理能力、外部评价五个方面对其进行指标的量化打分。

分析研判 3　采购中心管理人员卢云茜2月执行能力和上级领导评分均为满分，但是，决策能力、计划能力、工作主动性有欠缺，并有1次投诉导致扣分，结合部门考核综合得分，卢云茜2月绩效考核总评分为92.22分，因此，考核评级为B。

风险控制 1　供应商关系维护

采购中心管理人员应具备对供应商的选择、评价、合作能力；关注供应商的满意度，确保供应商关系稳定、和谐；建立供应商关系维护的长效机制，为公司未来发展提供保障。

风险控制2 指标应当符合实际情况，不应高估或低估，否则会导致企业绩效考核不均衡，甚至会引发员工的不满和抵制。

三、采购中心员工考核

【场景5-7】2023年3月员工赵霖尊绩效考核，由本部门副经理蒋芸作为考核人评分，本部门经理卢云茜最终审核，其中工作业绩等于部门考核得分比例乘以分值，其他项目由部门考核评分，考核结果如表5-11所示。

表5-11 采购中心员工绩效考核

姓名：赵霖尊　　考核月度：2023年3月　　编号：YGKH-CG04080014

序号	工作内容		完成标准	分值	考评
1	工作纪律	按时上班，不迟到不早退，上班时不做与工作无关的事情	每天按时出勤，有事提前办理请假手续，无无故缺勤、早退	5	5
2			工作时无扎堆聊天、上网浏览非工作网页、嬉戏等非工作事宜	5	5
3	发票报销	每天整理采购发票、领借款单等交至财务部、登记流水账，包括记账日期、经办人、开票单位及内容、发票开具时间、付款金额、签收人等，跟进财务部的付款进度	每笔发票报销、领借款单均需记录详细台账，信息登记全面	10	9
4			发票核对仔细，发票内容与入库单、实际支出费用相符，发票保存完整，交至财务部后由财务签字确认	10	10
5			每天及时将各类报销、付款单据交至财务部，确保无付款原因影响采购到货	10	10
6	账目核对	每月定期与各供应商对账，核对应付款、实际到货数目、发票开具情况等	对账及时，每笔账目核对仔细、清楚，无争议款项	10	9
7		每月月初与财务对上月所有报销、领借款、待付款账目的核销对账	财务、供应商与流水账三方账目相符	10	10
8	体系文件	体系文件中关于采购供应部信息的整理，按体系要求收集各原料供应商的生产能力资质证明、出厂合格证等各类相关材料	及时与相关供应商联系，收集资料符合体系文件审核要求，各类资料在规定时间内准备齐全	5	4
9	沟通合作	与业务单位、内部同事配合融洽，沟通顺畅	出现问题能及时、合理地解决。工作无拖拉、拖欠。分配的工作无法按时完成，要及时汇报，并有原因分析	5	5
10	合理建议	能以书面的形式，对本部门、公司的管理制度、工作流程等提出改善建议	该建议经实践证明，对提高工作质量、节约成本等有积极作用	5	5
11	工作业绩	部门考核综合得分	通过部门业绩得分的百分比计算此项得分，即部门考核得分二部门考核（业绩）得分比×此项分值	25	21.43
备注	以上日常工作必须有工作台账，未做台账、或台账不清，均扣除相应分数			考核分：	93.43
评级					B

考核人：蒋芸　　日期：2023年4月9日

审核人：卢云茜　　审核日期：2023年4月9日

分析研判 1 采购中心员工考核通过工作纪律、发票报销、账目核对、体系文件、沟通合作、合理建议和工作业绩几个方面进行，并用量化指标作为考核尺度。主要利用工作内容、完成标准、考核分值三个方面的指标对采购中心员工进行业绩考核。

分析研判 2 采购中心员工赵霖尊在各项指标达成方面表现较好，但是因为部门业绩得分较低，按占比计算出各项指标数值后，得出赵霖尊绩效考核总评分为93.43分，考核评级为B。

风险控制 考核评估的目的在于正确引导员工行为。明确的目的可使员工加深对制度的理解，保障企业利益最大化。

任务小结

在开始评估之前，需要明确评估的目的和意义，根据评估目的，制定相应的评估标准，根据评估标准，收集相关的数据，对收集到的数据进行整理和分析，找出存在的问题和不足，分析原因。根据数据分析结果，制定相应的改进措施，将改进措施落实到实际工作中，持续跟踪和监控改进效果。在实施改进措施并经过一段合理周期后，再次进行绩效评估，了解改进效果，并根据需要调整和优化评估标准和改进措施。总之，采购绩效的评估是一个持续的过程，需要不断地进行评估和改进。同时，评估过程中需要保持客观、公正和透明的原则，避免出现主观臆断或偏见。

任务发布

结合采购绩效评价中采购中心考核的学习内容，完成“采购中心绩效考核表”的填写。

项目总结

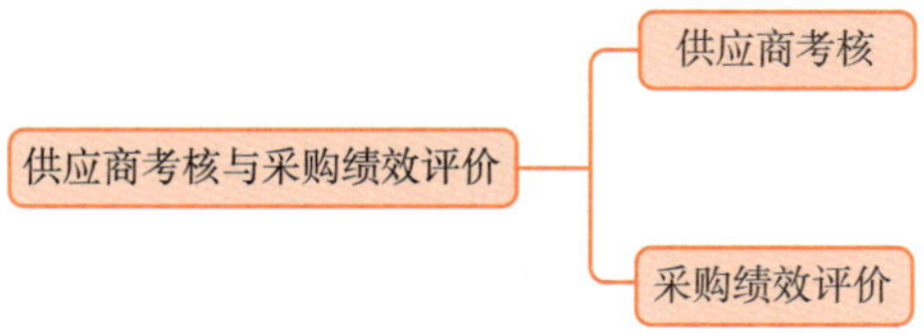